Shaolin Kempo für Fortgeschrittene

Roland Czerni und Klaus Konrad

Shaolin Kempo für Fortgeschrittene

Selbstverteidigung, Blockformen und Meisterformen

Palisander

Der Verlag dankt Dr. Janett Kühnert und Norbert Wölfel vom Chemnitzer Karateverein für die fachliche Unterstützung bei der Redaktion.

1. Auflage November 2016

Umschlaggestaltung: Anja Elstner
Lektorat: Palisander Verlag
Redaktion & Layout: Palisander Verlag
Druck- und Bindearbeiten: Jelgavas tipogrāfija SIA
Printed in Latvia
ISBN 978-3-938305-97-3

www.palisander-verlag.de

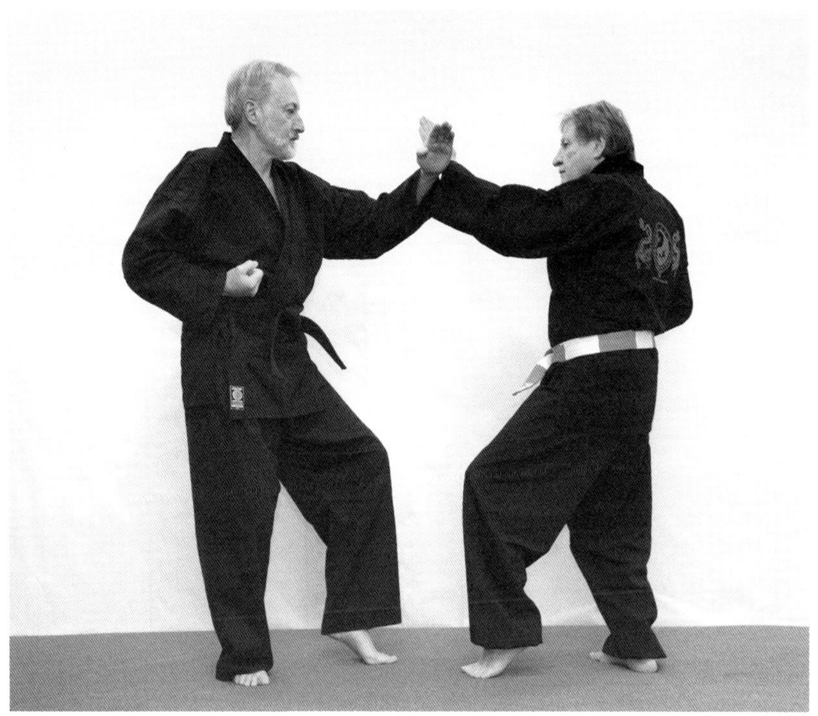

Roland Czerni (links) und Klaus Konrad

Die Autoren

Roland Czerni, 3. Dan Shaolin Kempo und 6. Dan Shaolin Tempelboxen/Jiu Jitsu, betreibt Shaolin Kempo seit 1973.

Klaus Konrad, 8. Dan Shaolin Kempo und 8. Dan Shaolin Tempelboxen/Jiu Jitsu, praktiziert seit 1969 Kampfkünste.

Danksagung

Die Autoren danken den Kollegen des Lehrausschusses der Fachschaft »Shaolin Kempo« innerhalb der Deutschen Wushu Federation e. V. für ihre Unterstützung bei der Arbeit am Manuskript.

Illustrationen

Einige Fotografien stammen aus den Archiven der Autoren. Die Fotos im fachlichen Teil wurden allesamt von unserem Meisterschüler Larry Garcia erstellt. Wir danken ihm herzlich für seine großartige Unterstützung.

Hinweis

Die in diesem Buch gezeigten Techniken und Anwendungen, vor allem im Abschnitt »Selbstverteidigung«, sind potentiell gefährlich und können bei falscher Anwendung zu Verletzungen und zum Tod führen. Deshalb dürfen sie nur unter Anleitung und Aufsicht eines erfahrenen Lehrers geübt werden. Ausführung, Anwendung und Übung der in diesem Buch gezeigten Techniken geschieht auf eigene Gefahr. Für Verletzungen, gesundheitliche Schäden und alle daraus resultierenden Folgen können weder die Autoren noch der Verlag haftbar gemacht werden.

Darüber hinaus wird darauf hingewiesen, dass der Leser dieses Buches selbst für die Einhaltung der in seinem Land geltenden gesetzlichen Bestimmungen verantwortlich ist. Insbesondere gilt dies für die Gesetze im Zusammenhang mit der Notwehr (siehe § 227 Abs. 2 BGB, § 32 Abs. 2 Strafgesetzbuch, § 15 Abs. 2 OWiG), mit denen sich auseinanderzusetzen jedem Praktizierenden einer Kampfkunst empfohlen wird.

Inhaltsverzeichnis

Wissen, was man weiß, und wissen,
was man nicht weiß, das ist wahres Wissen.

Konfuzius

Die höchste aller Leistungen ist, den Gegner
zu unterwerfen, ohne mit ihm zu kämpfen.

Sun Zi

Fürchte dich nicht vor dem langsamen Vorwärtsgehen,
fürchte dich nur vor dem Stehenbleiben.

Chinesisches Sprichwort

Sei schrecklich wie der Tiger, ungestüm wie der Drache!
Im Kampf wirst du den Weg finden, wirst du das heilige Gesetz erkennen.

Aus dem Kanon des Shaolin

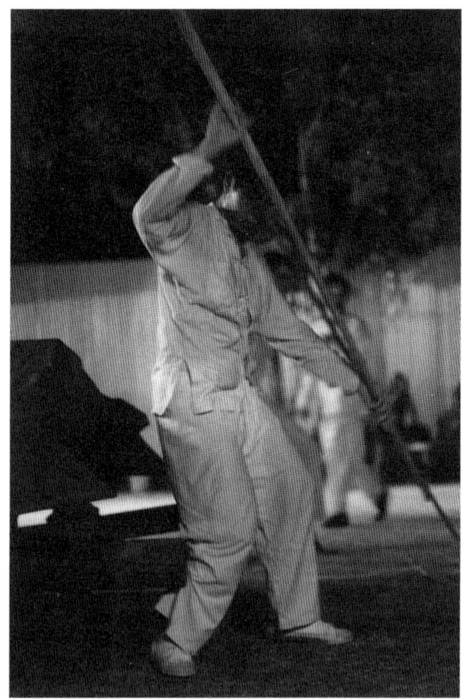

Großmeister T. T. Ang, Inhaber einer Taijiquan-Schule in Singapur. Die Autoren hatten 1976 Gelegenheit, bei Meister Ang zu trainieren.

Vorwort

In unserem ersten Buch, »Shaolin Kempo – Chinesisches Karate im Drachenstil«, hatten wir erstmals in der Geschichte des Shaolin Kempo sämtliche Techniken bis zum ersten Meistergrad in Wort und Bild vorgestellt. Die detaillierten Beschreibungen zu den jeweiligen Ausführungen ließen es seit seiner Erstveröffentlichung im Jahr 1977 zu einem wichtigen Ratgeber für alle Praktizierenden des chinesischen Karate im Drachenstil werden.

Aufgrund großen Interesses an fortgeschritteneren Techniken, aber auch mit Hinblick auf neue Anforderungen innerhalb des Lehrausschusses der Fachschaft Shaolin Kempo in der Wushu Federation Deutschland, haben wir uns für eine Fortführung des ersten Werkes entschlossen. Das vorliegende Buch richtet sich mit seinen Trainingshilfen vorrangig an den erfahrenen Kempoka, um ihn auf seiner Laufbahn zum erfolgreichen Meister und Trainer zu leiten und zu unterstützen. Es enthält sämtliche höheren Techniken und Formen bis zum technisch überprüfbaren fünften Dan. Dazu zählen die fünf obligatorischen Meisterformen, eine freie Meisterform, die Blocktechniken, auch Blockformen genannt, sowie die gesamte Selbstverteidigung mit Praxisbezug und Trainingsvorschlägen. Darüber hinaus geht das Buch auf die Geschichte des Shaolin Kempo ein, so dass der Leser auch Wissenswertes über die Entwicklung dieser Kampfkunst erfährt.

Da die ausführlich beschriebenen Techniken auch Bestandteil des Unterrichts- und Prüfungsstoffes der Graduierungsprüfungen der Fachschaft Shaolin Kempo sind, ist dieser Fortsetzungsband ein wertvolles Nachschlagewerk für all jene, die sich auf eine Gürtelprüfung vorbereiten wollen.

Wie schon in unserem ersten Buch, haben wir uns bezüglich der Bezeichnung der Techniken wieder für die japanischen Begriffe entschieden. Denn einerseits waren die japanischen Ausdrücke zu der Zeit der Einführung des Shaolin Kempo in Deutschland in den späten 1960er Jahren schon weit verbreitet, und andererseits ermöglicht dies auch eine bessere und einfachere Verständigung mit anderen asiatischen Kampfsportarten.

Grundsätzlich bietet unser Werk allen Kampfkunstübenden, Trägern von Meistergraden und Trainern anderer asiatischer Stilrichtungen sowohl interessante Einblicke in den Kampfsport Shaolin Kempo als auch Möglichkeiten zur eigenen Weiterentwicklung im Training.

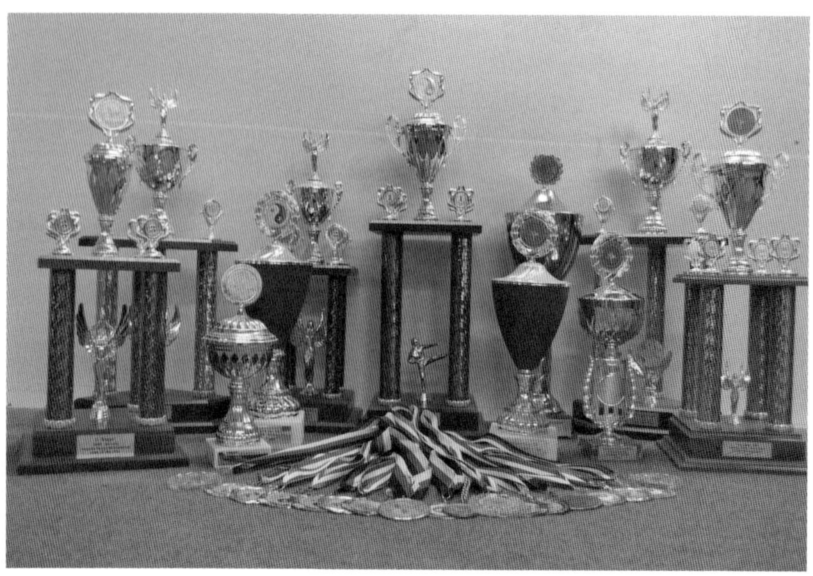

Foto 1: Die Autoren und ihre Schüler waren in der Vergangenheit mehrfach in der Teamwertung mit Medaillengewinnen auf Landesmeisterschaften und deutschen Meisterschaften erfolgreich. So erreichten sie erste, zweite und dritte Plätze bei Landesmeisterschaften in Nordrhein-Westfalen wie auch bei deutschen Wushu-Meisterschaften in den Vorführungswettbewerben, den Formen und im Leichtkontakt.

I

Einleitung

Ursprung und Entwicklung des Shaolin Kempo

Die chinesischen Kampfkünste besitzen eine lange Tradition, die sie bis heute als ein wichtiges Kulturgut Chinas auszeichnet. Die jahrhundertelange Entwicklung der Kampfsportarten hat zu einer Vielzahl von Stilen geführt, die auch auf unterschiedliche Schwerpunkte in den Bewegungen setzen. Unter der Bezeichnung »Wushu« sind die Kampf- und Selbstverteidigungskünste zu verstehen, die ihren Ursprung in China haben oder außerhalb Chinas unter diesem Namen verbreitet wurden.

Als Ursprung der chinesischen Kampfkünste gelten die Techniken der buddhistischen Mönche des Shaolin-Klosters (Shaolin Quanfa) und der daoistischen Mönche aus den Wudang-Bergen. Viele dieser Stile finden somit nicht nur in der Selbstverteidigung oder im Kampf Anwendung, sondern dienen auch der Meditation, der Erhöhung der Leistungsfähigkeit und dem körperlichen Wohlbefinden. Einige dieser Kampf- und Selbstverteidigungskünste wurden vom Verhalten und den Bewegungen bestimmter Tiere inspiriert. Auf Grundlage von Beobachtung und Studium entstanden schließlich Formen, die beispielsweise dem Drachen oder dem Tiger nachempfunden sind.

Offiziell sind heute im Wushu 129 traditionelle und moderne chinesische Kampfsportarten vereint. Durch diese Fülle haben sich verschiedene Gattungen herausgebildet. So umfasst der Oberbegriff sowohl die äußeren als auch die inneren Stile. Bei den äußeren Formen, die auf das Shaolin-Boxen (Shaolin Quan) zurückgeführt werden, bildet der Angriff den Schwerpunkt. Um sich in einer Kampfsituation bewähren zu können, steht das physische Training, die Entwicklung der Muskel- und Schnellkraft, im Vordergrund. Im Unterschied dazu konzentriert sich der Praktizierende bei den inneren Stilen mehr auf seinen Körper und seinen Geist, also auf die innere Kraft. Dadurch gewinnt er die Kontrolle über sich selbst und über den Angreifer. Des Weiteren unterteilt sich Wushu in Abhängigkeit von Struktur und Bewegungsformen auch in nördliche und südliche Stile. Während die nördlichen Stile für weit ausladende und starke Bewegungen stehen, werden die südlichen eher durch kurze Nahkampftechniken charakterisiert.

Erst im Laufe der zweiten Hälfte des 20. Jahrhunderts sind die chinesischen Kampfkünste auch im Westen bekannt und beliebt geworden.

Gerald Karel Meijers, 10. Dan Shaolin Kempo, gilt als Begründer der Kampfkunst Shaolin Kempo. Er wurde im Jahre 1928 in eine mongolische Adelsfamilie hineingeboren, unter dem Namen Dschero Khan Chen Tao. Aufgrund der damaligen nationalen und internationalen Konflikte war er gezwungen, schon im Kindesalter aus seiner Heimat zu fliehen. Das führte dazu, dass er von einem holländischen Unteroffizier adoptiert wurde. Dschero Khan bekam von seinem Pflegevater den Namen Gerald Karel Meijers, welchen er aus staatsrechtlichen Gründen auch später beibehielt. Bis heute lebt er in den Niederlanden.

G. K. Meijers Kampfkunst aus durch Erfahrungen mit verschiedenen chinesischen und japanischen Techniken heraus entstanden, die er in jungen Jahren durch mehrere Aufenthalte in chinesischen Klöstern gesammelt hatte. Er erhielt aber auch Gelegenheit, sich die Kampfweisen japanischer Karate- und Kempo-Meister anzueignen, wie Yamaguchi Gogen, Meister des Goju ryu, und Nakano Michiomi (So Doshin), Gründer des Shorinji Kempo. Aufgrund dieser Verknüpfung beider Kampfkunst-Traditionen entschied sich Dschero Khan für die Bezeichnung »Shaolin Kempo«. Denn während man »Shaolin« mit dem buddhistisch geprägten harten nordchinesischen Kampfstil »Chuan Su« assoziiert, steht »Kempo« für die verschiedenartigen Einflüsse japanischer Karate-Formen, wie des Shorinji Kempo.

Einer chinesischen Legende zufolge stammen die Techniken des Shaolin Quanfa ursprünglich aus Indien. So kam zu der Zeit der Liang-Dynastie, im Jahre 523, ein indischer Mönch namens Bodhidharma nach China, um die Lehre Buddhas zu verkünden. In einem Shaolin-Kloster der nordchinesischen Provinz Henan meditierte er für eine lange Zeit und galt als Lehrer für Körper und Geist, aber auch für Selbstverteidigung. Es gibt viele schriftliche und bildliche Überlieferungen aus dieser Zeit, aus denen auch die von Bodhidharma unterrichteten sogenannten »18 Freihandübungen« und »24 Muskelspiele« ersichtlich sind. Durch das Aufeinandertreffen unterschiedlicher Kulturen, Religionen und Philosophien entwickelte sich mit der Zeit eine einzigartige Kampfkunst. Die ursprünglichen Techniken des indischen Mönchs erfuhren über die Jahrhunderte eine ständige Veränderung und Weiterführung durch andere Meister, so dass zunächst weitere 72 und später schließlich insgesamt 170 Bewegungsformen entstanden.

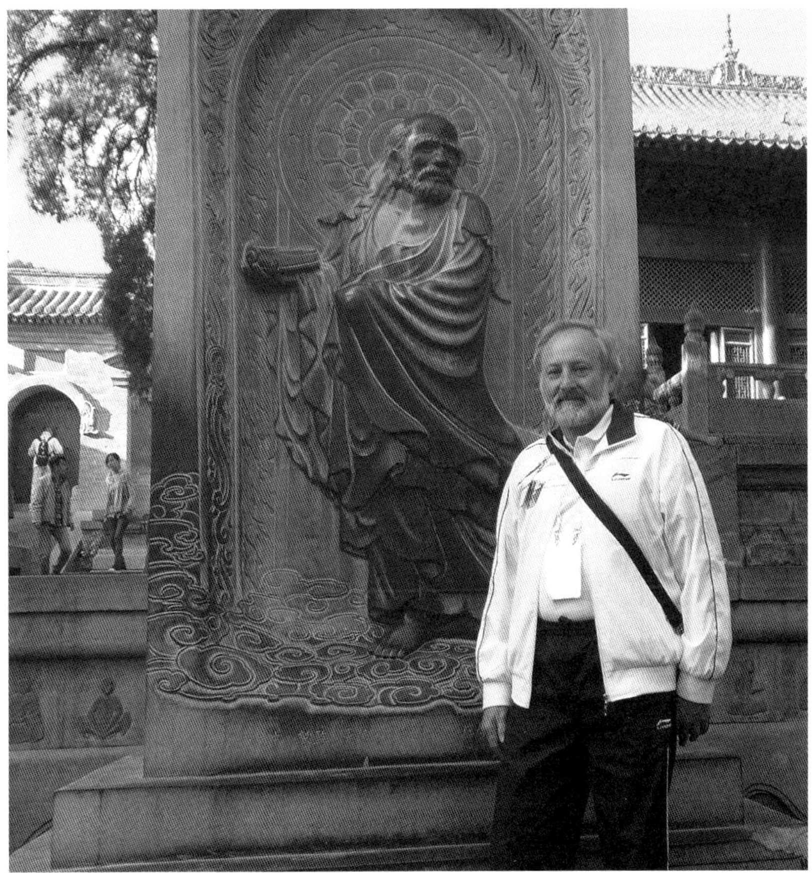

Foto 2: Autor Roland Czerni im Shaolinkloster auf dem Song Shan vor einer Darstellung des Bodhidharma.

Im Laufe der Zeit führten aber auch die politischen Umstände zu einer stetigen Weiterentwicklung der Shaolin-Techniken. Aufgrund der Unterdrückung durch die Dynastien und dem damit verbundenen Waffenverbot für das einfache Volk, wurden die Methoden des Kämpfens von der Bevölkerung oft im Geheimen praktiziert, so dass die chinesische Kampfkunst trotz aller äußeren Schwierigkeiten zur Blüte gelangen konnte.

Um Shaolin Kempo auch an andere Kampfkunstübende weiterzuvermitteln, gründete G. K. Meijers in den Niederlanden den »Eerste Nederlandse Kempo Bond (ENKB)« und eröffnete 1962 seine erste

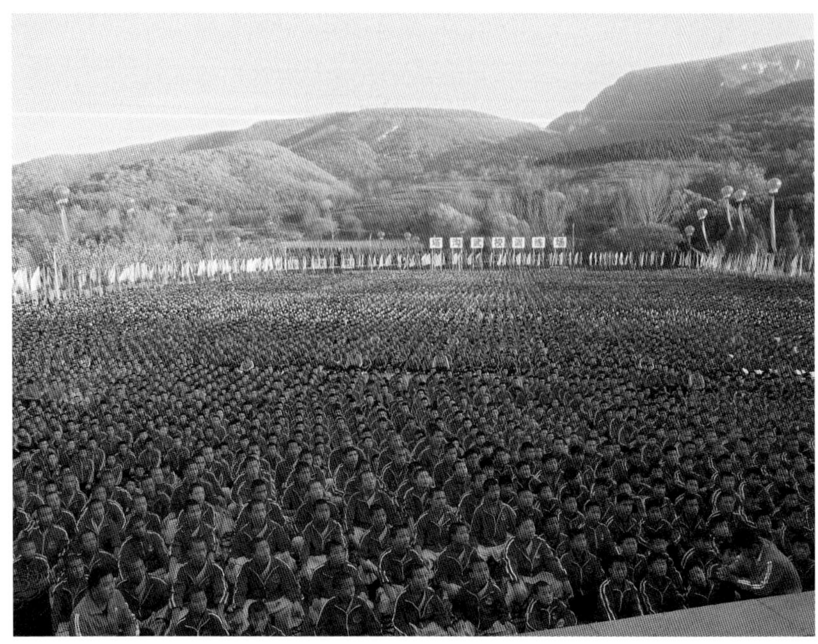

Foto 3: 10 000 Schüler lauschen ihrem Meister. Shaolin-Schule auf dem Song Shan, einem heiligen Berg im Stadtgebiet von Dengfeng, Provinz Henan.

Kampfsportschule. Dadurch begann auch die Verbreitung seiner Kampfkunst in Deutschland. Einer seiner Schüler war Hermann Scholz, der den Rang eines 4. Dan im Shaolin Kempo erlangte. Er gründete 1967 in der deutschen Stadt Kleve die Interessengemeinschaft »Shaolin Kempo«. Darüber hinaus wurde im November 1973 der niederländisch-deutsche Verband »Chinesische Wushu Association« ins Leben gerufen, bei dem auch G. K. Meijers als ein Gründungsmitglied zu erwähnen ist. Mitte der 1970er Jahre schlossen sich dann die ersten deutschen Shaolin-Kempo-Vereine offiziellen Fachverbänden an, wie dem »Judo-Verband Nordrhein-Westfalen«, der »Karateunion Nordrhein-Westfalen« und dem »Karatebund Nordrhein-Westfalen«. Aus dem »Judo-Verband Nordrhein-Westfalen« entstand 1981 das neue Verbandgefüge »Dachverband für Budotechniken Nordrhein-Westfalen« (DVBNW e. V.), und im Dezember des selben Jahres wurde auf Initiative von Klaus Konrad der »Shaolin Kempo Verband Nordrhein-Westfalen« (SKVNW e. V.)

gegründet und dem DVNW angeschlossen. Schließlich kam es im April 1985 zu der Namensänderung in »Nordrhein-Westfälischer Shaolin Kempo/Kung Fu Verband«, damit auch Praktizierenden anderer chinesischer Kampfkünste ein Beitritt nicht verwehrt blieb. Eine weitere Namensänderung in »Deutsche Wushu Federation Nordrhein-Westfalen« (DWF NW e. V.) folgte im Februar 1988. Etwa sieben Monate später, im September 1988, wurde auch der zwischenzeitlich geschaffene »Deutscher Shaolin Kempo/Kung Fu Verband« in »Deutsche Wushu Federation« (DWF e. V.) umbenannt. Die DWF umfasst nicht nur die Fachschaft Shaolin Kempo, sondern auch weitere autonome Fachschaften unterschiedlicher Kampfstile sowie Landesverbände.

Am 3. Oktober 1990 kam es schließlich zur Gründung der »Internationalen Wushu Federation« (IWUF) mit 35 nationalen Verbänden, einschließlich der DWF, in der chinesischen Hauptstadt Peking. Von da an erlangte die »Deutsche Wushu Federation« auch weltweite Anerkennung.

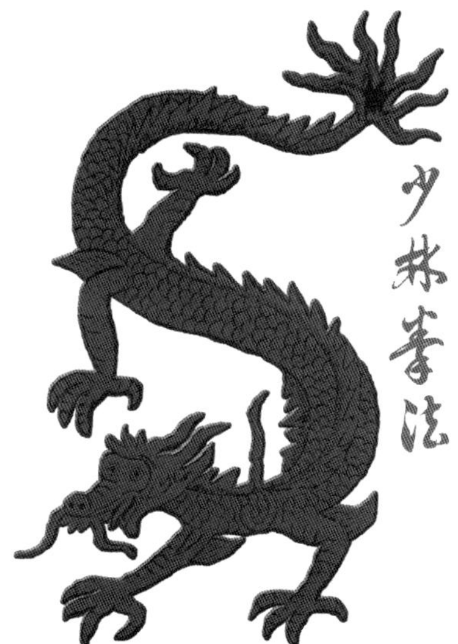

Abbildung: Das Symbol des Drachens im Shaolin Kempo. – In der heutigen Form des Shaolin Kempo finden sich nur noch sehr wenige ursprüngliche Elemente des chinesischen Drachenstils, so dass man kaum noch vom klassischen Drachenstil sprechen kann. Dennoch wird der chinesische Drache im Shaolin Kempo als Symbol für Kraft, Gewandtheit und Weisheit verwendet.

II

Die Meisterformen des Shaolin Kempo

Vorbemerkung

Die folgende Beschreibung der Meisterformen ist als Leitfaden zur Ausführung dieser Techniken zu verstehen und kann die regelmäßige Teilnahme am Training und an Lehrgängen nicht ersetzen.

Bei den hier dargestellten Meisterformen kommen wechselnde Standhöhen vor, auf die an den entsprechenden Stellen hingewiesen wird. Es folgen nun einige Hinweise, die bei der Arbeit mit den jeweiligen Techniken beachtet werden sollten:

Die Technik *Uchi uke* mit der offenen Hand ist als *Haito uchi uke* beschrieben. Die Abwehr erfolgt mit der Innenseite des Unterarms.

Techniken wie *Nagashi uke* gehen grundsätzlich von der Hüfte aus.

Der Schwung für den *Chudan yoko uraken uchi* in der Tasi-Yoko-Meisterform kommt, wie auch in den anderen Formen, durch ein Überkreuzen der Arme oder durch die Verlagerung beider Fäuste zu der jeweils entgegengesetzten Hüfte zustande.

Bei der Technik *Jodan age uke* rechts mit *Kake uke* und Weiterführung in *Gedan barai* verlagert sich die Standhöhe zunächst nach oben und fällt dann nach unten.

Bei der Ausführung der Technik *Tate zuki*, bei welcher die Faust am Ende der Technik explosiv zur Hüfte zurückgezogen wird (der Faustrücken zeigt dabei in der Endstellung zur Seite), verlagert sich der Stand erst nach oben und danach wieder nach unten.

Die rechte Hand schnellt bei *Tora mae ashi* rechts mit *Shuto uchi* links zum Kehlkopf und greift zu, dabei bewegt sich der Körper leicht nach oben. Danach wird mit einem linken Handkantenstoß, der unterhalb des rechten Arms startet (die linke Hand wird unter der rechten Achsel durchgeführt, der linke Handrücken liegt an der rechten Schulter an, die Fingerspitzen zeigen schräg nach oben, die Handfläche nach außen), der Kehlkopf geschlagen (waagerechte Endposition der linken Hand). Gleichzeitig wird die rechte Hand zur rechten Brustmitte zurückgezogen, so dass der Faustrücken nach außen zeigt. Dabei bewegt sich der Körper wieder leicht nach unten. Der Handkantenschlag links sowie das Zurückziehen der rechten Hand erfolgen langsam und kraftvoll unter Betonung der Atmung (*Ibuki*-Technik).

Die Ausführung der Meisterformen

Die erste Meisterform (Long Kuen)

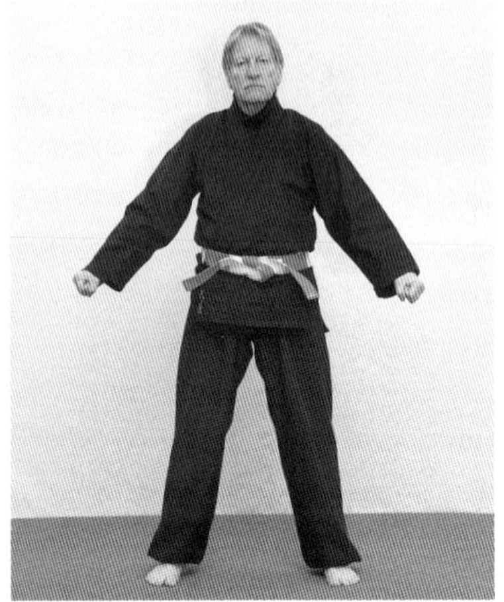

Foto 4

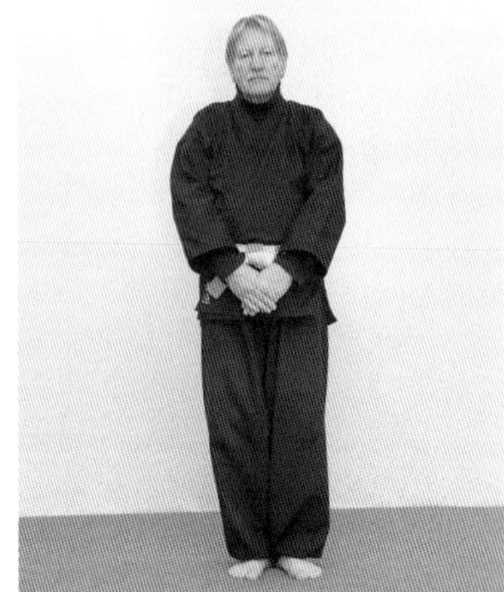

Foto 5

Foto 4: *Heiko dachi*. Beide Arme kreuzen sich in Kopfhöhe und werden dann nach unten außen geführt.

Foto 5: Heranziehen des linken Beins in *Musubi dachi*. Die Hände werden in Kopfhöhe ineinander gelegt (die linke Hand liegt in der rechten, Handflächen zum Gesicht) und nach unten gesenkt. Die Beine werden dabei leicht gebeugt und wieder gestreckt.

Die erste Meisterform (Long Kuen) – Fortsetzung

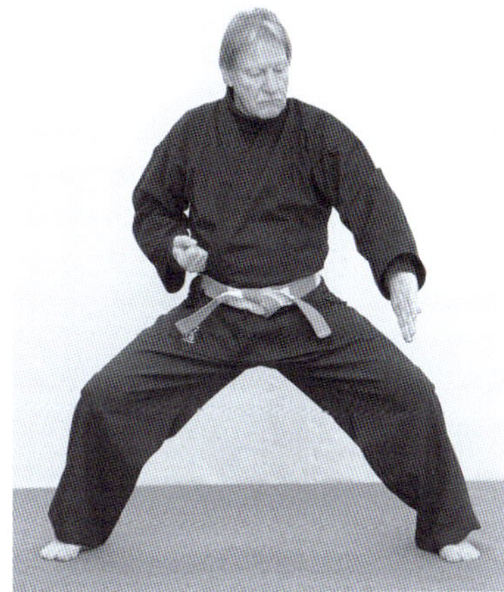

Foto 6

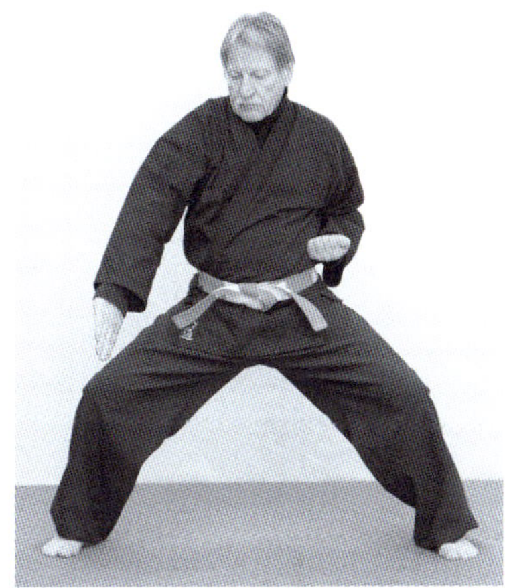

Foto 7

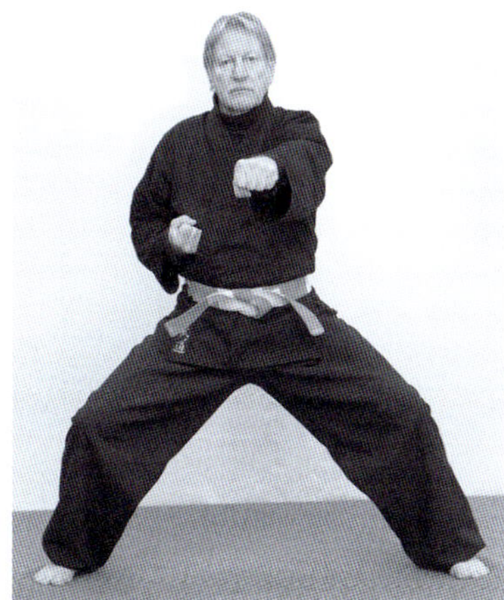

Foto 8

Foto 6: Der linke Fuß wird nach links in *Kiba dachi* gesetzt. Gleichzeitig erfolgt mit der linken Hand ein *Gedan nagashi uke*.

Foto 7: Nun erfolgt in *Gedan nagashi uke* mit der rechten Hand.

Foto 8: Als Konter wird ein *Chudan choku zuki* links geschlagen.

Die erste Meisterform (Long Kuen) – Fortsetzung

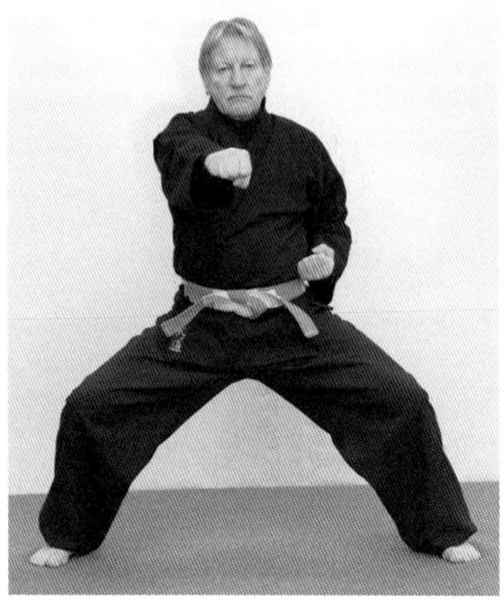
Foto 9

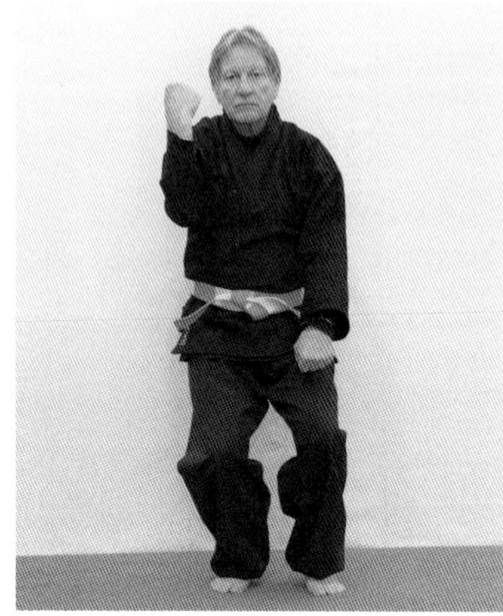
Foto 10

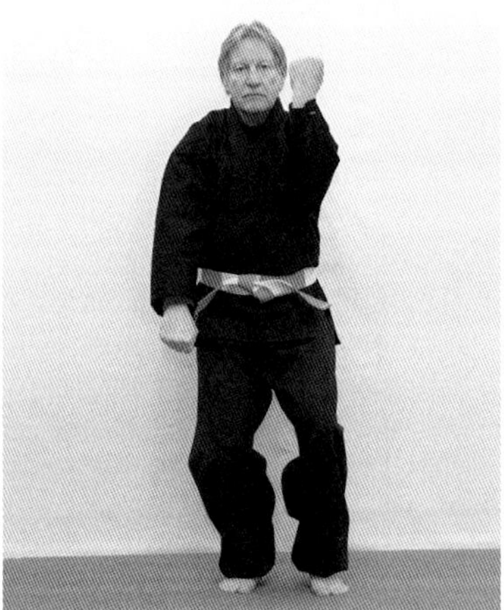
Foto 11

Foto 9: Anschließend folgt ein *Chudan choku zuki* rechts. Dieser bleibt arretiert.

Foto 10: Der linke Fuß wird zu *Nekoashi dachi* links herangezogen (beide Füße sind auf einer Höhe). Gleichzeitig führt der rechte Arm einen *Uchi uke* und der linke einen *Gedan barai* aus.

Foto 11: Es wird gleichzeitig mit linkem *Uchi uke* und mit rechtem *Gedan barai* geblockt. Der Körper geht dabei leicht nach oben.

Die erste Meisterform (Long Kuen) – Fortsetzung

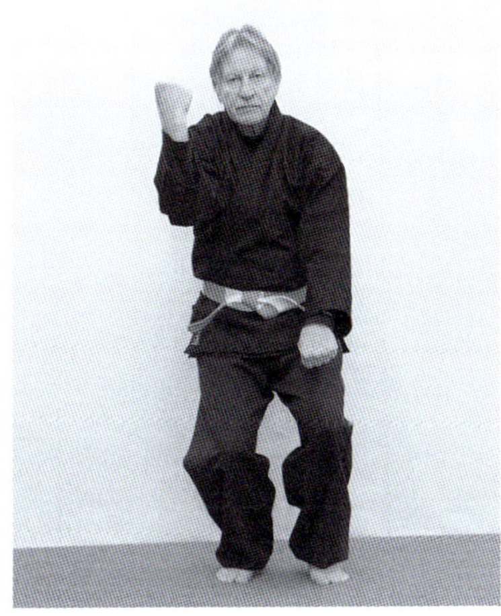

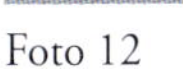
Foto 12

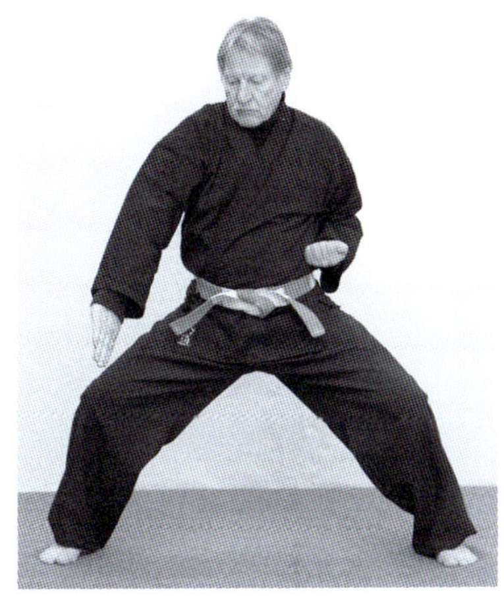

Foto 13

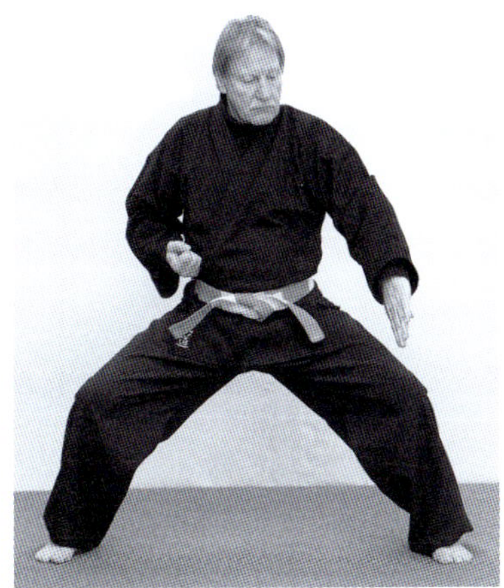

Foto 14

Foto 12: Die Technik ist analog zu der in Foto 10 dargestellten. – Die Techniken von Foto 11 und 12 werden in schneller Folge ausgeführt, verbunden mit einer Abfolge von Tief- und Hochständen.

Foto 13: Der rechte Fuß wird nach rechts in *Kiba dachi* gesetzt. Gleichzeitig erfolgt mit der rechten Hand ein *Gedan nagashi uke.*

Foto 14: Danach erfolgt mit der linken Hand ebenfalls ein *Gedan nagashi uke.*

Die erste Meisterform (Long Kuen) – Fortsetzung

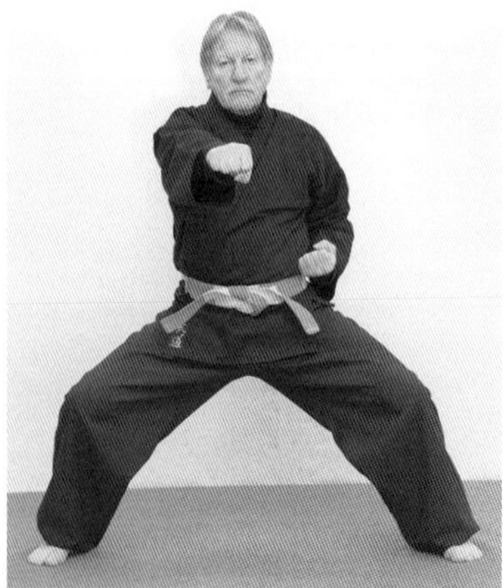
Foto 15

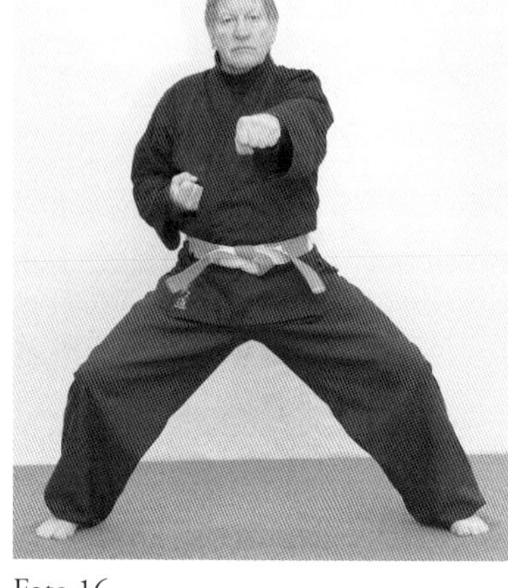
Foto 16

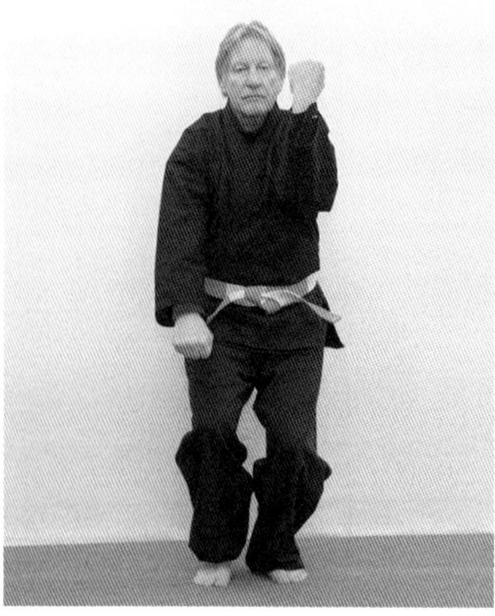
Foto 17

Foto 15: Als Konter wird ein *Chudan zuki* rechts geschlagen.

Foto 16: Anschließend folgt ein *Chudan zuki* links. Dieser bleibt arretiert.

Foto 17: Der rechte Fuß wird zu *Nekoashi dachi* rechts herangezogen (Füße sind auf einer Höhe). Gleichzeitig mit dem linken Arm ein *Uchi uke* und mit dem rechten ein *Gedan barai* ausführen. – Die nächsten beiden Bewegungen werden in schneller Abfolge ausgeführt.

Die erste Meisterform (Long Kuen) – Fortsetzung

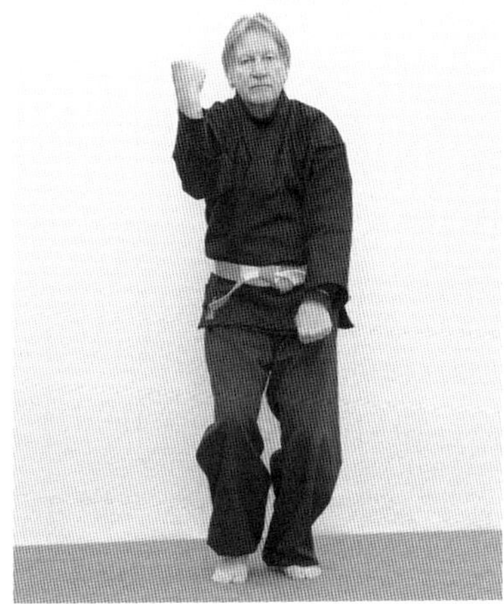

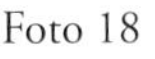

Foto 18

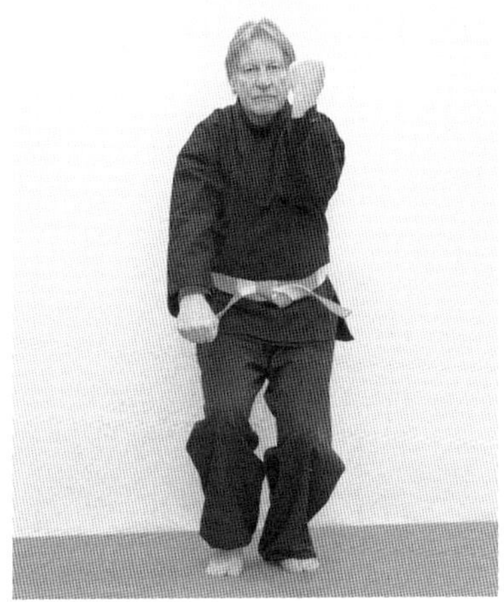

Foto 19

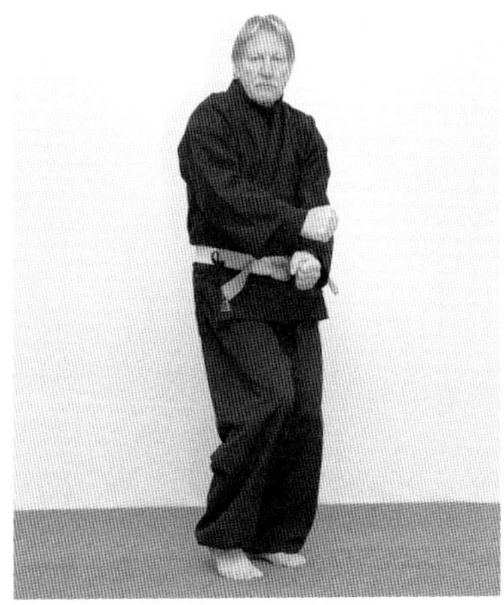

Foto 20

Foto 18: Gleichzeitig wird mit rechts *Uchi uke* und mit links *Gedan barai* geblockt. Der Körper geht dabei leicht nach oben.

Foto 19: Während der Senkung des Oberkörpers wird gleichzeitig mit links ein *Uchi uke* und mit rechts ein *Gedan barai* geblockt. Dabei besteht die Ausführung aus einer Abfolge von Tief- und Hochständen.

Foto 20: Der rechte Fuß wird nach vorn in *Nekoashi dachi* eingedreht. Mit rechts wird dabei ein *Gedan barai* ausgeführt, der nur bis zur Taille geführt wird, und mit links ein *Gedan tate zuki*. Beide Techniken werden gleichzeitig ausgeführt.

Die erste Meisterform (Long Kuen) – Fortsetzung

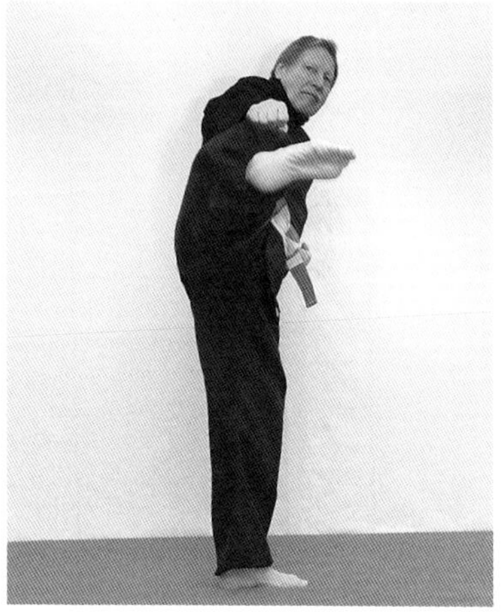

Foto 21

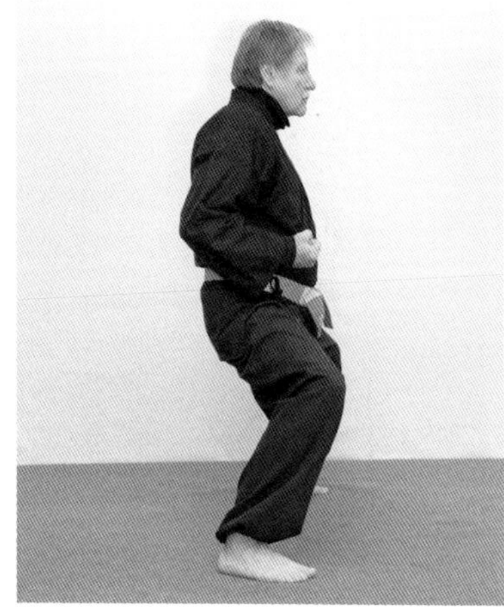

Foto 22

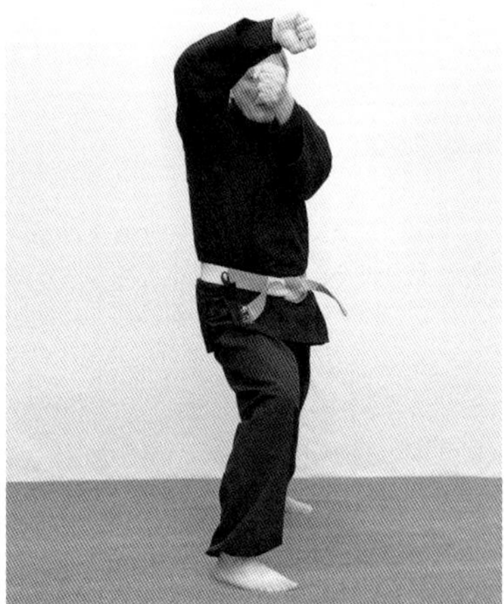

Foto 23

Foto 21: Der rechte Fuß tritt einen *Chudan yoko geri*. Gleichzeitig erfolgt eine unterstützende Bewegung mit *Chuan barai* rechts.

Foto 22: Rechten Fuß in *Kiba dachi* absetzen. Man steht nun 90° nach links ausgerichtet im Vergleich zur vorherigen Stellung.

Foto 23: Beim Eindrehen in *Shorin zenkutsu dachi* rechts wird mit dem rechten Arm ein *Jodan age uke* geblockt. Dabei drückt man den Arm des imaginären Gegners aus den Beinen heraus nach oben und schlägt mit links einen *Jodan tate zuki*.

Die erste Meisterform (Long Kuen) – Fortsetzung

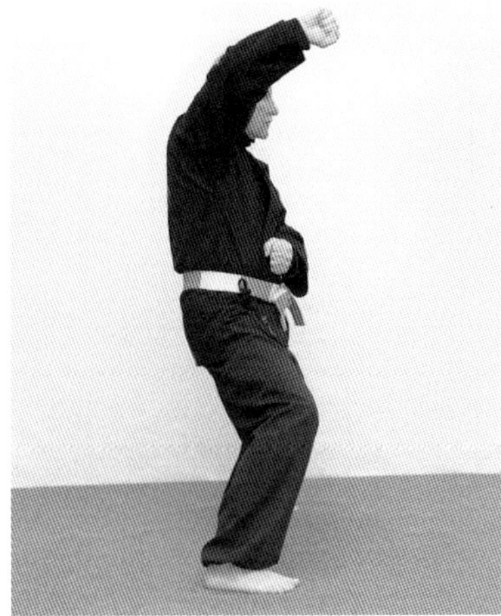

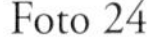

Foto 24

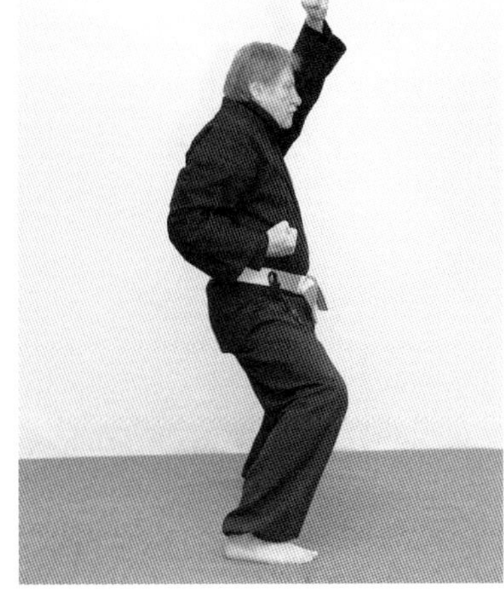

Foto 25

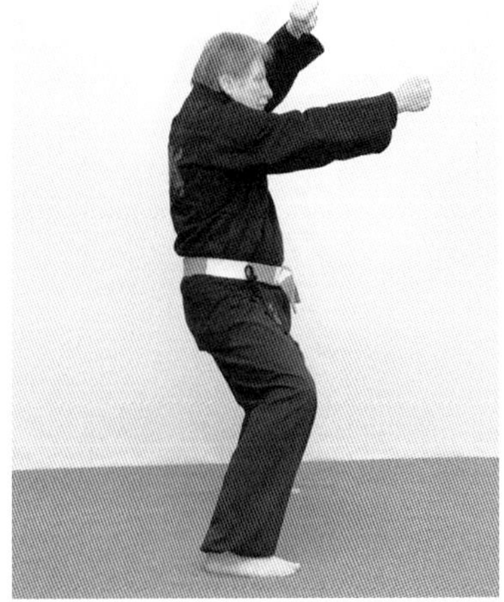

Foto 26

Foto 24: Zurückziehen des *Tate zuki* in Höhe der rechten Hüfte, so dass der linke Unterarm vor dem Körper liegt. Der Körper bewegt sich wieder nach unten. Dabei dreht man sofort wieder in *Kiba dachi*. Der *Jodan age uke* bleibt stehen, denn der *Shorin zenkutsu dachi* ist hier eine Übergangsstellung und wird nur kurzzeitig für die Ausführung des *Age uke* eingenommen.

Foto 25: Aus dem *Kiba dachi* heraus wird nach vorn geblockt mit *Jodan age uke* links.

Foto 26: Es folgt ein *Jodan tate zuki* rechts. Während man den *Tate zuki* schlägt, drückt man den geblockten Arm des imaginären Gegner aus den Beinen heraus nach oben. Während des Zurückziehens der rechten Faust bewegt sich der Körper wieder nach unten.

Die erste Meisterform (Long Kuen) – Fortsetzung

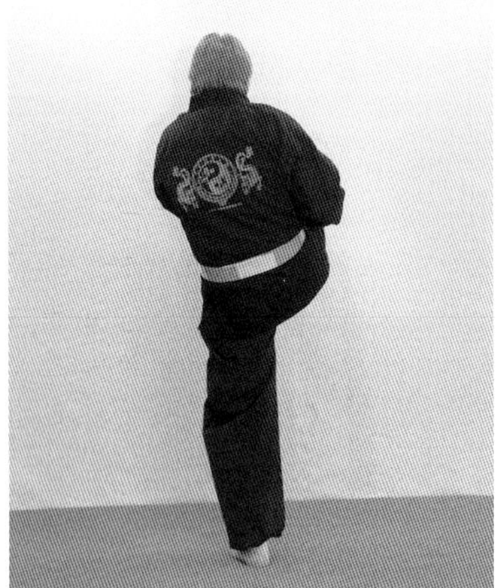

Foto 27

Foto 28

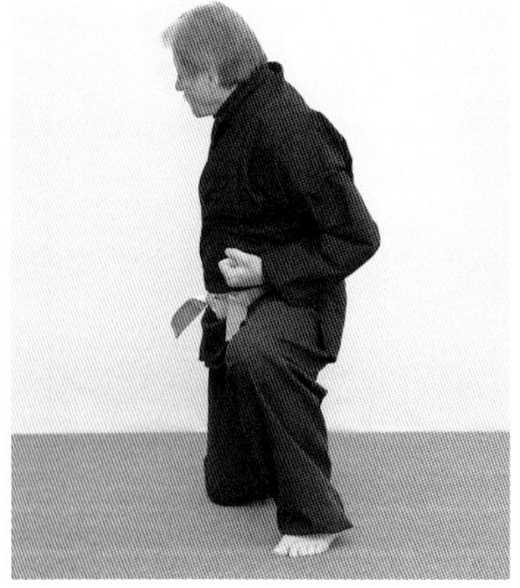

Foto 29

Foto 27: 90°-Drehung nach links mit einem *Jodan mikatsuki geri*, der auch im Sprung ausgeführt werden kann.

Foto 28: Ansicht von Foto 27,, um 180° gedreht.

Foto 29: Nach der Drehung setzt das rechte Knie in einem *Hiza dachi* auf dem Boden auf. Die Fußsohle zeigt in Richtung des getretenen *Mikatsuki geri*, so dass sich der Oberkörper um 180° nach links dreht. Von unten wird ein *Tettsui uchi* rechts zum Genitalbereich des imaginären Gegners, in Richtung des getretenen *Mikatsuki geri*, geschlagen.

Die erste Meisterform (Long Kuen) – Fortsetzung

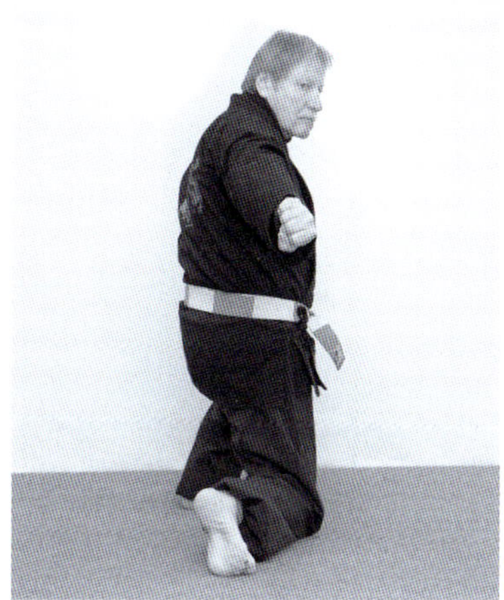

Foto 30

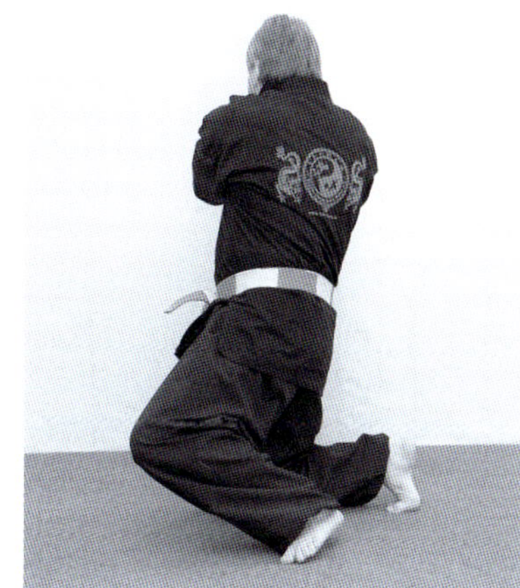

Foto 31

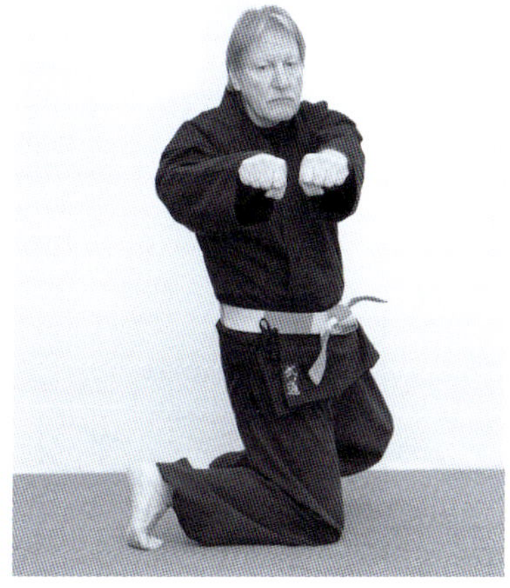

Foto 32

Foto 30: Ansicht von Foto 29, um 180° gedreht.

Foto 31: In tiefer Position dreht sich das rechte Knie, indem der rechte Fuß um etwa 100° nach links versetzt wird. Es wird ein *Gedan morote zuki* in Richtung des *Tettsui uchi* geschlagen.

Foto 32: Ansicht von Foto 31, um 180° gedreht.

Die erste Meisterform (Long Kuen) – Fortsetzung

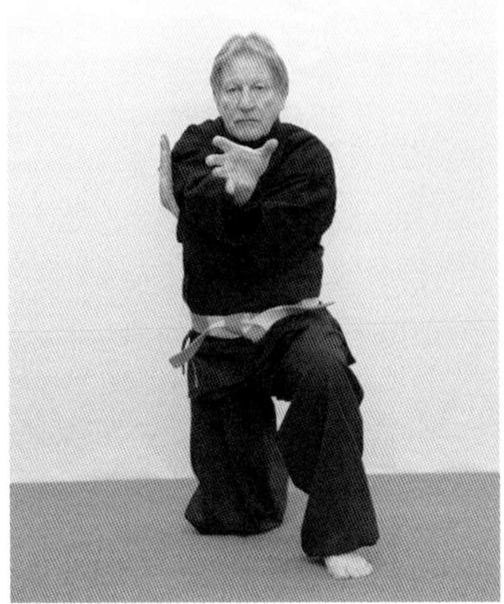

Foto 33

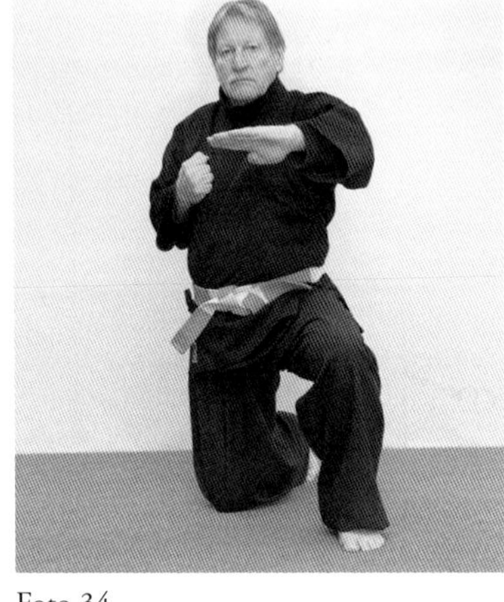

Foto 34

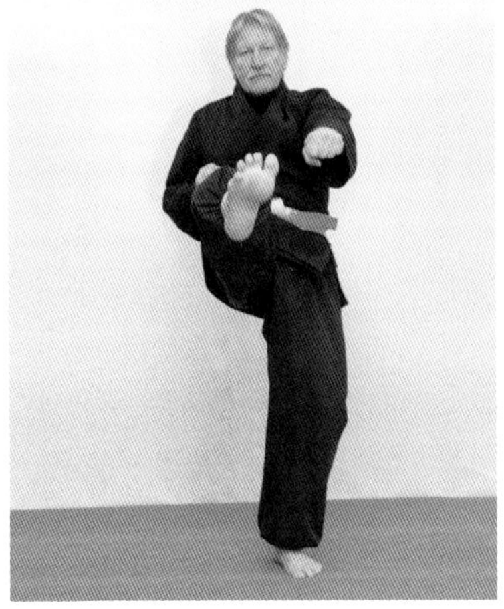

Foto 35

Foto 33: Der rechte Fuß wird zurückgesetzt. Es wird wieder die vorherige Position eingenommen. Mit rechts erfolgt ein *Tora mae ashi* in die entgegengesetzte Richtung zum Genitalbereich des Gegners (vgl. Vorbemerkung auf S. 21).

Foto 34: *Shuto uchi* links. Das Zurückziehen erfolgt langsam, unter Betonung der Ausatmung.

Foto 35: Aus dieser Stellung heraus, erfolgt nach dem Aufstehen ein *Chudan zuki* links mit gleichzeitigem *Chudan mae geri* rechts. Der rechte Fuß wird in *Sanchin dachi* rechts abgesetzt, der *Zuki* bleibt stehen.

Die erste Meisterform (Long Kuen) – Fortsetzung

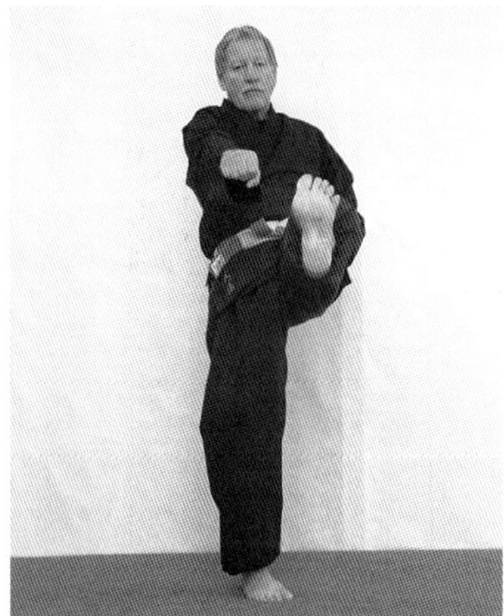

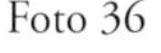

Foto 36

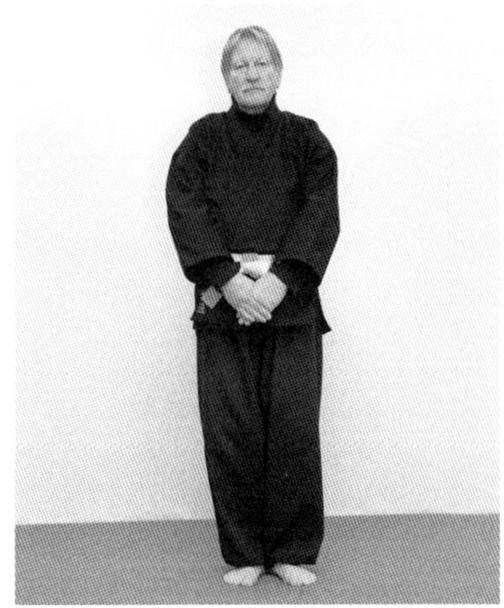

Foto 37

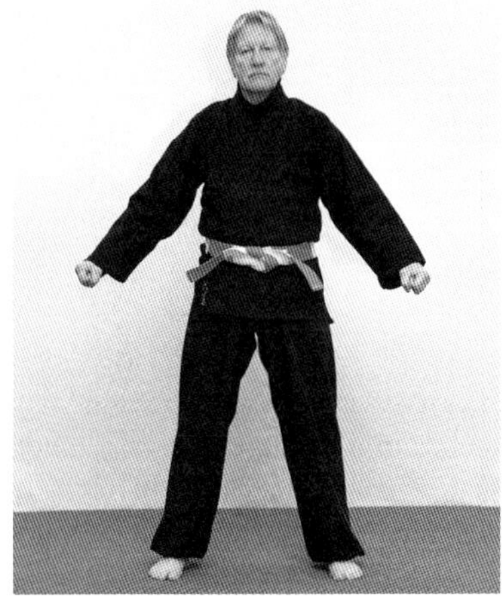

Foto 38

Foto 36: *Chudan zuki* rechts mit gleichzeitigem *Chudan mae geri* links.

Foto 37: Beide Füße drehen sich in *Musubi dachi*. Die Hände werden in Kopfhöhe ineinander gelegt (dabei liegt die linke Hand in der rechten Hand, die Handflächen zeigen zum Gesicht) und nach unten geführt. Hierbei werden die Beine leicht gebeugt und wieder gestreckt.

Foto 38: Es folgt das Aussteigen mit dem linken Bein in *Heiko dachi*. Die Arme werden, nachdem sie sich in Kopfhöhe gekreuzt haben, nach unten außen geführt.

Die zweite Meisterform (Chuan Fa)

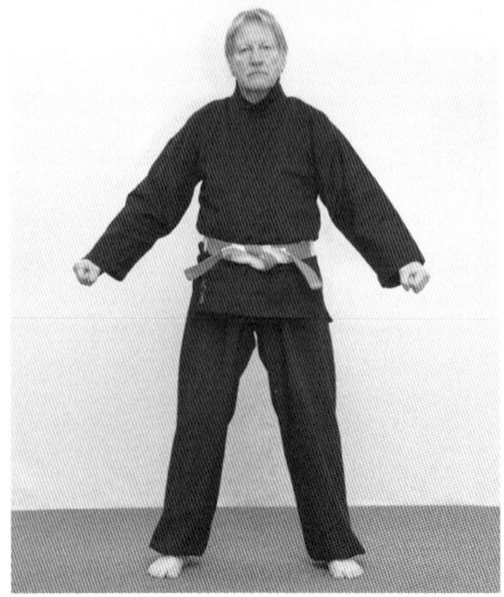
Foto 39

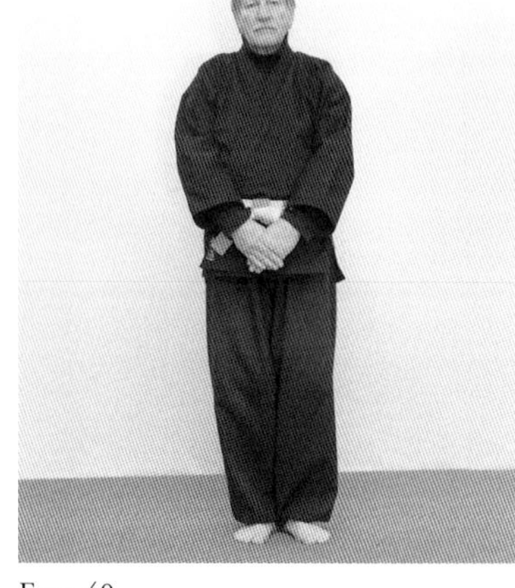
Foto 40

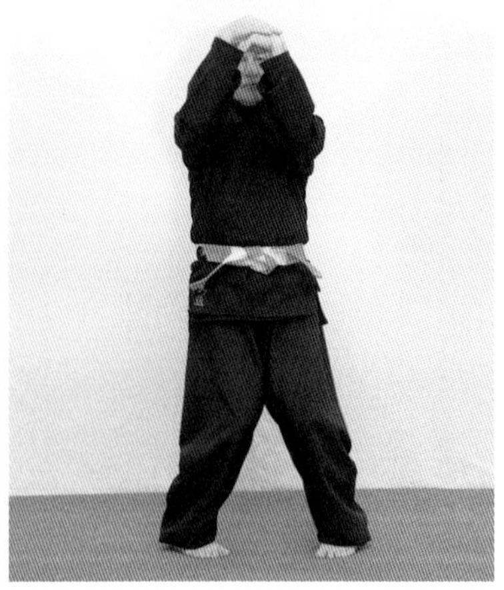
Foto 41

Foto 39: *Heiko dachi*. Beide Arme kreuzen sich in Kopfhöhe und werden dann nach außen unten geführt.

Foto 40: Heranziehen des linken Beins in *Musubi dachi*. Die Hände werden in Kopfhöhe ineinander gelegt (die linke Hand liegt in der rechten, Handflächen zum Gesicht) und nach unten gesenkt. Hierbei werden die Beine leicht gebeugt und wieder gestreckt.

Foto 41: Aus *Musubi dachi* bewegen sich die Füße über die Zwischenstellungen *Uchi hachiji dachi* und erweiterter *Musubi dachi* in einen erweiterten *Uchi hachiji dachi*. Gleichzeitig schieben sich die Hände nach oben zu einem *Jodan morote koken uke* (rechte Hand oben).

Die zweite Meisterform (Chuan Fa) – Fortsetzung

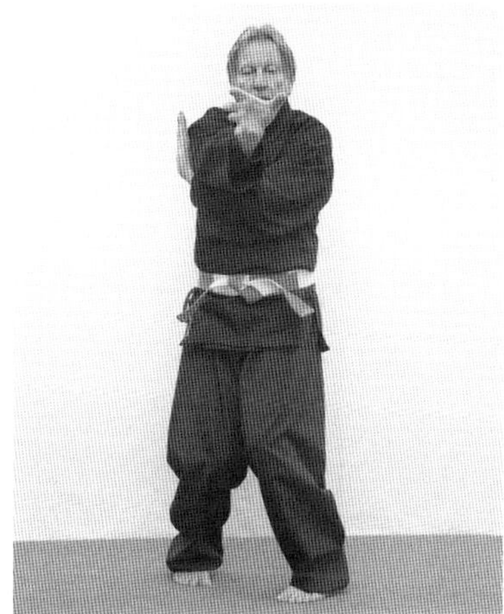

Foto 42

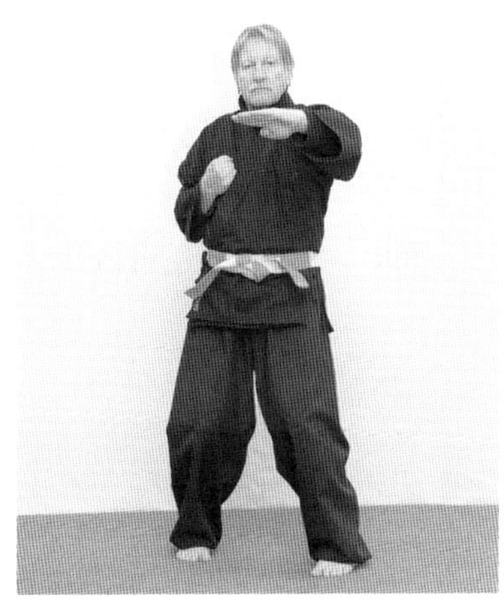

Foto 43

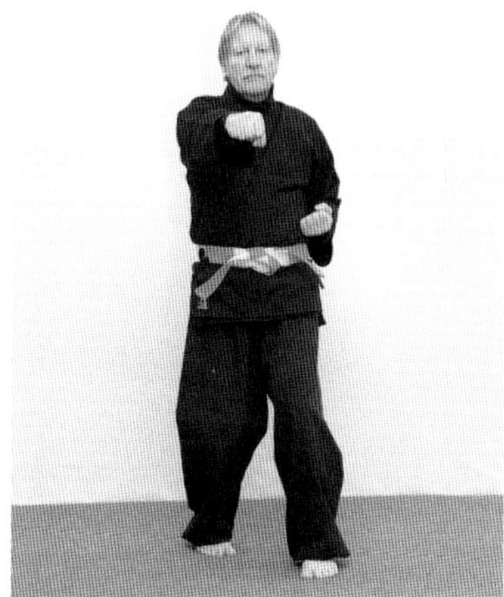

Foto 44

Foto 42: Mit rechts einen kleinen Schritt nach hinten in *Sanchin dachi* links. Die rechte Hand schnellt mit *Jodan gyaku tora mae ashi* rechts nach vorn.

Foto 43: *Jodan shuto uchi* links.

Foto 44: *Chudan zuki* mit rechts.

Die zweite Meisterform (Chuan Fa) – Fortsetzung

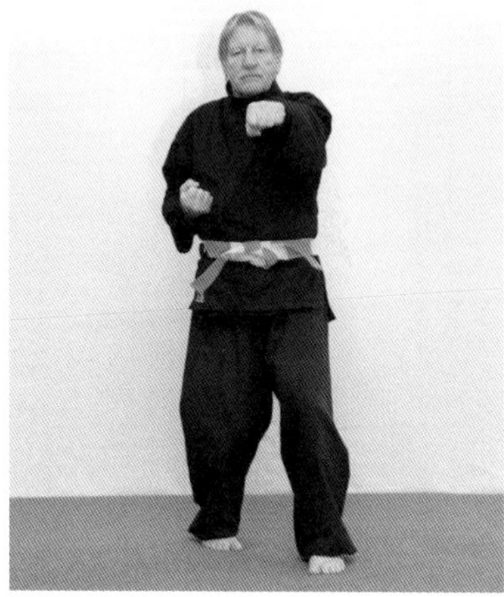

Foto 45

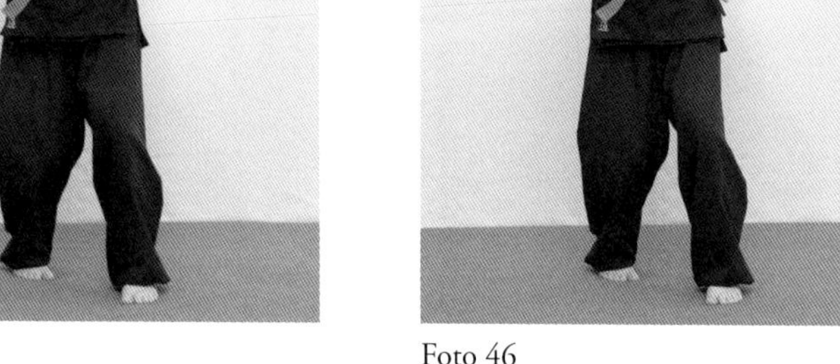

Foto 46

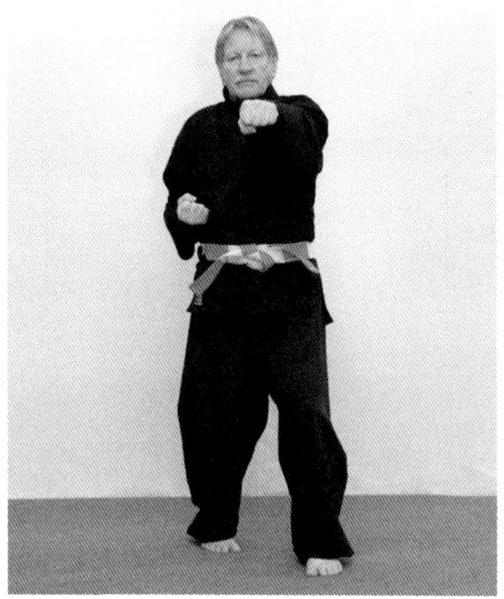

Foto 47

Foto 45: *Chudan zuki* mit links.

Foto 46: *Chudan zuki* mit rechts.

Foto 47: *Chudan zuki* mit links.

Die zweite Meisterform (Chuan Fa) – Fortsetzung

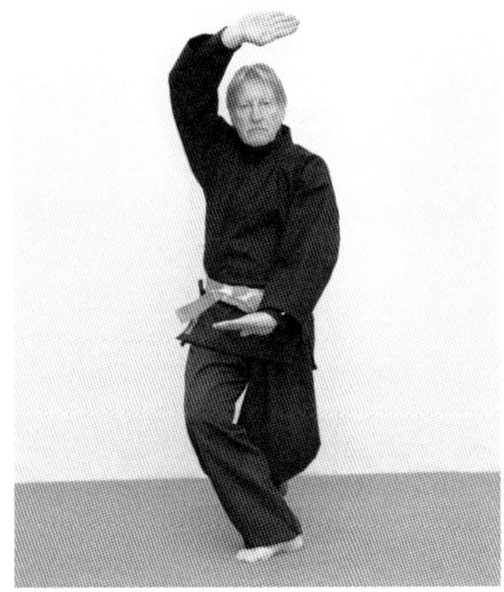

Foto 48

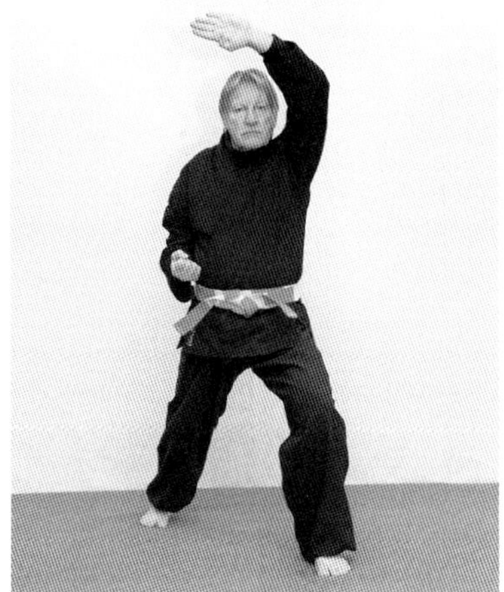

Foto 49

Foto 48: Den linken Fuß nach hinten in *Kake dachi* rechts absetzen (dabei steht der linke Fuß auf einer Linie hinter dem rechten Fuß). Es folgt mit links *Gedan gyaku shotei uke*, mit rechts ein *Jodan shuto age uke*.

Foto 49: Mit dem linken Fuß nach vorn in *Zenkutsu dachi* links gehen. Gleichzeitig blockt die linke Hand mit *Jodan shuto age uke*.

Die zweite Meisterform (Chuan Fa) – Fortsetzung

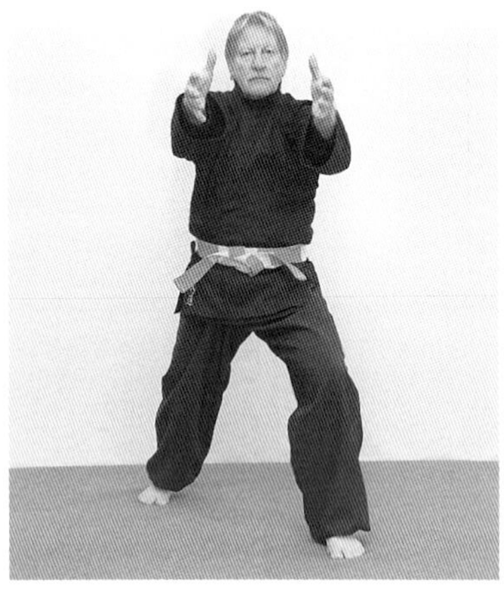

Foto 50

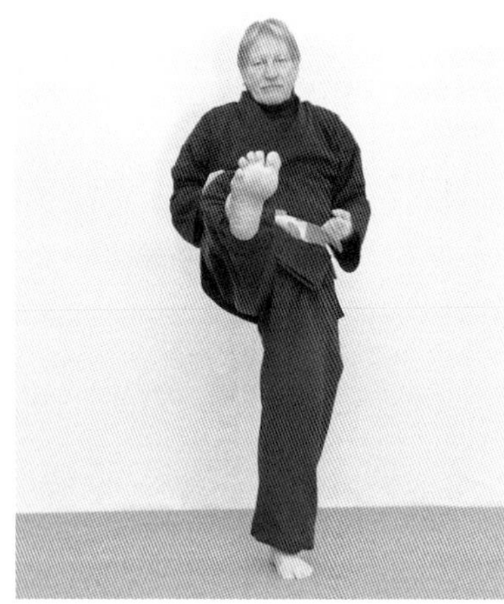

Foto 51

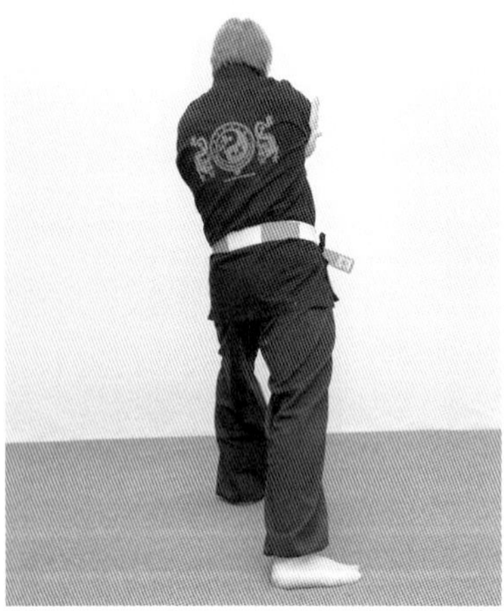

Foto 52

Foto 50/51: Beide Hände greifen nach vorn und ziehen den imaginären Angreifer in einen *Chudan mae geri* rechts.

Foto 52: In einem weiten, bogenförmigen Ausfallschritt den rechten Fuß nach hinten absetzen, so dass man 180° zur vorherigen Richtung steht. Die rechte Hand schnellt mit *Jodan gyaku tora mae ashi* nach vorn.

Die zweite Meisterform (Chuan Fa) – Fortsetzung

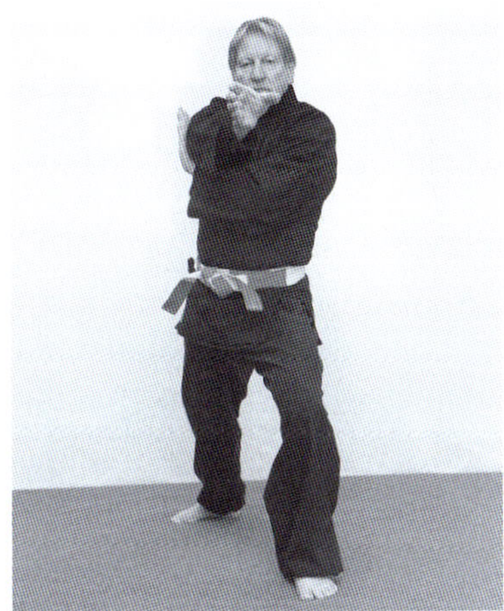

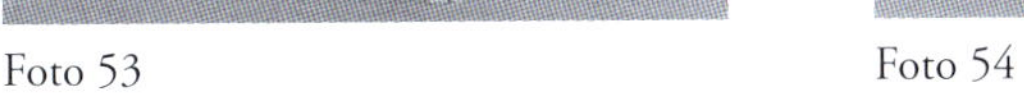

Foto 53

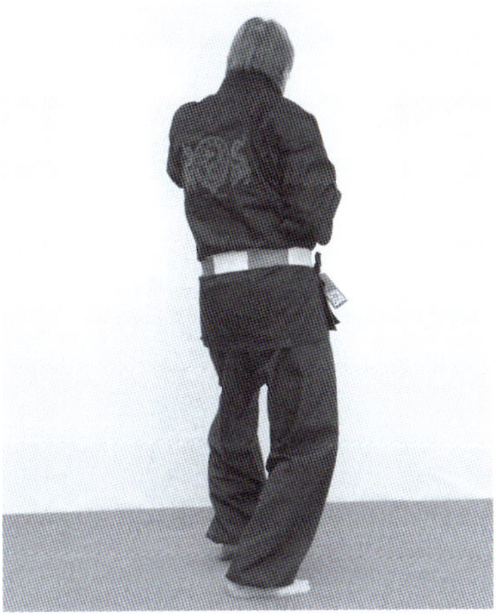

Foto 54

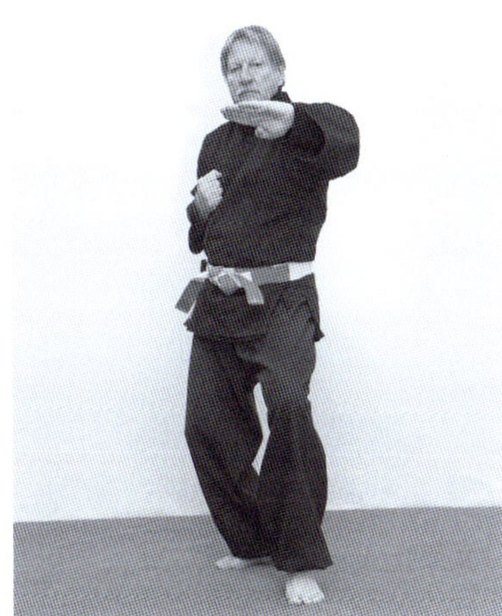

Foto 55

Foto 53: Ansicht von Foto 52, um 180° gedreht.

Foto 54: Anschließend folgt ein *Jodan shuto uchi* links. Gleichzeitig wird der linke Fuß in *Nekoashi dachi* links herangezogen. Hierbei verlagert sich der Stand nach unten.

Foto 55: Ansicht von Foto 54, um 180° gedreht.

Die zweite Meisterform (Chuan Fa) – Fortsetzung

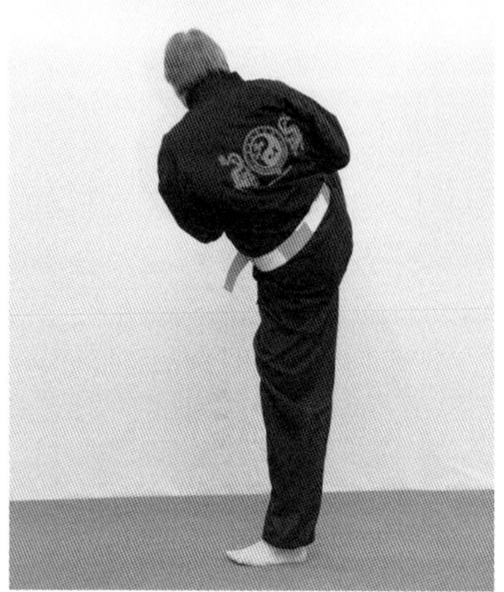

Foto 56

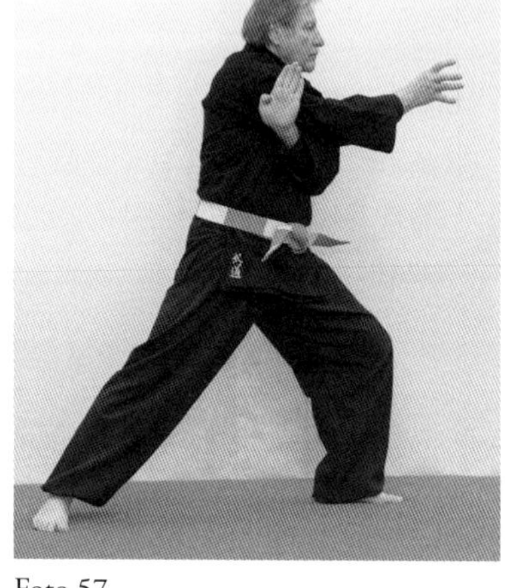

Foto 57

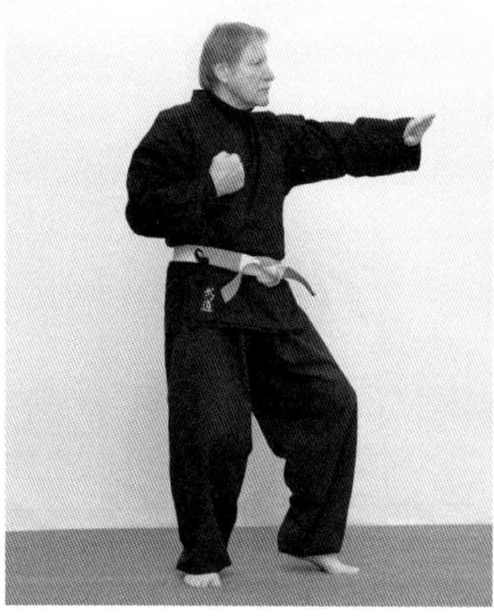

Foto 58

Foto 56: Es schließt sich ein *Chudan mawashi geri* rechts nach vorn an; anschließend wird aus dem Tritt heraus eine 270°-Drehung nach links vollführt und der Fuß hinten abgesetzt.

Foto 57: Die rechte Hand schnellt mit *Jodan gyaku tora mae ashi* nach vorn.

Foto 58: Es schließt ein *Jodan shuto uchi* links an. Gleichzeitig wird der linke Fuß in *Nekoashi dachi* links herangezogen. Der Stand verlagert sich dabei nach unten.

Die zweite Meisterform (Chuan Fa) – Fortsetzung

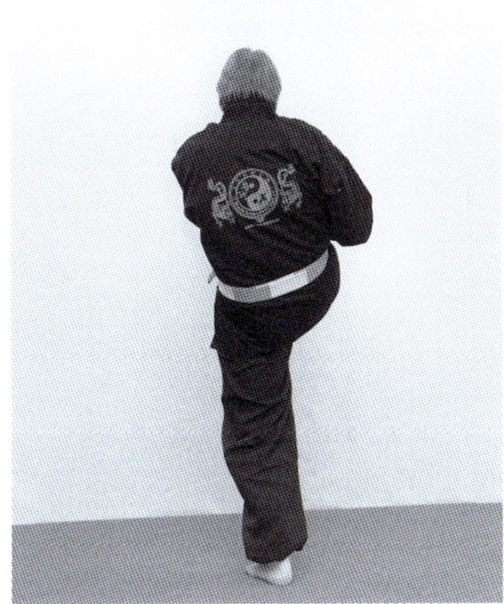

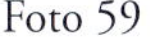
Foto 59

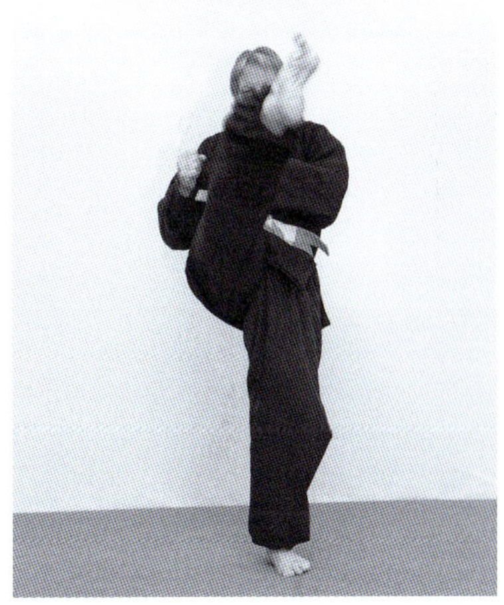

Foto 60

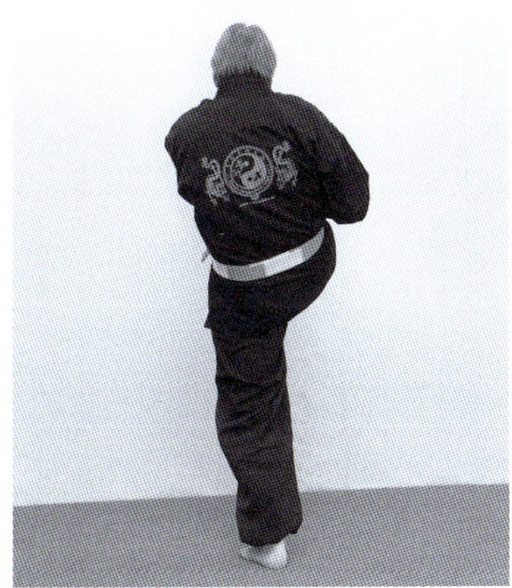

Foto 61

Foto 59: Mit einer Drehung um 90° nach links erfolgt entweder *Jodan mikatsuki geri uke* rechts oder *Mikatsuki tobi geri uke* rechts. Daraufhin kann kurz in *Nekoashi dachi* rechts abgesetzt werden.

Foto 60: Ansicht von Foto 59, um 180° gedreht.

Foto 61: Es folgt ein *Chudan mae geri* rechts. Danach wird mit einer 180°-Drehung nach links der rechte Fuß in *Kiba dachi* gestellt.

Die zweite Meisterform (Chuan Fa) – Fortsetzung

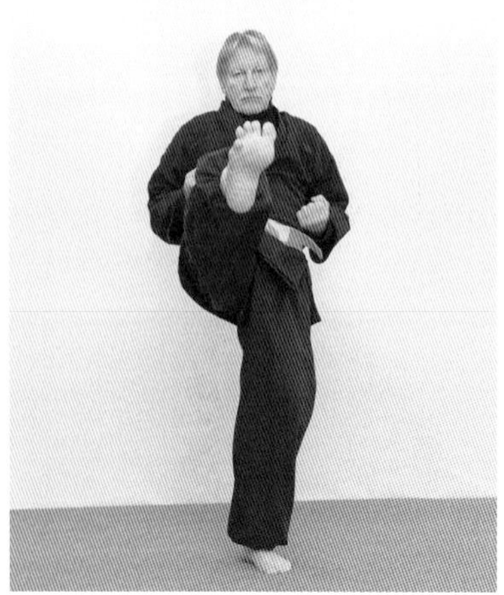

Foto 62

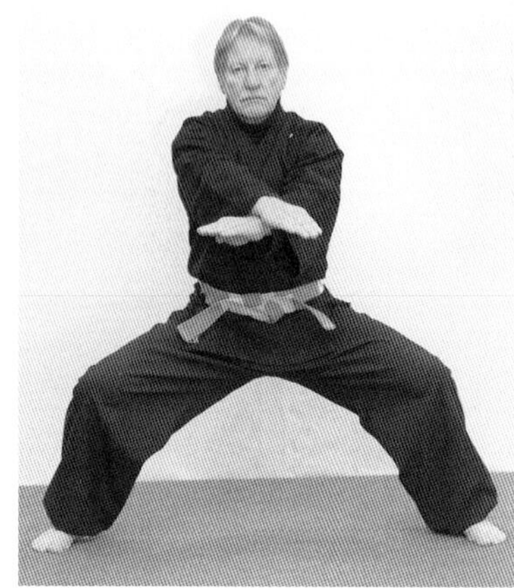

Foto 63

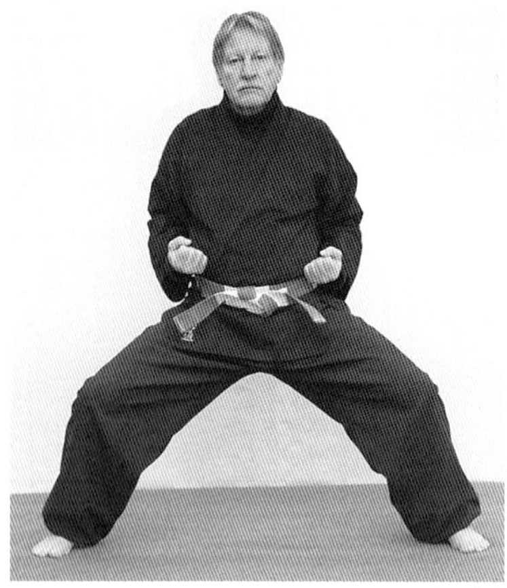

Foto 64

Foto 62: Ansicht von Foto 61, um 180° gedreht.

Foto 63: Beide Hände stoßen einen *Chudan juji shuto uchi*.

Foto 64: Danach werden die Hände zu Fäuste geformt und langsam an die Hüften zurückgezogen (*Ibuki*-Technik).

Die zweite Meisterform (Chuan Fa) – Fortsetzung

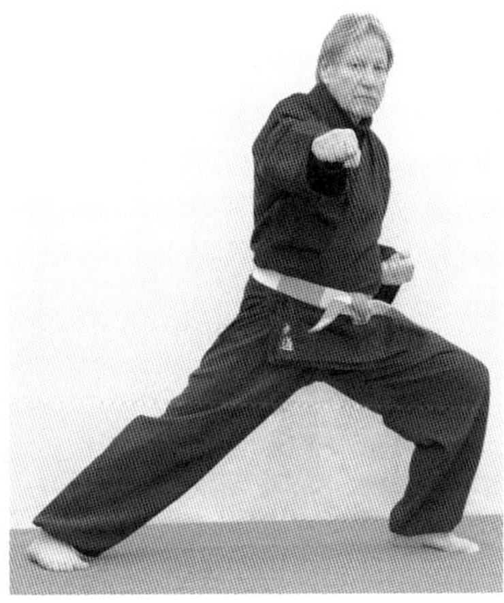

Foto 65

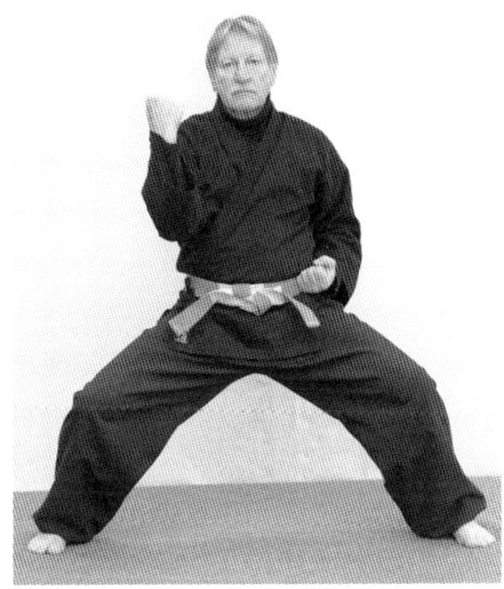

Foto 66

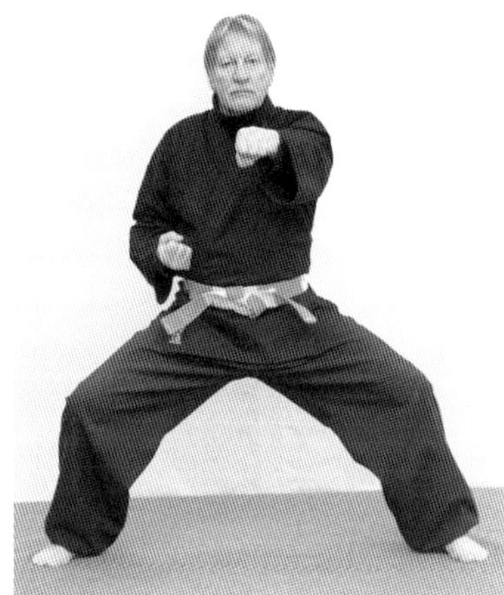

Foto 67

Foto 65: *Chudan gyaku zuki* rechts, bei dem sich die Schulter mit eindreht. Es erfolgt eine Standverlagerung in *Shorin zenkutsu dachi* links.

Foto 66: Der Stand verlagert sich zurück in *Kiba dachi*. Die rechte Faust vollzieht dabei langsam einen *Chudan uchi uke* (*Ibuki*-Technik).

Foto 67: *Chudan choku zuki* links.

Die zweite Meisterform (Chuan Fa) – Fortsetzung

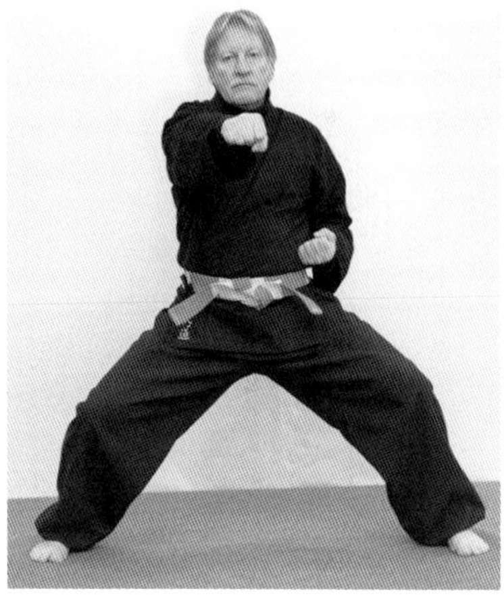
Foto 68

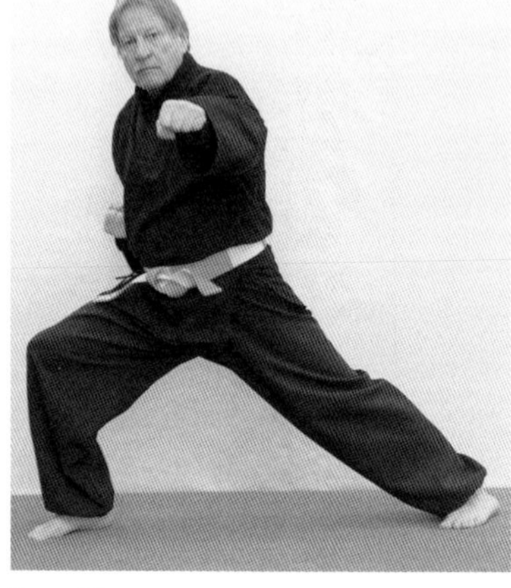
Foto 69

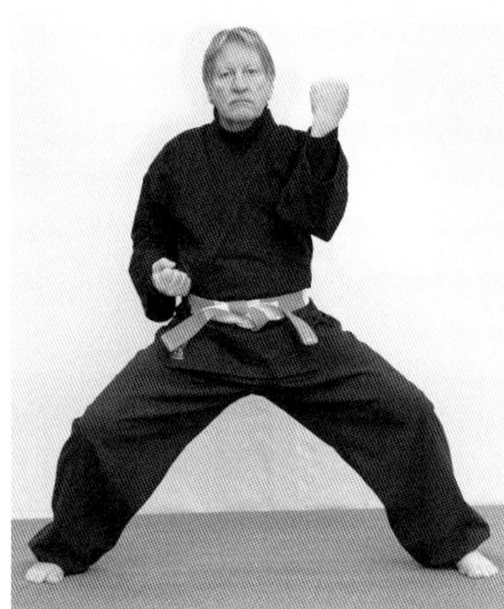
Foto 70

Foto 68: *Chudan choku zuki* rechts.

Foto 69: Es folgt ein *Chudan gyaku zuki* und dabei wird sich in *Shorin zenkutsu dachi* rechts eingedreht. Auch die Schulter dreht sich wieder ein.

Foto 70: Der Stand verlagert sich dann zurück in *Kiba dachi*. Hierbei vollzieht die linke Faust erneut einen *Chudan uchi uke* (*Ibuki*-Technik).

Die zweite Meisterform (Chuan Fa) – Fortsetzung

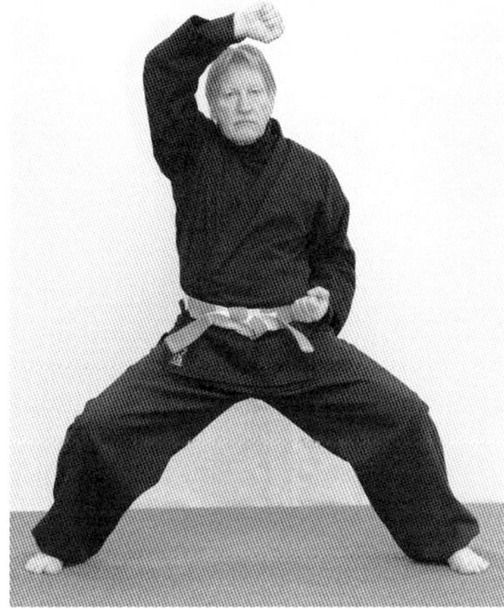

Foto 71

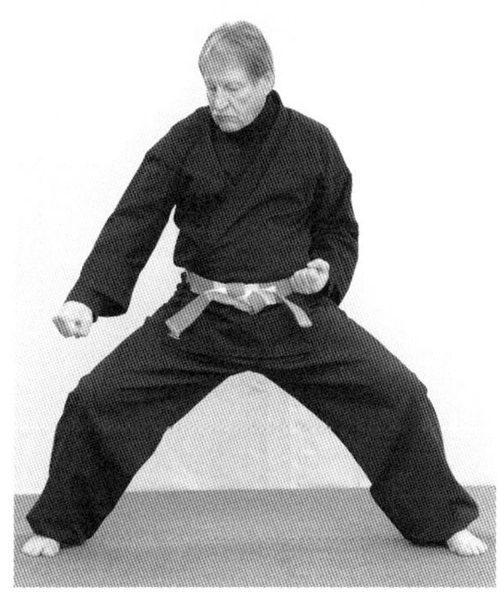

Foto 72

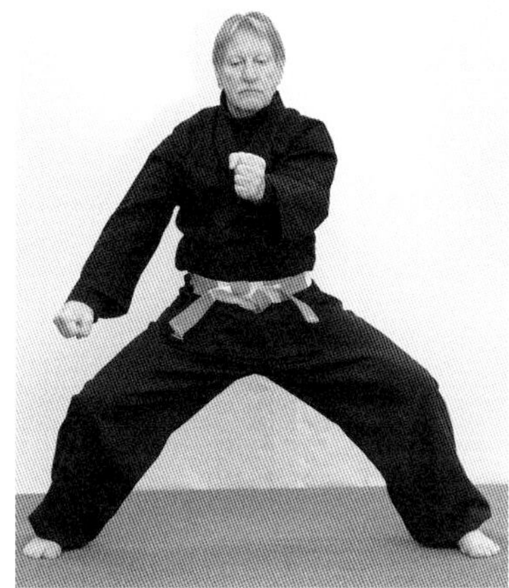

Foto 73

Foto 71: *Jodan age uke* rechts.

Foto 72: Die Faust klappt danach zur Seite und führt den Arm des imaginären Gegners in *Kake uke* mit einem anschließendem *Gedan barai*.

Foto 73: Es erfolgt *Chudan tate zuki* links nach vorn (siehe Vorbemerkung).

Die zweite Meisterform (Chuan Fa) – Fortsetzung

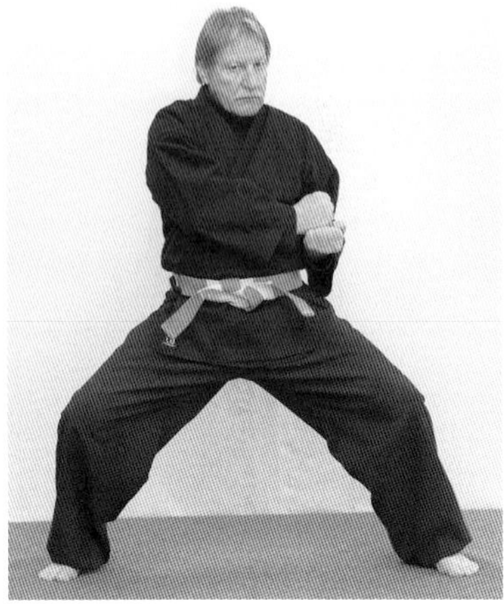

Foto 74

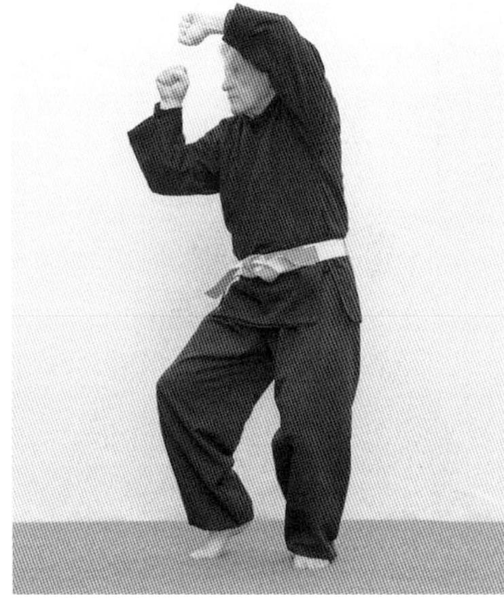

Foto 75

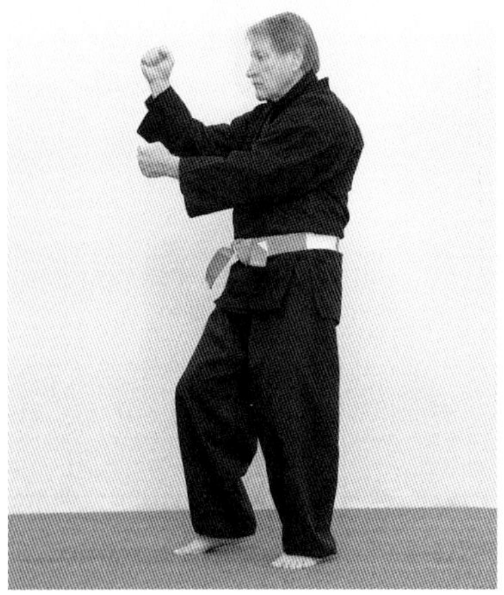

Foto 76

Foto 74: Beide Fäuste werden zur linken Hüfte gezogen. Die rechte Faust liegt dabei auf der linken.

Foto 75: Der rechte Fuß wird herangezogen zu *Nekoashi dachi* rechts (90°-Drehung nach rechts). Mit rechts erfolgt ein *Jodan ude uke* und gleichzeitig mit links ein umgekehrter *Jodan tate zuki*. Beide Techniken erfolgen von der linken Hüfte aus. Die linke Hand wird danach zur Hüfte zurückgezogen.

Foto 76: *Chudan gyaku tate zuki* links. Dabei bleibt der *Jodan ude uke* stehen.

Die zweite Meisterform (Chuan Fa) – Fortsetzung

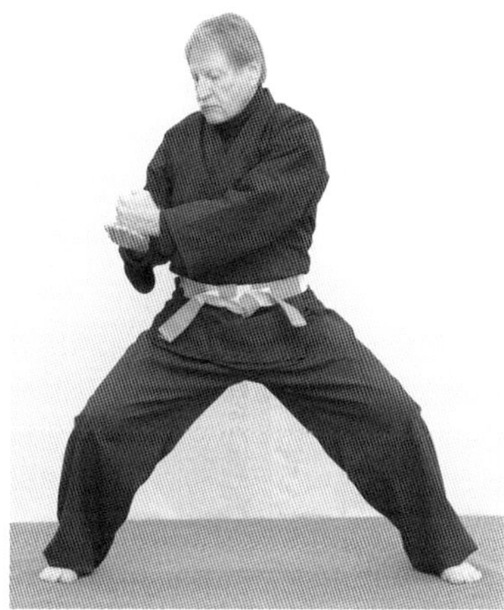

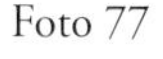

Foto 77

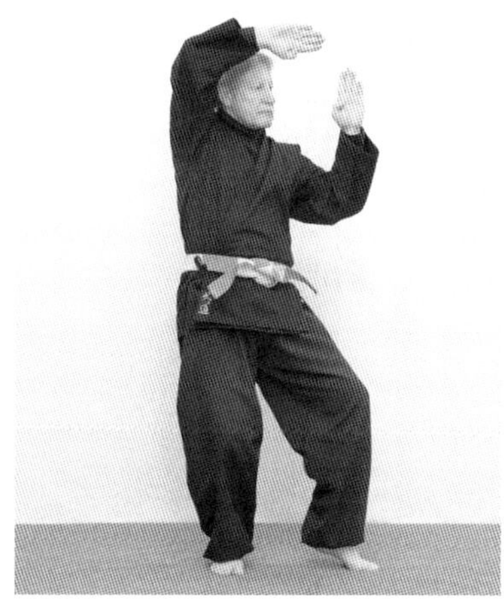

Foto 78

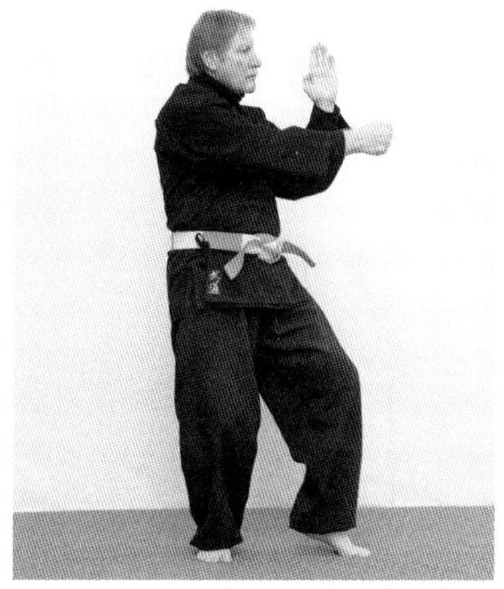

Foto 79

Foto 77: Der rechte Fuß wird nach rechts gesetzt. Beide Hände befinden sich an der rechten Hüfte, wobei die linke geschlossene Faust auf der rechten offenen Hand ruht. Der linke Fuß wird mit einer 180°-Drehung nach links zu *Nekoashi dachi* links herangezogen.

Foto 78: Es folgt mit links ein *Jodan shuto uke* und gleichzeitig mit rechts ein umgekehrter *Jodan yonhon nukite* (vertikale Handstellung beider Techniken).

Foto 79: Die rechte Hand geht zur rechten Hüfte zurück. Sie stößt von dort aus einen *Chudan gyaku tate zuki*. Dabei bleibt der *Jodan shuto uke* stehen.

Die zweite Meisterform (Chuan Fa) – Fortsetzung

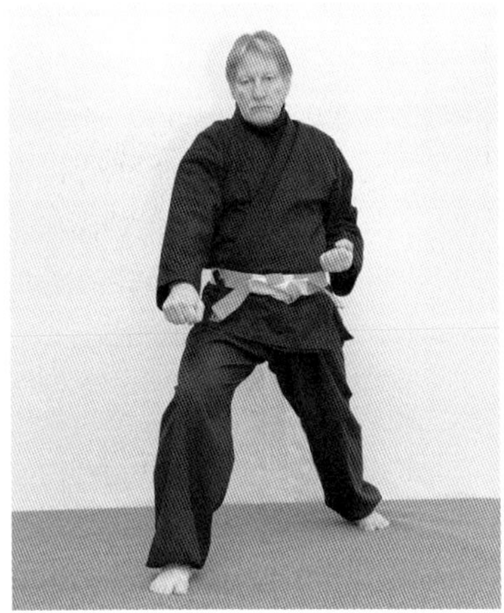
Foto 80

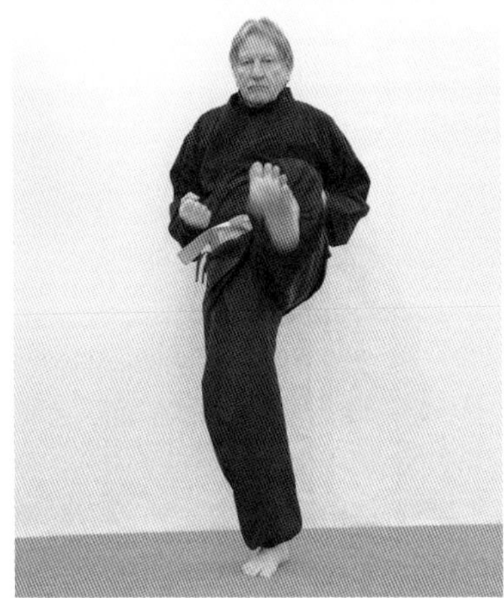
Foto 81

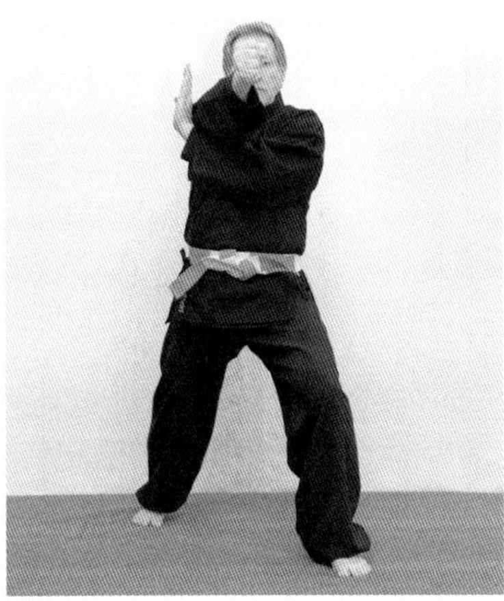
Foto 82

Foto 80: Der linke Fuß wird mit *Gedan barai* rechts in *Zenkutsu dachi* rechts (90°-Drehung nach rechts) zurückgesetzt.

Foto 81: *Chudan mae geri* links. Nach vorn absetzen in *Zenkutsu dachi* links.

Foto 82: Im Moment des Absetzens erfolgt *Jodan nagashi uke* links. Der darauffolgende *Jodan gyaku tate zuki* rechts wird über den linken Arm gestoßen.

Die zweite Meisterform (Chuan Fa) – Fortsetzung

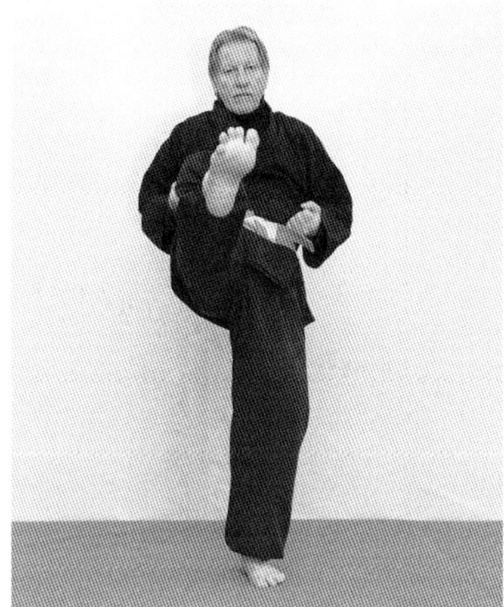

Foto 83

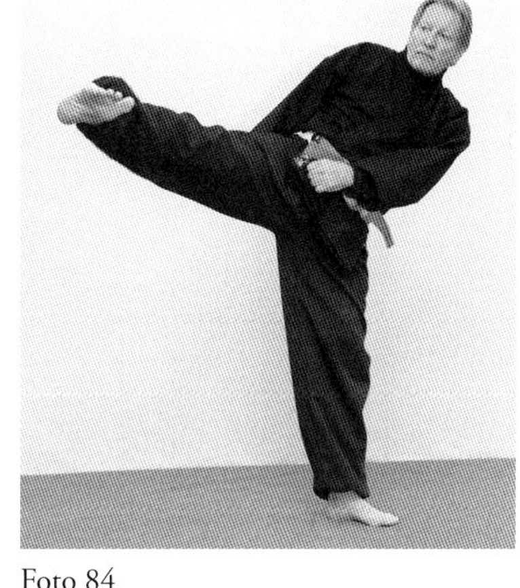

Foto 84

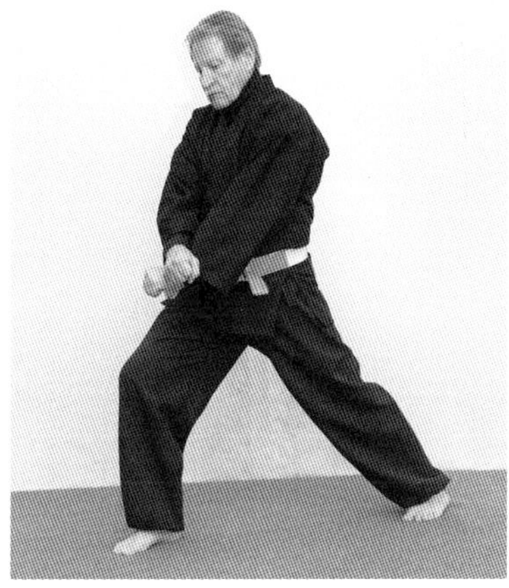

Foto 85

Foto 83: *Chudan mae geri* rechts.

Foto 84: Es folgt, ohne den Fuß abzusetzen, ein *Chudan yoko geri* im 45°-Winkel nach rechts vorn.

Foto 85: Das Trittbein wird seitlich nach vorn mit *Gedan juji uke* um 45° in *Shorin zenkutsu dachi* rechts abgesetzt.

Die zweite Meisterform (Chuan Fa) – Fortsetzung

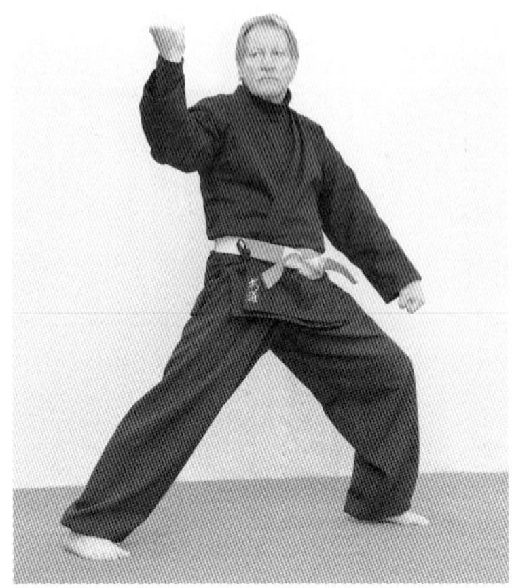

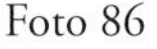
Foto 86

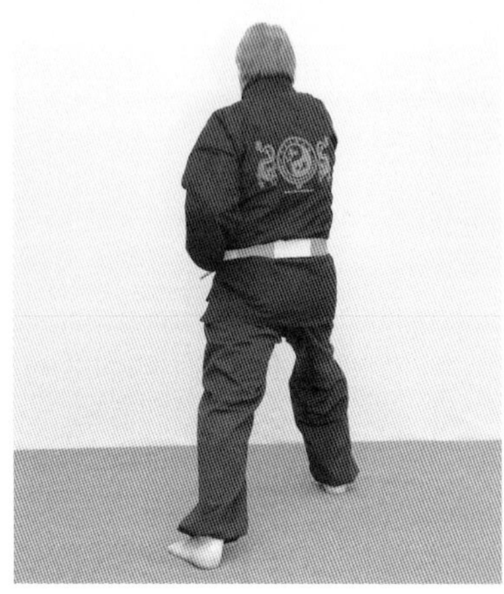

Foto 87

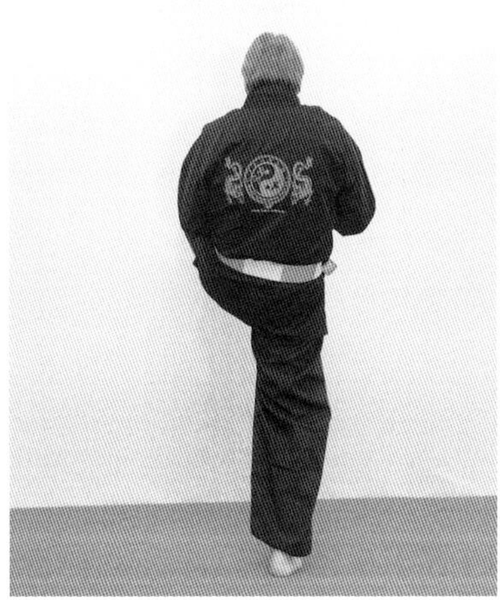

Foto 88

Foto 86: Es folgt eine langsame Drehung in *Shorin zenkutsu dachi* links mit *Jodan uchi uke* rechts und *Gedan barai* links (*Ibuki*-Technik). Der rechte Fuß wird hinter den linken in *Kake dachi* gestellt.

Foto 87: 225°-Drehung nach rechts in *Zenkutsu dachi* rechts mit einem *Chudan oi zuki* rechts. Zum Schutz wird bei der Drehung der linke Arm am Körper entlanggeführt und danach zur linken Hüfte zurückgezogen.

Foto 88: *Chudan mae geri* links.

Die zweite Meisterform (Chuan Fa) – Fortsetzung

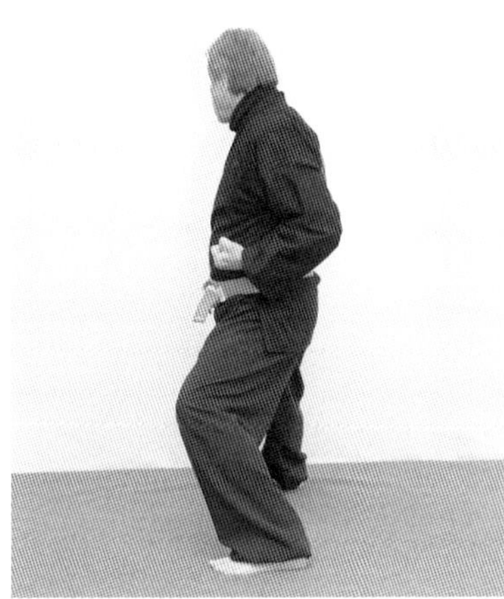

Foto 89

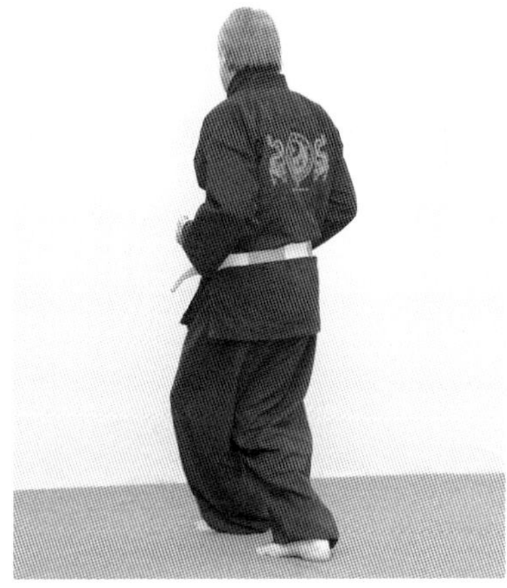

Foto 90

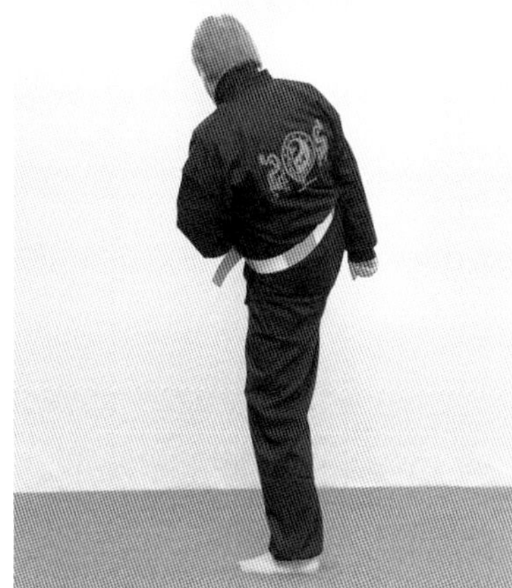

Foto 91

Foto 89: Der Fuß wird nach hinten in *Shorin zenkutsu dachi* links abgesetzt (Drehung um 90° nach links). Gleichzeitig erfolgt ein *Gedan barai* rechts.

Foto 90: Der linke Fuß wird hinter den rechten in *Kake dachi* umgesetzt.

Foto 91: Aus dieser Stellung erfolgt ein *Chudan yoko geri* rechts. Das rechte Trittbein wird danach in *Kiba dachi* positioniert (Drehung um 90° nach links).

Die zweite Meisterform (Chuan Fa) – Fortsetzung

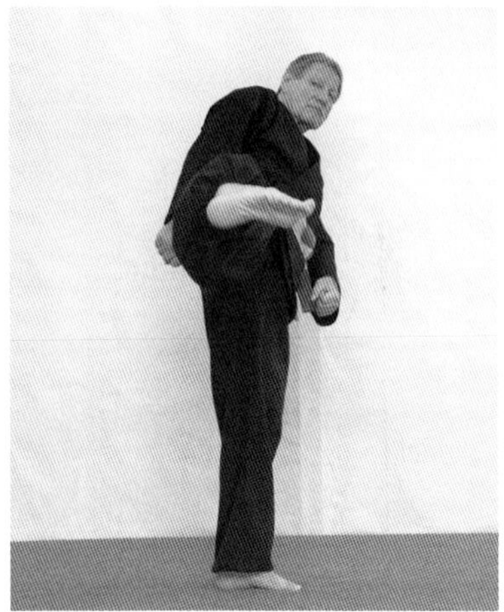

Foto 92

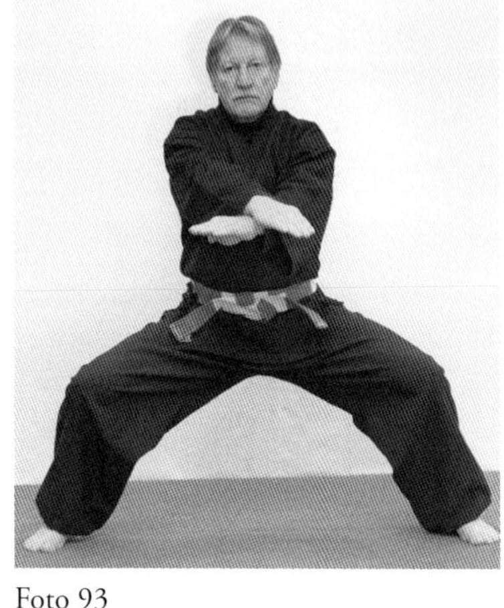

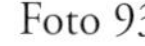

Foto 93

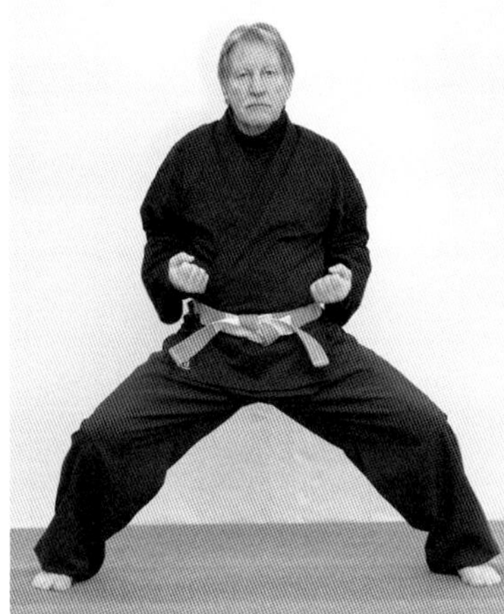

Foto 94

Foto 92: Ansicht von Foto 91, um 180° gedreht.

Foto 93: Während des Absetzens erfolgt ein *Chudan juji shuto uchi Kiai*.

Foto 94: Beide Hände werden als Fäuste an die Hüfte zurückgezogen (*Ibuki*-Technik).

Die zweite Meisterform (Chuan Fa) – Fortsetzung

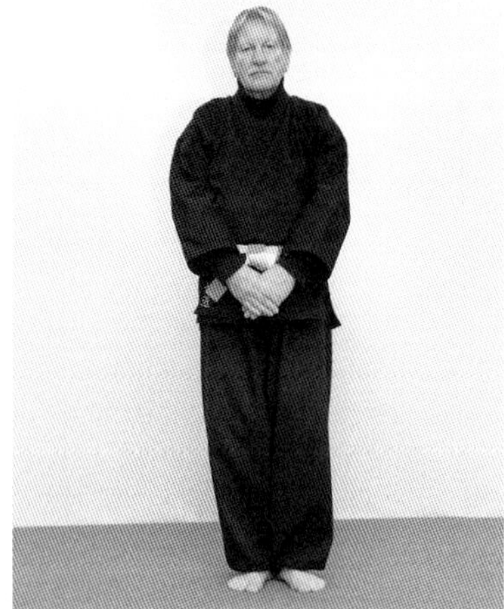

Foto 95

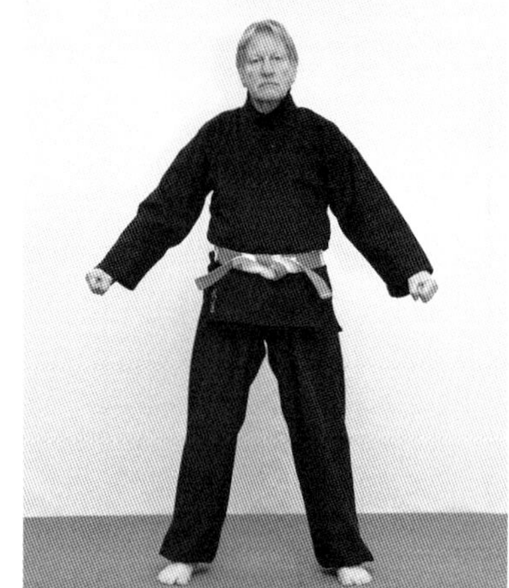

Foto 96

Foto 95: Danach den linken Fuß in *Musubi dachi* heranziehen. Die Hände werden in Kopfhöhe ineinander gelegt (dabei liegt die linke Hand in der rechten Hand, die Handflächen zeigen zum Gesicht) und nach unten geführt. Die Beine werden bei dieser Bewegung leicht gebeugt und wieder gestreckt.

Foto 96: Es folgt das Aussteigen mit dem linken Bein in *Heiko dachi*. Die Arme werden, nachdem sie sich in Kopfhöhe gekreuzt haben, nach unten außen geführt.

Die dritte Meisterform (Tasi Yoko)

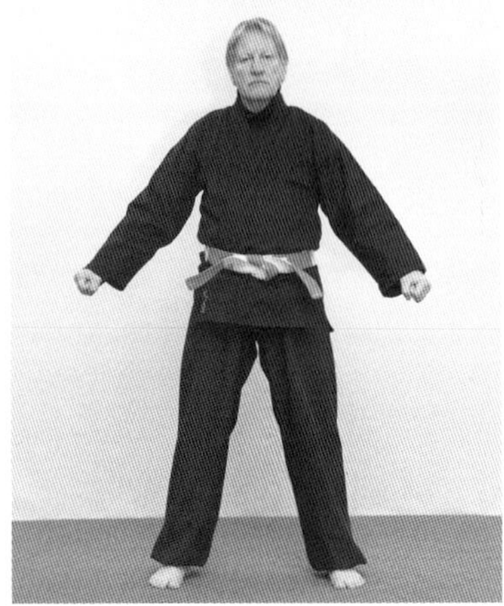

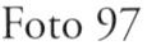
Foto 97

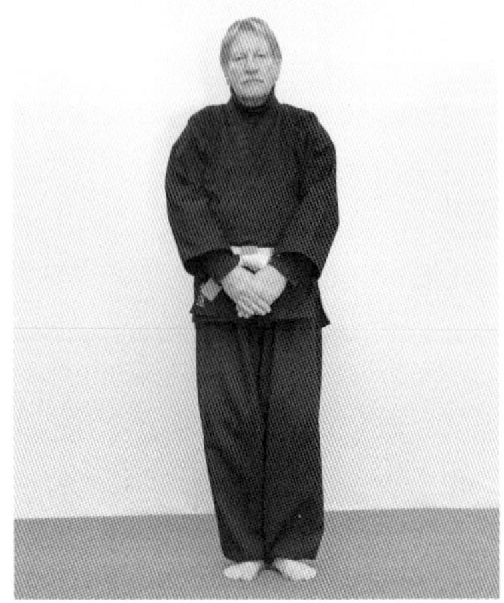

Foto 98

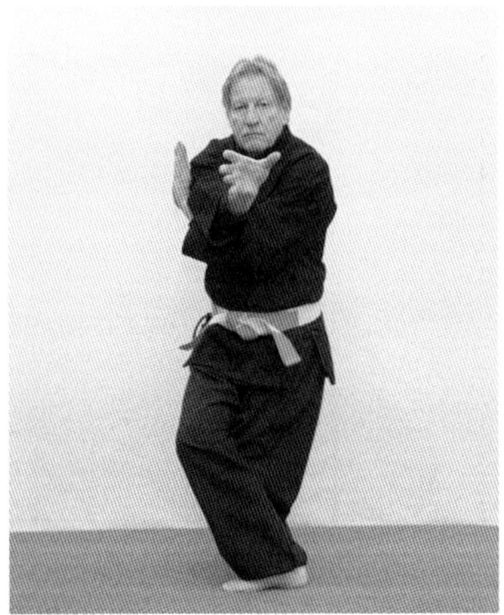

Foto 99

Foto 97: *Heiko dachi*. Beide Arme kreuzen sich in Kopfhöhe und werden dann nach außen unten geführt.

Foto 98: Heranziehen des linken Beins in *Musubi dachi*. Die Hände werden in Kopfhöhe ineinander gelegt (die linke Hand liegt in der rechten, Handflächen zum Gesicht) und nach unten geführt. Die Beine werden dabei leicht gebeugt und wieder gestreckt.

Foto 99: Aus *Musubi dachi* mit dem rechten Fuß in einen tiefen *Kake dachi* rechts vorgehen. Es folgt *Tora mae ashi* rechts zum Kehlkopf.

Die dritte Meisterform (Tasi Yoko) – Fortsetzung

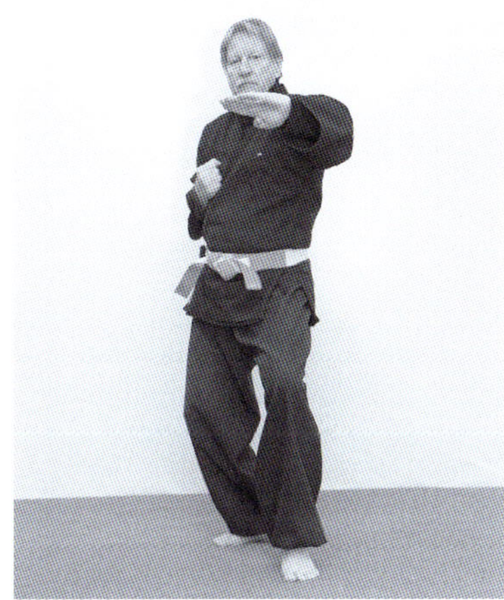

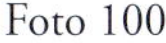

Foto 100

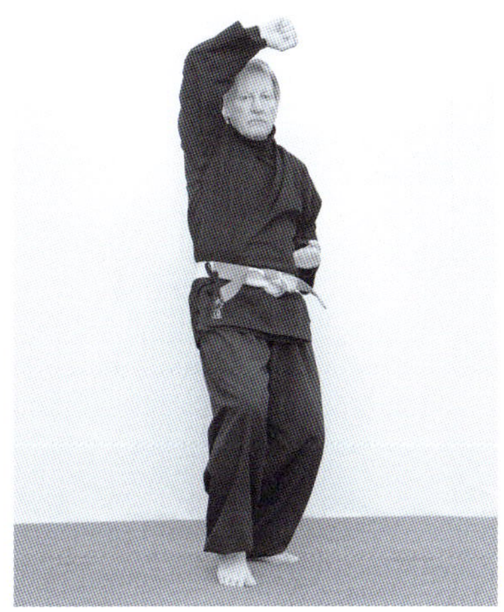

Foto 101

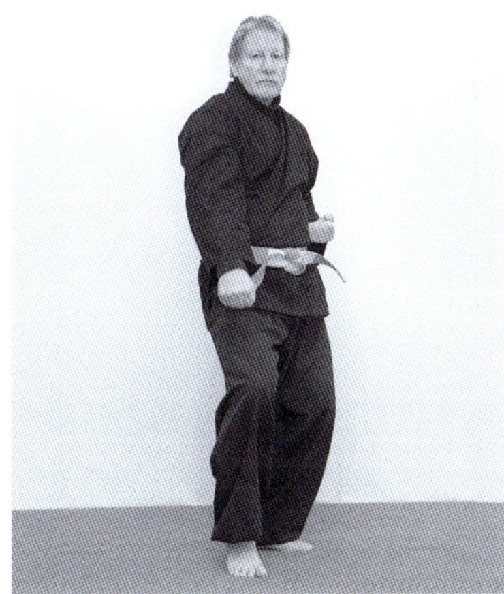

Foto 102

Foto 100: Danach das linke Bein in *Nekoashi dachi* links mit *Jodan shuto uchi* links vorsetzen.

Foto 101: Aus *Nekoashi dachi* links mit *Jodan age uke* rechts in *Nekoashi dachi* rechts vorgehen. – Unmittelbar darauf folgt *Kake uke* rechts (ohne Abbildung).

Foto 102: Es folgt sofort ein *Gedan barai* rechts.

Die dritte Meisterform (Tasi Yoko) – Fortsetzung

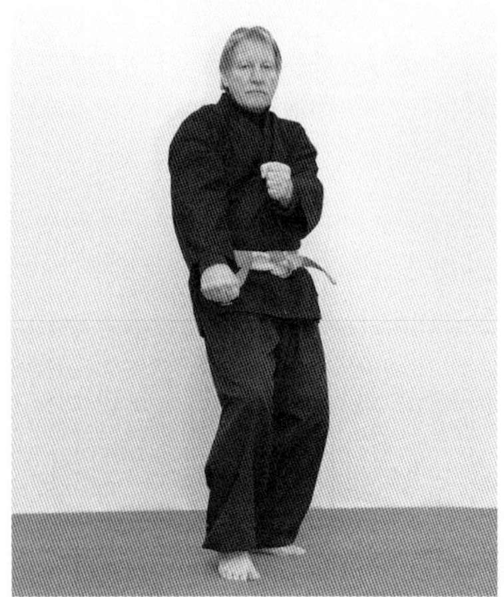

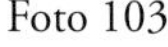

Foto 103

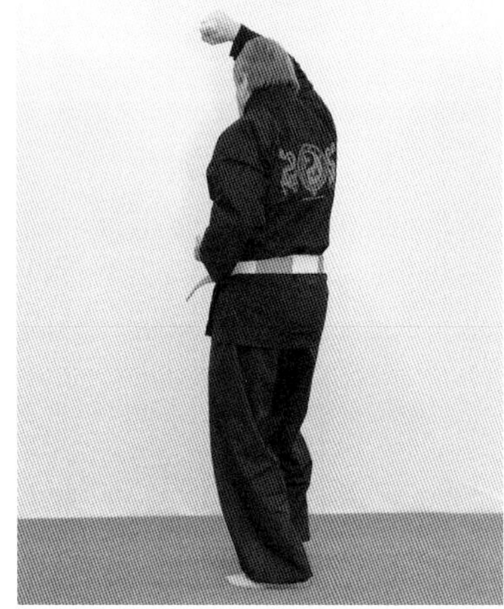

Foto 104

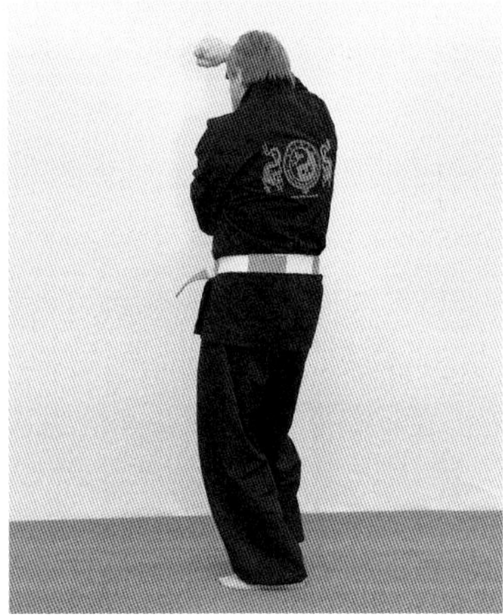

Foto 105

Foto 103: Es folgt ein *Chudan tate zuki* links (mit explosivem Zurückziehen an die Hüfte). Dabei bleibt der *Gedan barai* stehen.

Foto 104: Den rechten Fuß aus *Nekoashi dachi* rechts betont nach hinten absetzen und sich dabei um 180° nach rechts in *Nekoashi dachi* rechts drehen. Unmittelbar darauf mit *Jodan age uke* rechts blocken.

Foto 105: Sofort danach einen *Chudan tate zuki* links ausführen (mit explosivem Zurückziehen an die Hüfte). Der *Jodan age uke* bleibt stehen.

Die dritte Meisterform (Tasi Yoko) – Fortsetzung

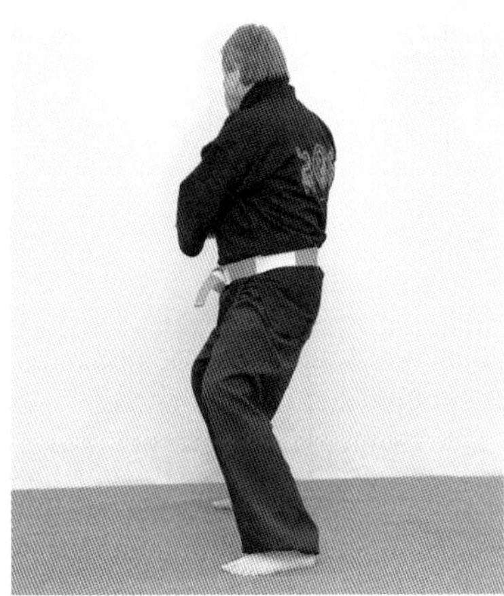

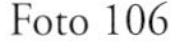

Foto 106

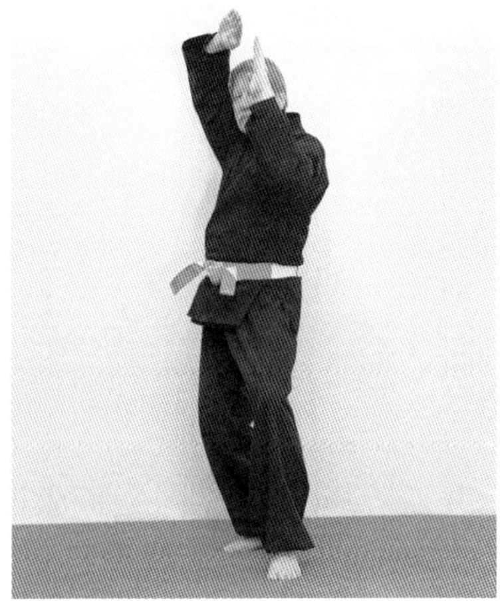

Foto 107

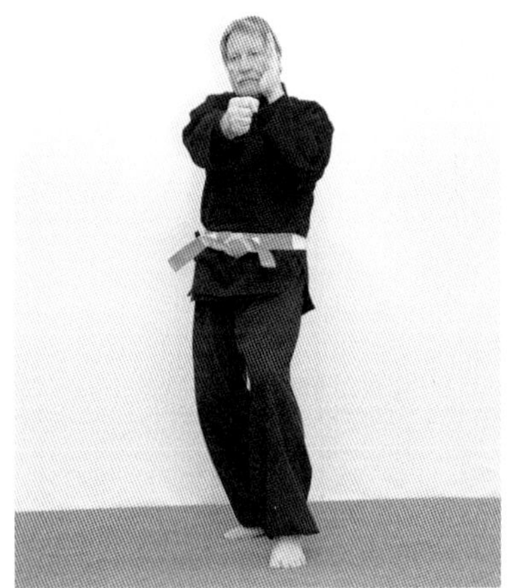

Foto 108

Foto 106: Den rechten Fuß aus *Nekoashi dachi* rechts mit einem Ausfallschritt in Blickrichtung absetzen. Während des Absetzens wird eine 180°-Drehung nach links ausgeführt. Die linke Faust wird dabei mit der Kleinfingerseite auf die geöffnete rechte Handfläche an der rechten Körperseite gelegt.

Foto 107: Den linken Fuß zu *Nekoashi dachi* links heranziehen. Dabei erfolgt ein *Jodan shuto uke* links und gleichzeitig ein *Jodan yonhon nukite* rechts. Die Ausrichtung der Hand ist bei beiden Techniken vertikal.

Foto 108: *Chudan tate zuki* rechts (mit explosivem Zurückziehen an die Brust).

Die dritte Meisterform (Tasi Yoko) – Fortsetzung

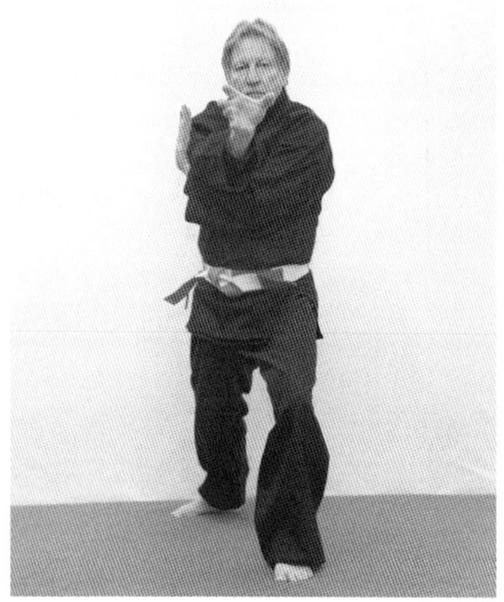

Foto 109

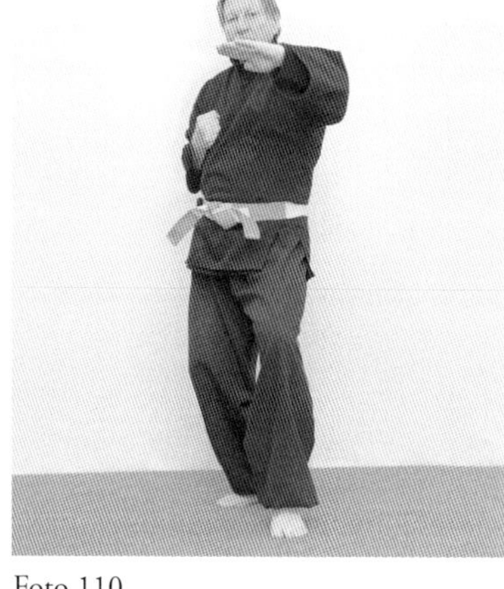

Foto 110

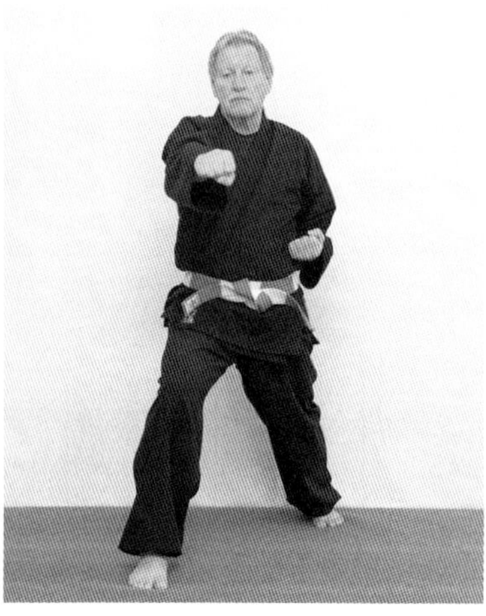

Foto 111

Foto 109: Anschließend den rechten Fuß nochmals mit einem Ausfallschritt nach hinten absetzen. Gleichzeitig erfolgt *Tora mae ashi* rechts zum Kehlkopf.

Foto 110: Der linke Fuß wird zu *Nekoashi dachi* links mit *Jodan shuto uchi* links herangezogen.

Foto 111: Mit *Chudan oi zuki* aus *Nekoashi dachi* links in *Zenkutsu dachi* rechts vorgehen.

Die dritte Meisterform (Tasi Yoko) – Fortsetzung

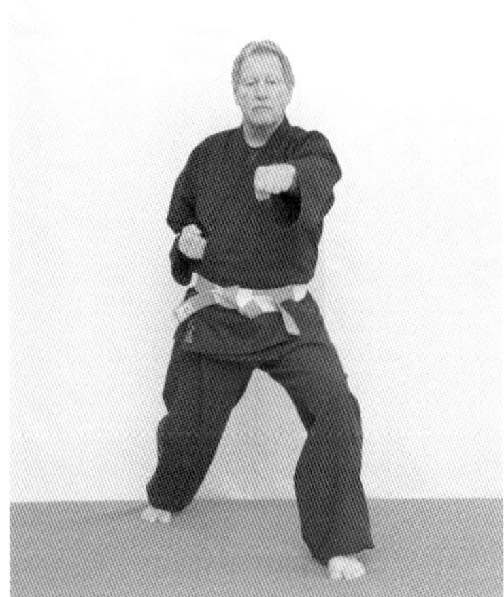

Foto 112

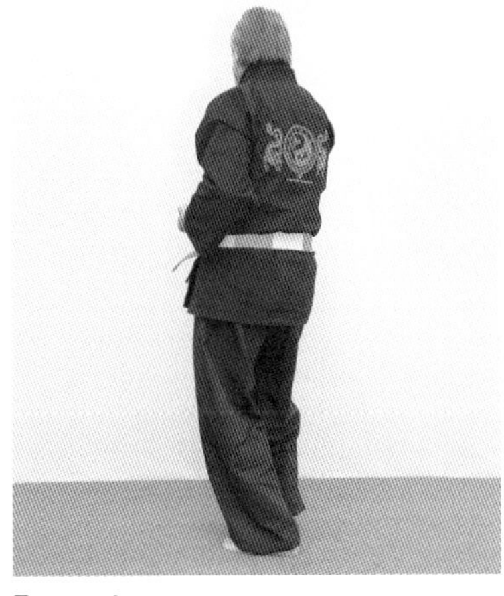

Foto 113

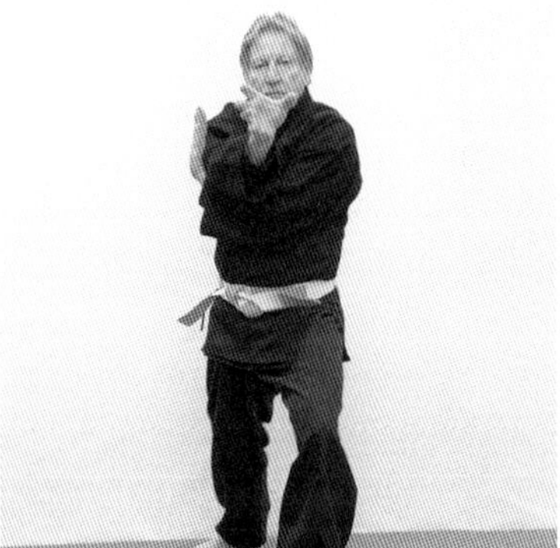

Foto 114

Foto 112: Danach mit *Chudan oi zuki* in *Zenkutsu dachi* links vorgehen.

Foto 113: Aus *Zenkutsu dachi* links erfolgt eine Drehung um 180° nach rechts in *Nekoashi dachi* rechts mit *Chudan uchi uke* rechts.

Foto 114: Daraufhin wird mit einem weiten Ausfallschritt eine 180°-Drehung nach links ausgeführt. Gleichzeitig *Tora mae ashi* rechts zum Kehlkopf.

Die dritte Meisterform (Tasi Yoko) – Fortsetzung

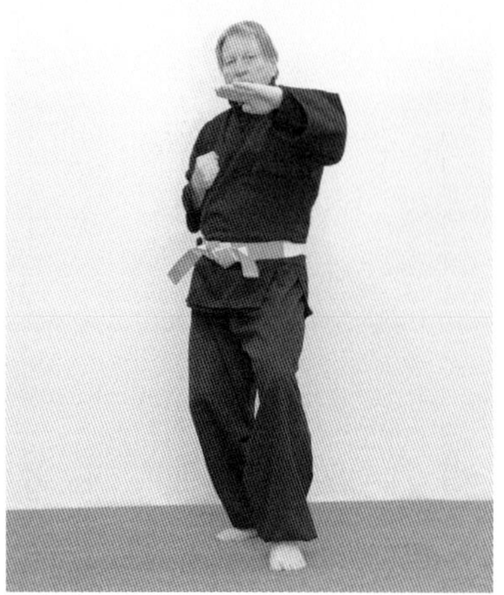

Foto 115

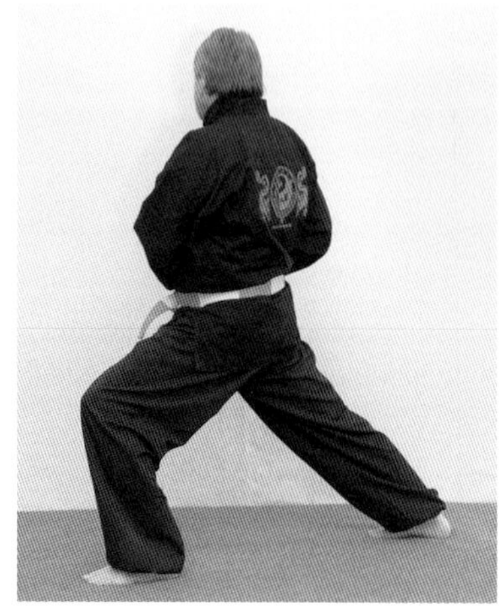

Foto 116

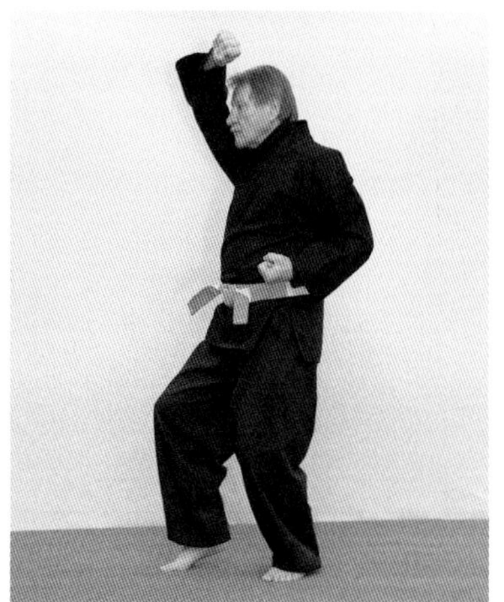

Foto 117

Foto 115: Anschließend wird das linke Bein zu *Nekoashi dachi* links herangezogen. Dabei erfolgt ein *Jodan shuto uchi* links.

Foto 116: Aus Nekoashi dachi links eine Drehung um 90° nach rechts durch Versetzen des rechten Fußes in *Zenkutsu dachi* links vollführen. Hierbei wird ein *Chudan ushiro empi uchi* rechts ausgeführt. Diese Technik wird mit der linken Hand unterstützt.

Foto 117: Der rechte Fuß wird aus *Zenkutsu dachi* links in *Nekoashi dachi* rechts nach vorn abgesetzt. Direkt nach dem Absetzen des Fußes erfolgt ein *Jodan age uke* rechts mit anschließendem *Kake uke* rechts.

Die dritte Meisterform (Tasi Yoko) – Fortsetzung

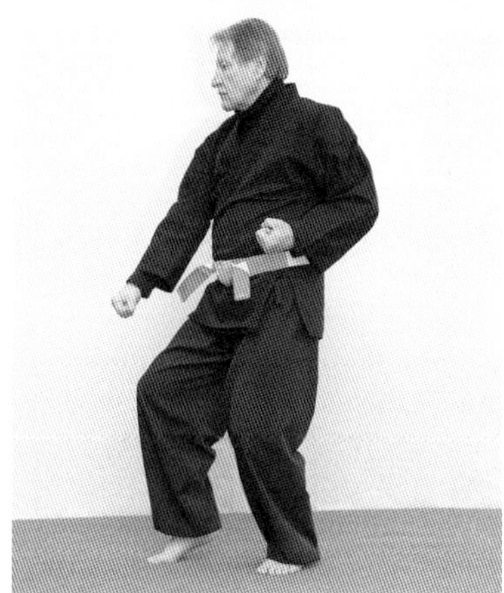

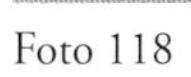
Foto 118

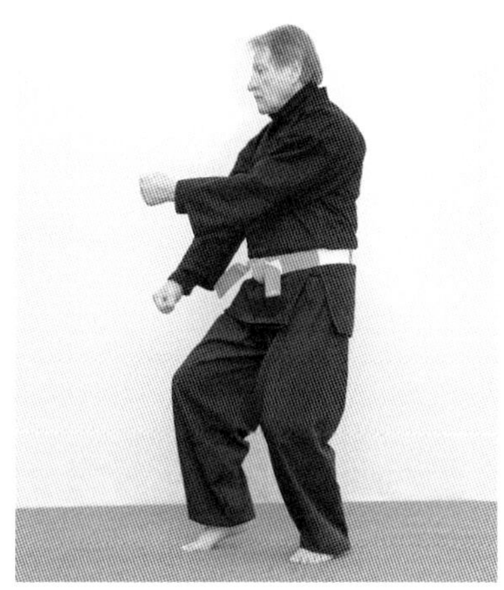
Foto 119

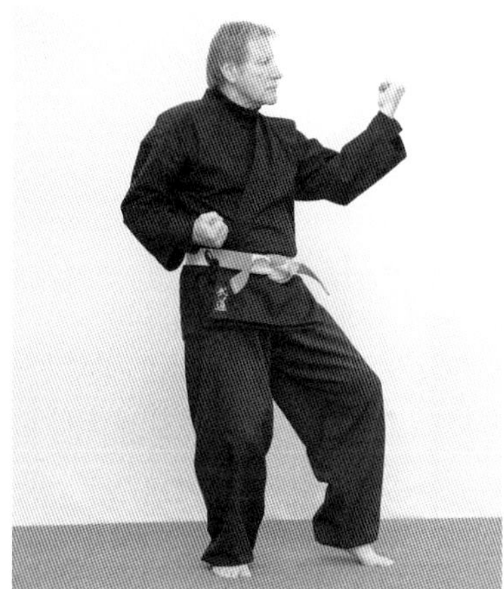
Foto 120

Foto 118: *Gedan barai* rechts.

Foto 119: *Chudan tate zuki* links (mit explosivem Zurückziehen an die Hüfte). Dabei bleibt der *Gedan barai* stehen.

Foto 120: Anschließend mit einer 180°-Drehung nach links aus *Nekoashi dachi* rechts in *Nekoashi dachi* links mit *Chudan uchi uke* links übergehen.

Die dritte Meisterform (Tasi Yoko) – Fortsetzung

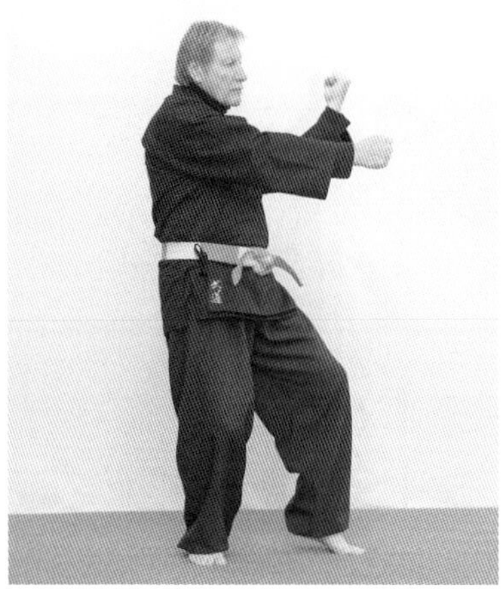
Foto 121

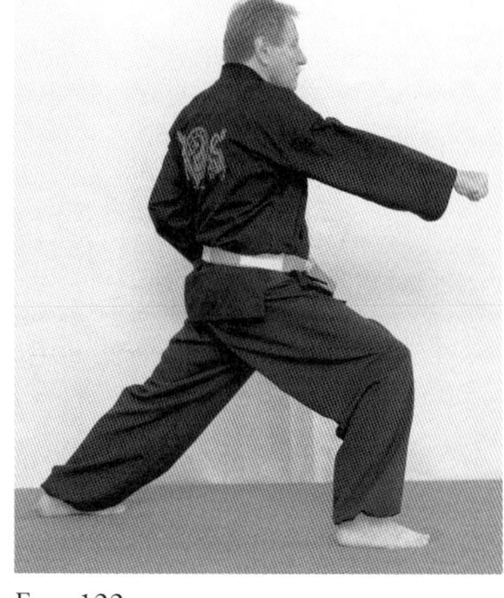
Foto 122

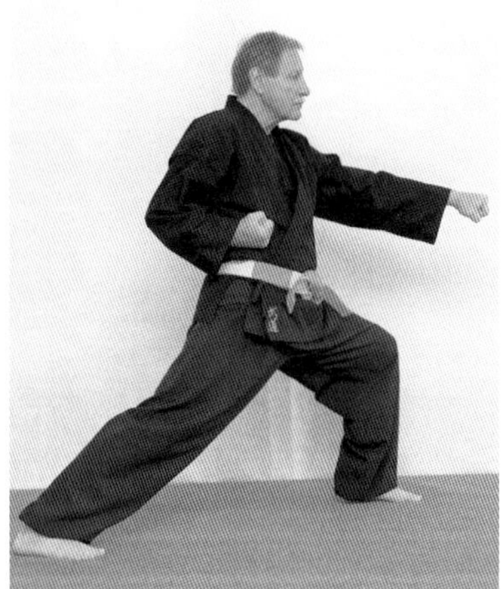
Foto 123

Foto 121: *Chudan tate zuki* rechts (mit explosivem Zurückziehen an die Hüfte).

Foto 122: Aus *Nekoashi dachi* links in *Zenkutsu dachi* rechts mit *Chudan oi zuki* vorgehen.

Foto 123: Daraufhin *Zenkutsu dachi* links mit *Chudan oi zuki* vollführen.

Die dritte Meisterform (Tasi Yoko) – Fortsetzung

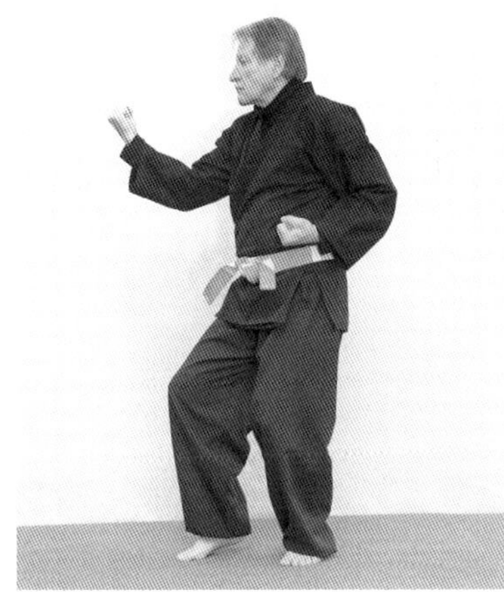

Foto 124

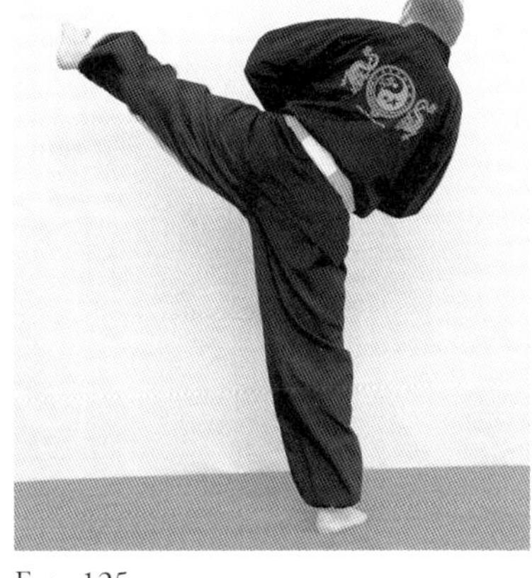

Foto 125

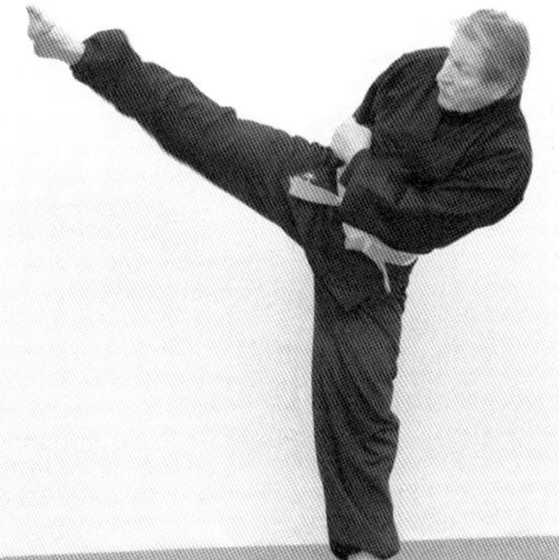

Foto 126

Foto 124: Aus *Zenkutsu dachi* links mit einer Drehung um 180° nach rechts in *Nekoashi dachi* rechts mit *Chudan uchi uke* rechts übergehen.

Foto 125: In die gleiche Richtung erfolgt ein *Jodan mawashi geri* links.

Foto 126: Der linke Fuß wird nach vorn abgesetzt. Im Anschluss erfolgt ein *Jodan mawashi geri* rechts.

Die dritte Meisterform (Tasi Yoko) – Fortsetzung

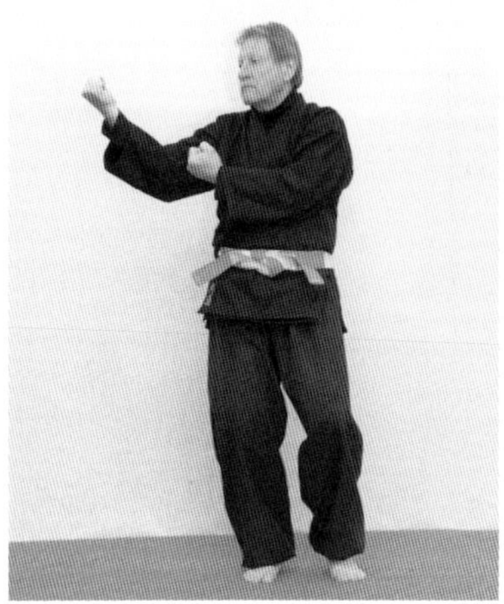

Foto 127

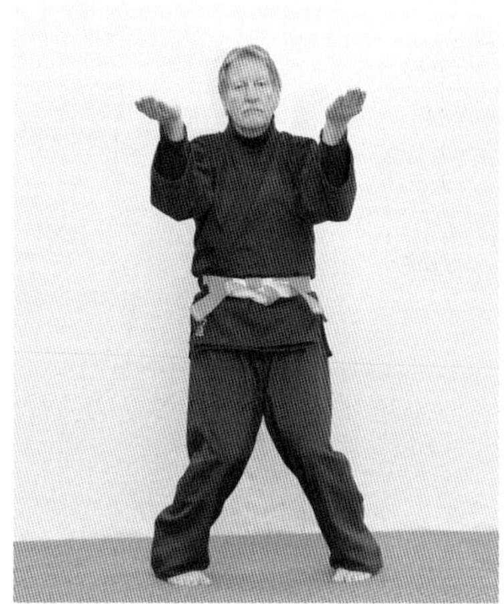

Foto 128

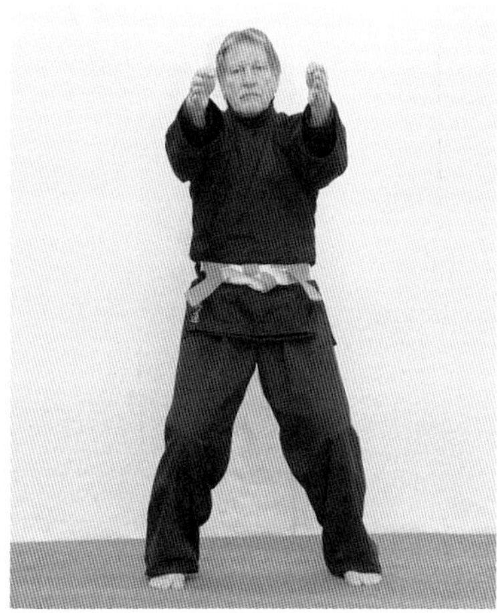

Foto 129

Foto 127: Nach einer 90°-Drehung nach links wird der rechte Fuß in *Kiba dachi* (Zwischenstand) abgesetzt. Danach wird der linke Fuß in *Nekoashi dachi* links herangezogen (Füße stehen auf einer Höhe) und es erfolgt ein *Jodan yoko morote uraken uchi* nach rechts. Die linke Faust liegt dabei in Höhe des rechten Ellenbogens (der Handrücken der linken Faust zeigt dabei nach unten).

Foto 128: Aus *Nekoashi dachi* links wird das linke Bein mit einem *Chudan morote haito uchi uke* in *Uchi hachiji dachi* herausgesetzt.

Foto 129: Daraufhin erfolgt mit einem gleichzeitigem *Morote shuto sakotsu uchi* das Umsetzen in *Heiko dachi*.

Die dritte Meisterform (Tasi Yoko) – Fortsetzung

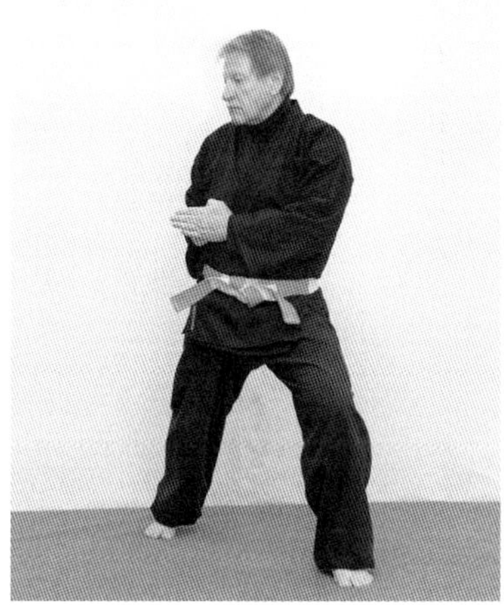

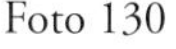

Foto 130

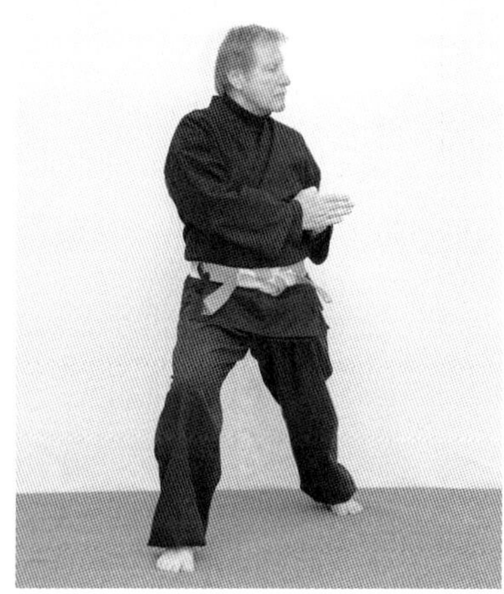

Foto 131

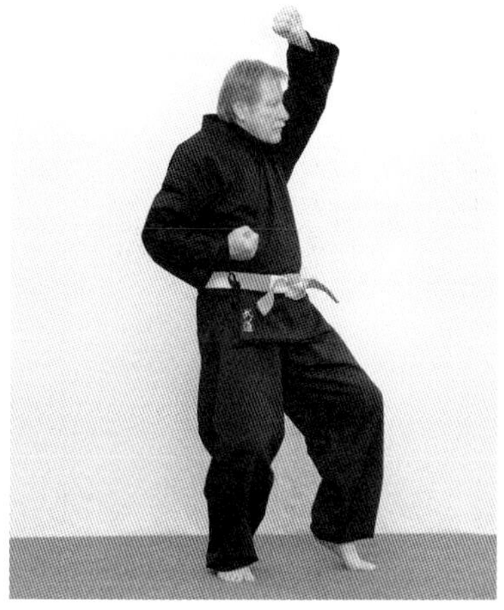

Foto 132

Foto 130: Aus *Heiko dachi* wird das rechte Bein zurückgesetzt in *Zenkutsu dachi* links mit *Chudan ushiro empi uchi* rechts, der mit der linken Hand unterstützt wird.

Foto 131: Das linke Bein wird zurückgesetzt in *Zenkutsu dachi* rechts mit *Chudan ushiro empi uchi* links, der mit der rechten Hand unterstützt wird.

Foto 132: Aus *Zenkutsu dachi* rechts wird der linke Fuß mit einer 90°-Drehung nach links zu *Nekoashi dachi* links herangezogen. Gleichzeitig wird *Jodan age uke* links mit *Kake uke* links ausgeführt.

Die dritte Meisterform (Tasi Yoko) – Fortsetzung

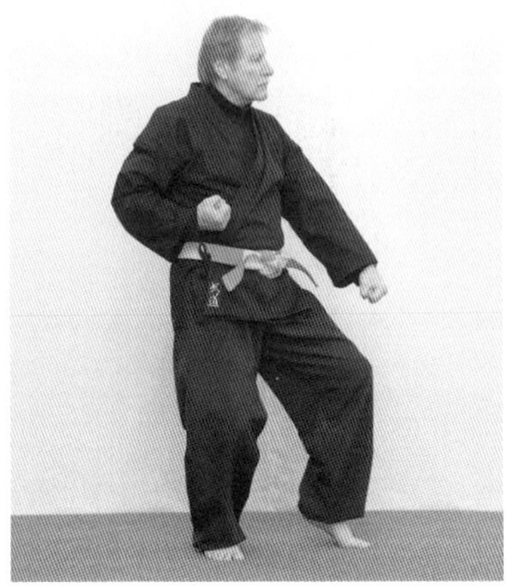

Foto 133

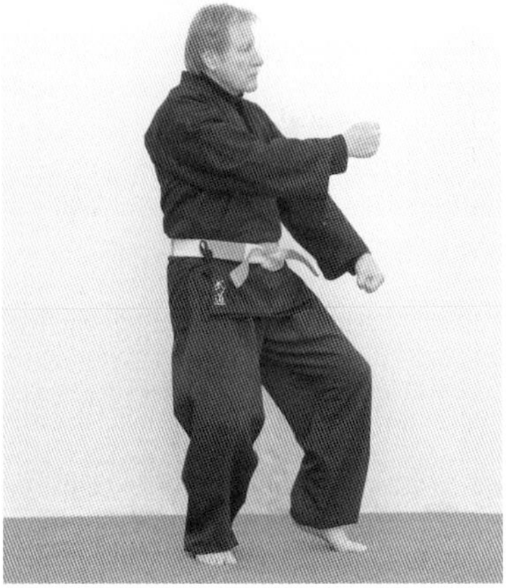

Foto 134

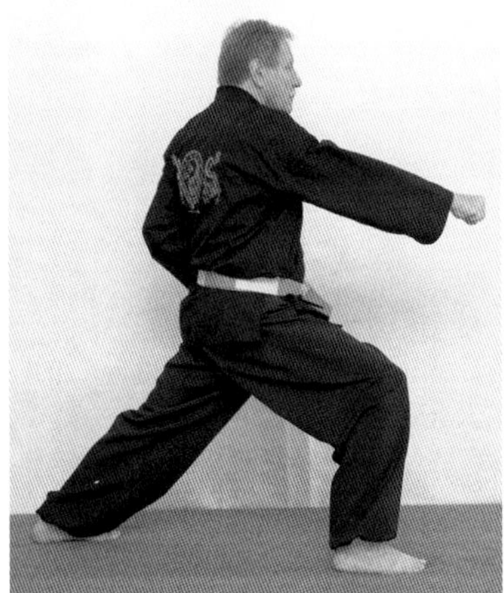

Foto 135

Foto 133: *Gedan barai* links.

Foto 134: *Chudan tate zuki* rechts (mit explosivem Zurückziehen an die Hüfte). Dabei bleibt der *Gedan barai* stehen.

Foto 135: Aus *Nekoashi dachi* links vorgehen in *Zenkutsu dachi* rechts mit *Chudan oi zuki*.

Die dritte Meisterform (Tasi Yoko) – Fortsetzung

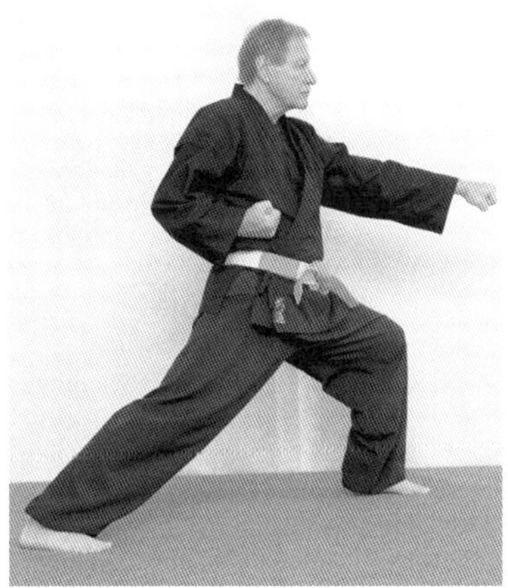

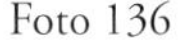

Foto 136

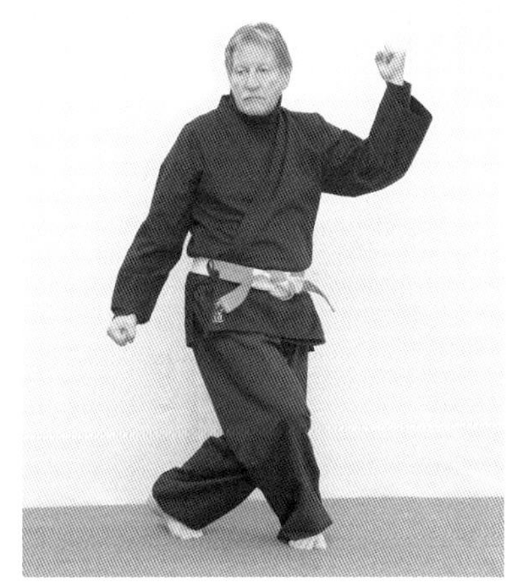

Foto 137

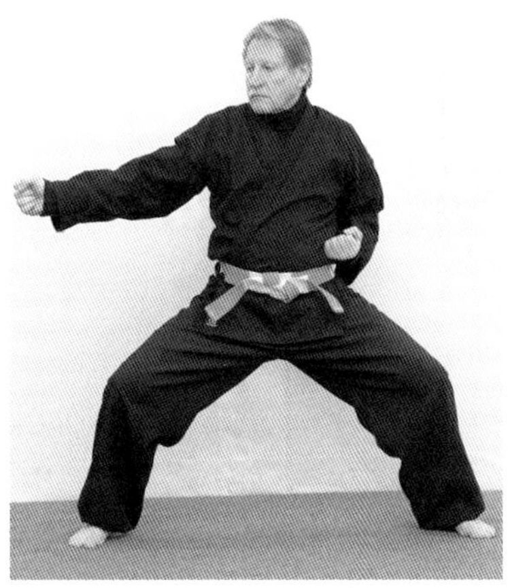

Foto 138

Foto 136: Im Anschluss in *Zenkutsu dachi* links mit *Chudan oi zuki* übergehen.

Foto 137: Mit einer Drehung um 90° nach rechts wird der rechte Fuß aus *Zenkutsu dachi* links nach vorn in *Kake dachi* rechts abgesetzt. Hierbei erfolgt ein *Chudan uchi uke* links und ein *Gedan barai* rechts.

Foto 138: Aus *Kake dachi* rechts wird der rechte Fuß in *Kiba dachi* positioniert. Gleichzeitig wird ein *Chudan yoko uraken uchi* rechts ausgeführt.

Die dritte Meisterform (Tasi Yoko) – Fortsetzung

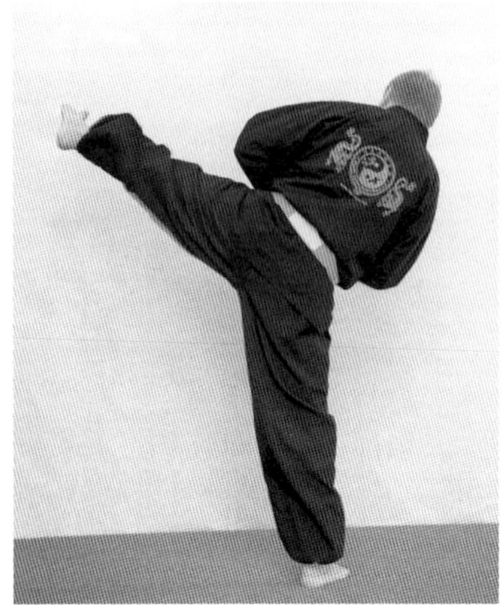

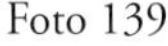

Foto 139

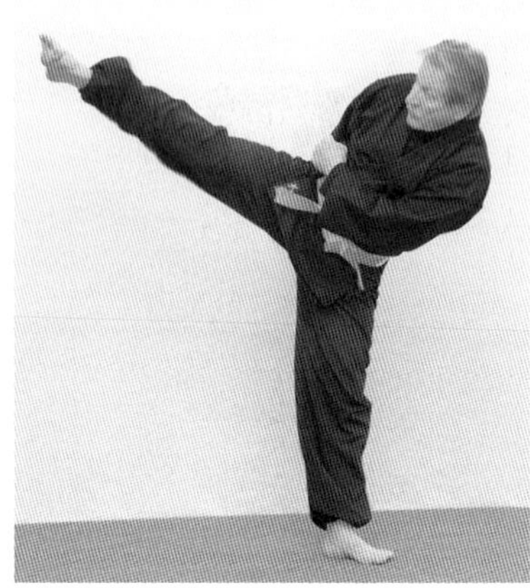

Foto 140

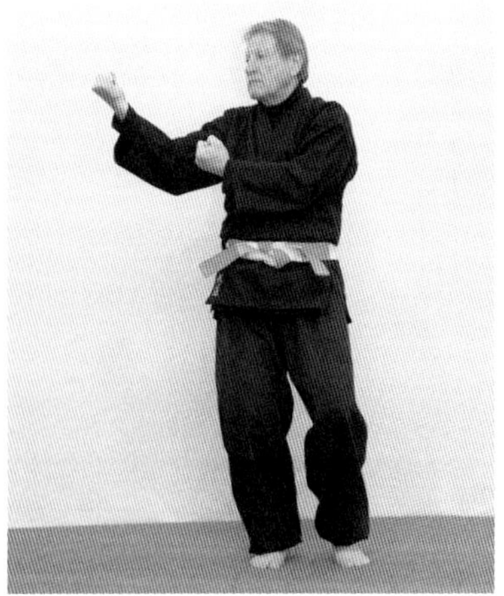

Foto 141

Foto 139: Anschließend ein *Jodan mawashi geri* links in die gleiche Bewegungsrichtung.

Foto 140: Der linke Fuß wird nach vorn gestellt. Daraufhin wird ein *Jodan mawashi geri* rechts vollführt.

Foto 141: Nach einer 90°-Drehung nach links wird der rechte Fuß nun in *Kiba dachi* (Zwischenstand) abgesetzt. Danach wird der linke Fuß in *Nekoashi dachi* links herangezogen (Füße stehen auf einer Höhe). Es erfolgt ein *Jodan yoko morote uraken uchi* nach rechts. Dabei liegt die linke Faust in Höhe des rechten Ellenbogens (der Handrücken der linken Faust zeigt dabei nach unten). *Kiai.*

Die dritte Meisterform (Tasi Yoko) – Fortsetzung

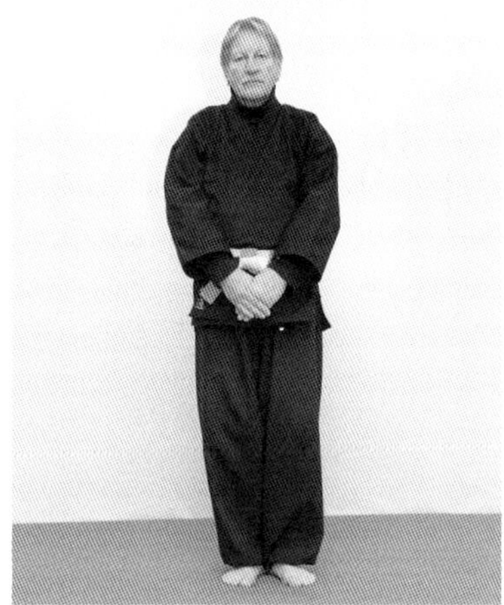

Foto 142

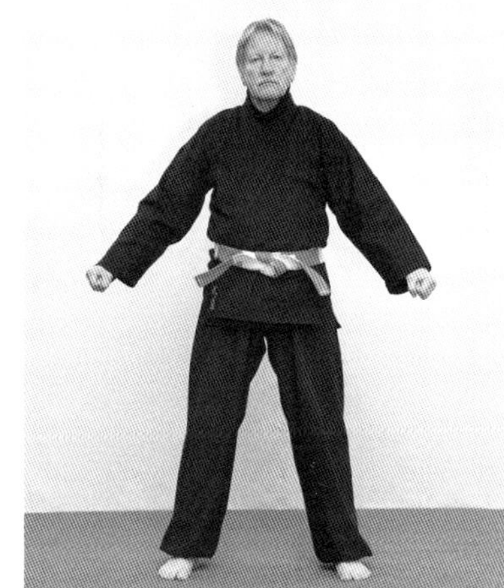

Foto 143

Foto 142: Den linken Fuß in *Musubi dachi* heranziehen. Die Hände werden in Kopfhöhe ineinander gelegt (dabei liegt die linke Hand in der rechten Hand, die Handflächen zeigen zum Gesicht) und nach unten geführt. Bei dieser Bewegung werden die Beine leicht gebeugt und wieder gestreckt.

Foto 143: Daraufhin mit dem linken Bein in *Heiko dachi* aussteigen. Die Arme werden, nachdem sie sich in Kopfhöhe gekreuzt haben, nach unten außen geführt.

Die vierte Meisterform (Bang Fa)

Hinweis:

Die beim Angrüßen nach oben zeigende Stockseite wird nachfolgend als »Stockanfang«, die nach unten zeigende Stockseite als »Stockende« bezeichnet. Wirbelbewegungen mit dem Stock (Bang) sind vertikal auszuführen!

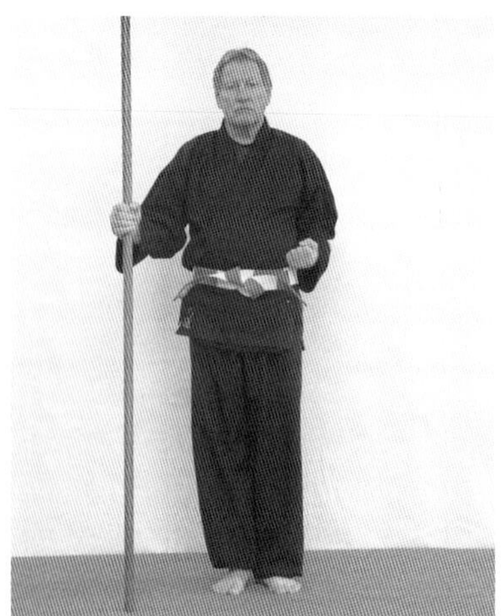

Foto 144

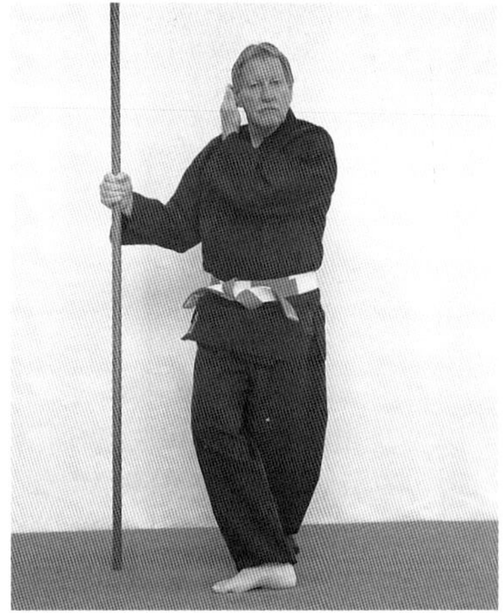

Foto 145

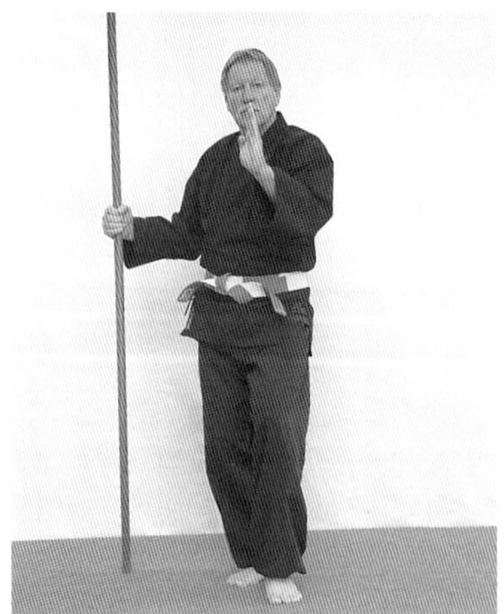

Foto 146

Fotos 144 bis 146: Angrüßen. *Musubi dachi*. Die linke Faust ist an der Hüfte. Die rechte Hand hält den auf dem Boden stehenden Stock senkrecht neben dem rechten Fuß, ca. eine Fußlänge entfernt. (Foto 144). Mit dem rechten Fuß in *Kake dachi* vorgehen und die linke Hand zum rechten Ohr führen (Foto 145). Den linken Fuß nach vorn in *Nekoashi dachi* abstellen. Dabei die linke Hand (wie bei einem *Shuto*) zum Gruß nach vorn schieben. In umgekehrter Reihenfolge wieder in *Musubi dachi* zurückgehen. Die linke Hand wird zum Ohr geführt, zu einer Faust geschlossen und wieder zur Hüfte zurückgezogen. (Foto 146).

Die vierte Meisterform (Bang Fa) – Fortsetzung

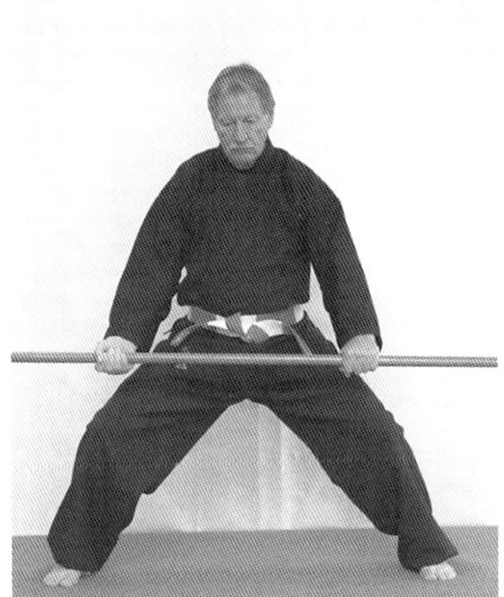

Foto 147

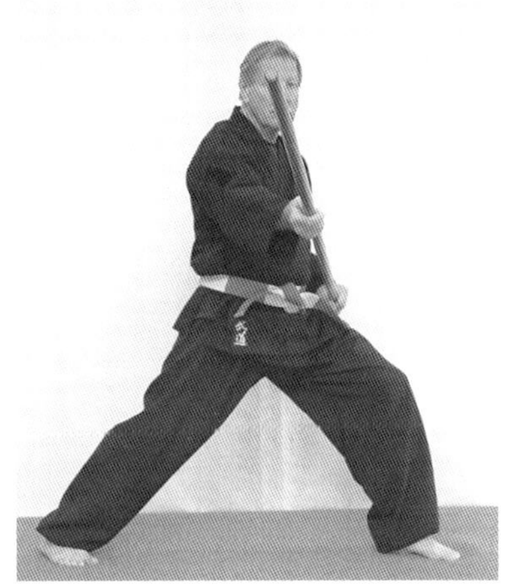

Foto 148

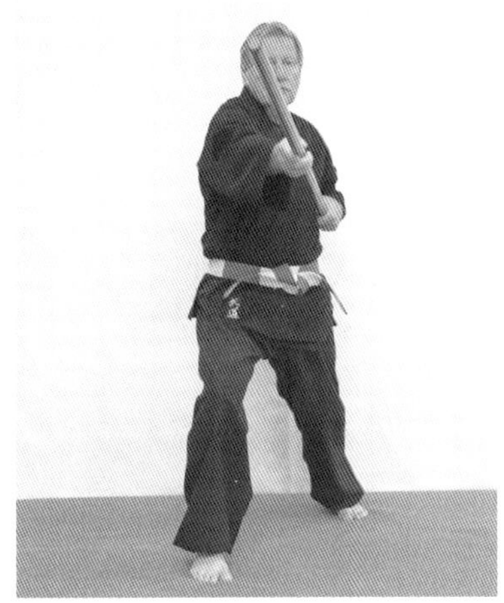

Foto 149

Foto 147: Die rechte Fußsohle tritt den Bang vom Boden nach innen (ohne Abbildung). Das hochgetretene Ende wird mit der linken Hand ergriffen (waagerecht in den Händen halten, der linke Handrücken zeigt nach oben, der rechte Handrücken nach unten). Gleichzeitig mit dem rechten Bein in *Kiba dachi* aussteigen und in *Gedan*-Höhe blocken (Stock gedrittelt).

Foto 148: Daraufhin verschieben sich die Beine in *Shorin zenkutsu dachi* links. Die linke Hand gleitet bis auf eine Handbreite an das Stockende und die rechte Hand zur Stockmitte. Der Stockanfang wird nach vorn zu Boden geführt. Im Anschluss *Uchi uke* mit dem Stock ausführen.

Die folgenden 6 Sequenzen werden im weiteren Verlauf der Form mehrfach wiederholt.

Foto 149: (1) Vorgehen in *Zenkutsu dachi* rechts. Stockstich nach vorn zur Körpermitte.

Die vierte Meisterform (Bang Fa) – Fortsetzung

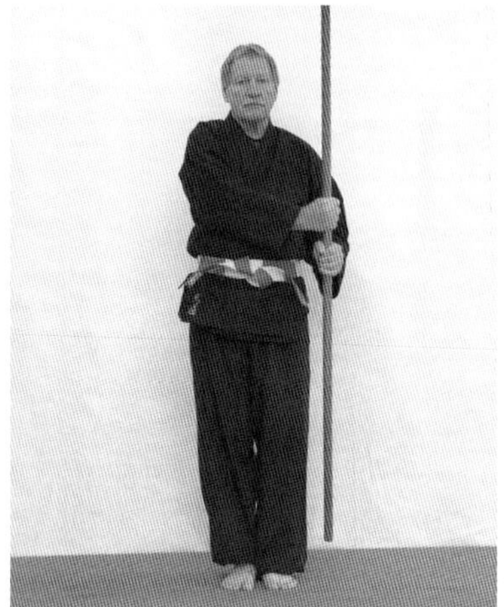
Foto 150

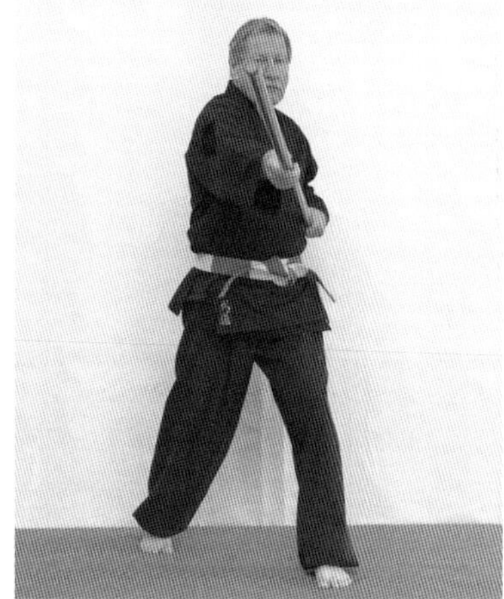
Foto 151

Foto 150: (2) Der linke Fuß wird zu *Nekoashi dachi* links herangezogen. Dabei wird die linke Hand zu der rechten Hand an der Stockmitte geführt. – Es folgt ein Handschwung (ohne Abbildung): Mit dem Stockende beginnend von der linken unteren Körperseite nach vorn zur Körpermitte. Dasselbe mit dem Stockanfang beginnend. Darauf folgen die gleichen Techniken von der rechten unteren Körperseite beginnend.

Foto 151: (3) Aus der letzten Drehung heraus gleitet die linke Hand wieder bis auf eine Handbreite an das Stockende. Während des Vorgehens in *Zenkutsu dachi* links wird der Stockanfang zu Boden geführt und bis zur Körpermitte angehoben (Sand in die Augen werfen).

Die vierte Meisterform (Bang Fa) – Fortsetzung

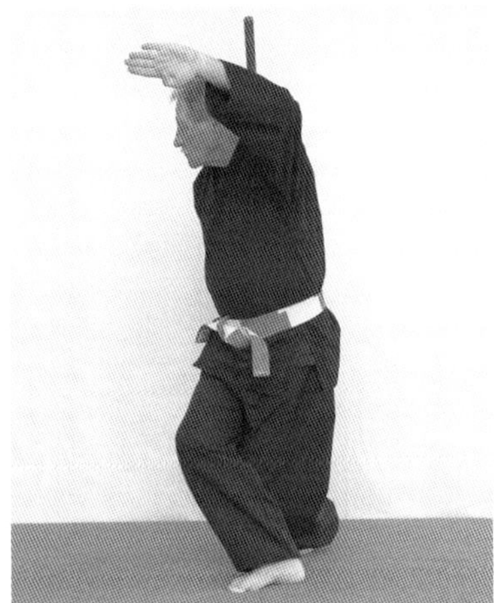

Foto 152

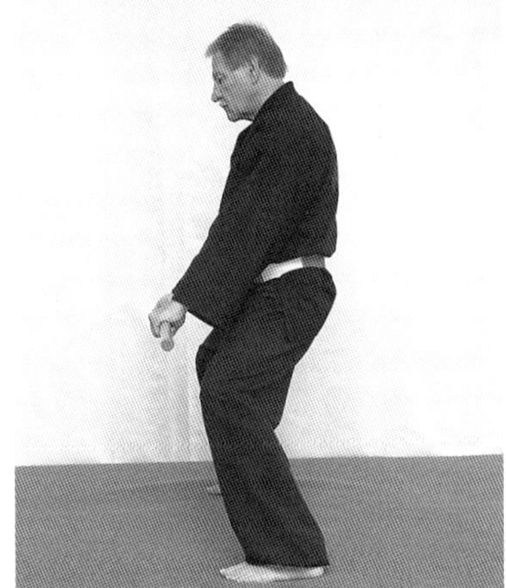

Foto 153

Foto 152: (4) Den rechten Fuß nach vorn vor den linken Fuß in *Kake dachi* abstellen (90°-Drehung nach rechts). Vorher hat sich die linke Hand vom Stock gelöst und führt einen *Shuto age uke* nach links aus. Der rechte Arm wird nach oben gehoben, wobei der Stockanfang eine 360°-Drehung links herum ausführt. Der Stock bildet dabei nahezu eine Linie mit dem ausgestreckten Arm (abwehrende Bewegung).

Foto 153: (5) Nun wird der rechte Fuß in Stockrichtung in *Kiba dachi* abgesetzt. Gleichzeitig wird der Stockanfang vor dem Körper mit einer Drehung um 360° nach oben geführt und mit der linken Hand gegriffen. Den Stock in beiden Händen halten (der linke Handrücken zeigt nach oben, der rechte Handrücken nach unten) und einen waagerechten Block in *Gedan* ausführen (Stock gedrittelt).

Die vierte Meisterform (Bang Fa) – Fortsetzung

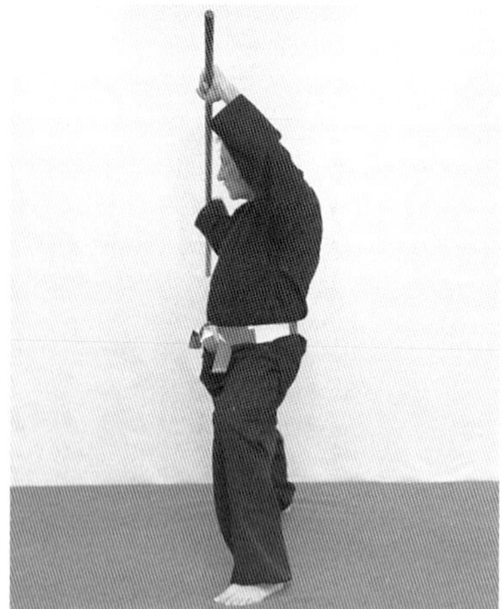
Foto 154

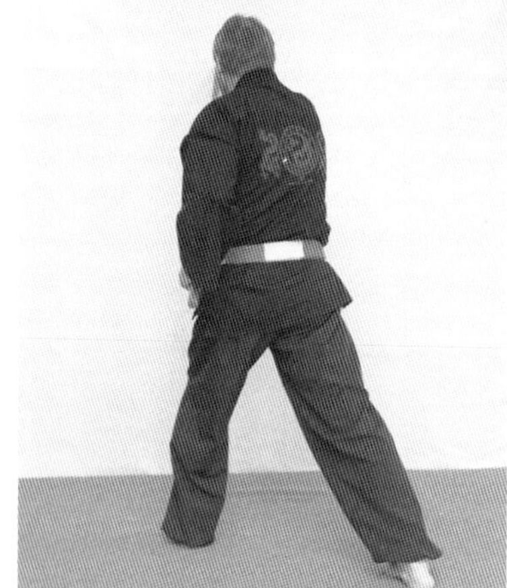
Foto 155

Foto 154: (6) Herausdrehen in *Shorin zenkutsu dachi* links. Währenddessen wird mit der gesamten Stocklänge und dem Stockanfang nach rechts unten geblockt. Die linke Hand gleitet dabei wieder an das Stockende und drückt den Stock nach oben (Stock parallel zum rechten Bein und auf der geöffneten rechten Hand). Die rechte Hand gleitet bis zur Stockmitte in Richtung der linken Hand. Der Stock wird nach oben in eine waagerechte Position geführt und dabei an den rechten Oberarm angelegt.

Foto 155: Durch das Versetzen des linken Fußes in *Zenkutsu dachi* links wird eine 270°-Drehung nach links ausgeführt. Dabei erfolgt aus der Drehung heraus ein Stockschlag mit dem Stockanfang zum Kopf.

Die vierte Meisterform (Bang Fa) – Fortsetzung

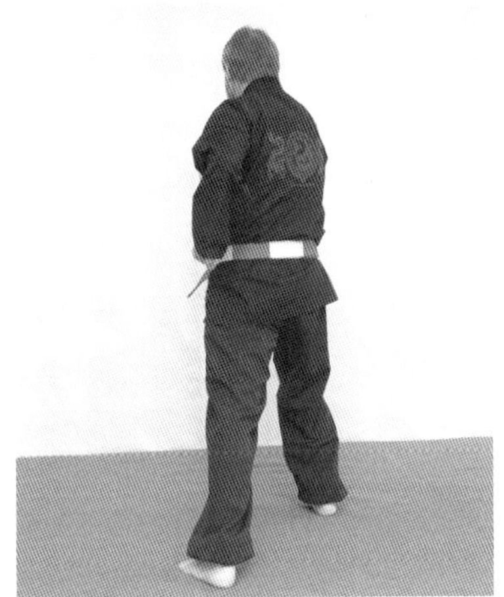

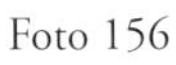

Foto 156

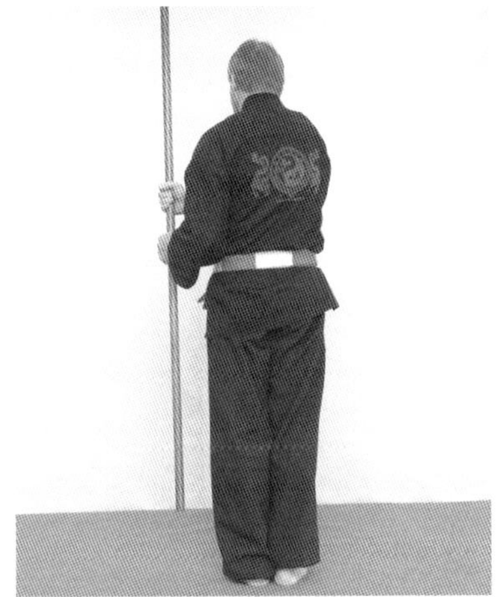

Foto 157

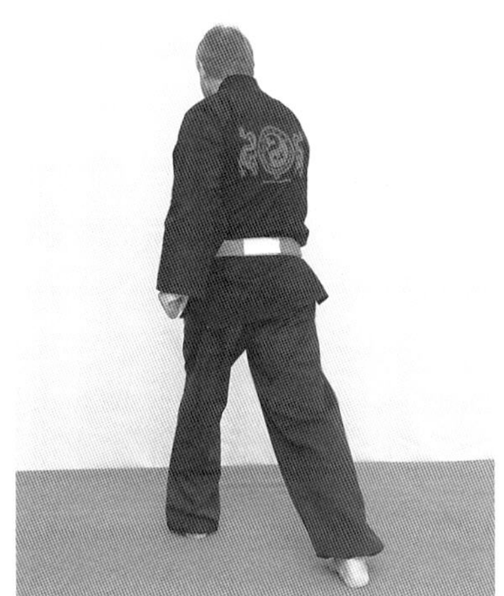

Foto 158

Es folgt nun die Wiederholung der Bewegungsabläufe (1) bis (6).

Foto 156: Ablauf 1 (siehe Beschreibung zu Foto 149 auf Seite 71).

Foto 157: Ablauf 2 (siehe Beschreibung zu Foto 150 auf Seite 72).

Foto 158: Ablauf 3 (siehe Beschreibung zu Foto 151 auf Seite 72).

Die vierte Meisterform (Bang Fa) – Fortsetzung

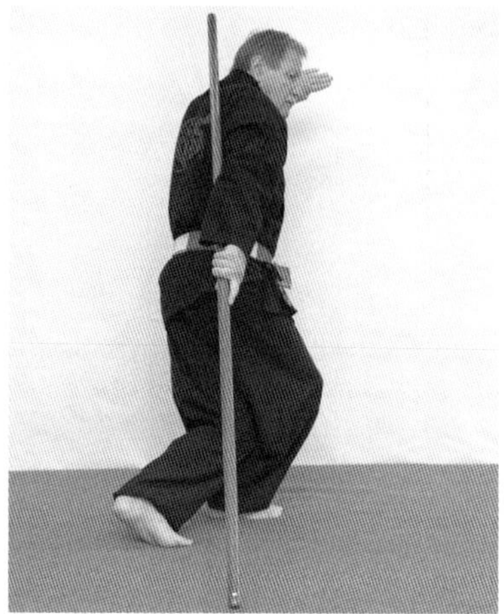
Foto 159

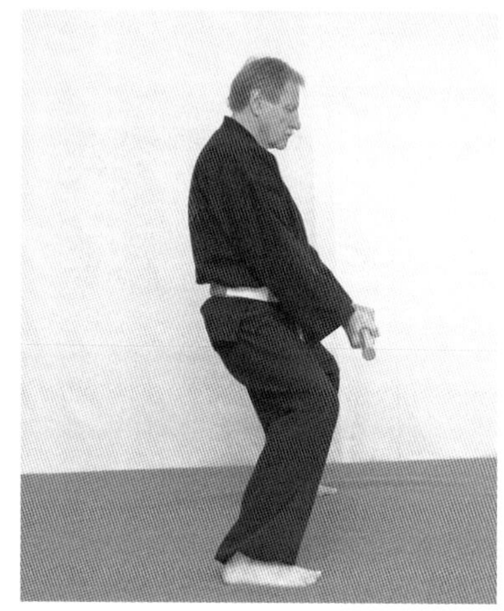
Foto 160

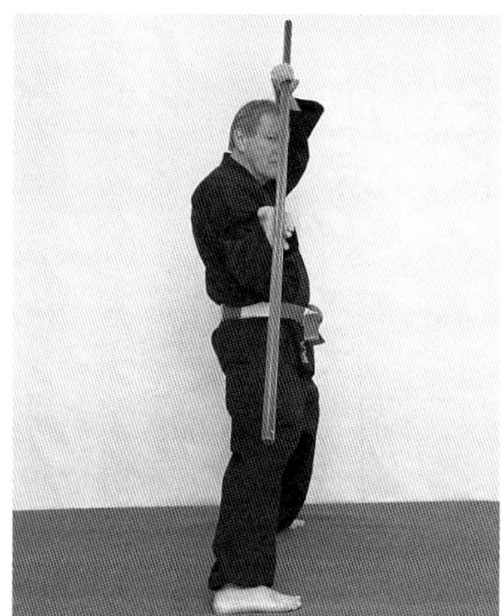
Foto 161

Foto 159: Ablauf 4 (siehe Beschreibung zu Foto 152 auf Seite 73).

Foto 160: Ablauf 5 (siehe Beschreibung zu Foto 153 auf Seite 73).

Foto 161: Ablauf 6 (siehe Beschreibung zu Foto 154 auf Seite 74).

Die vierte Meisterform (Bang Fa) – Fortsetzung

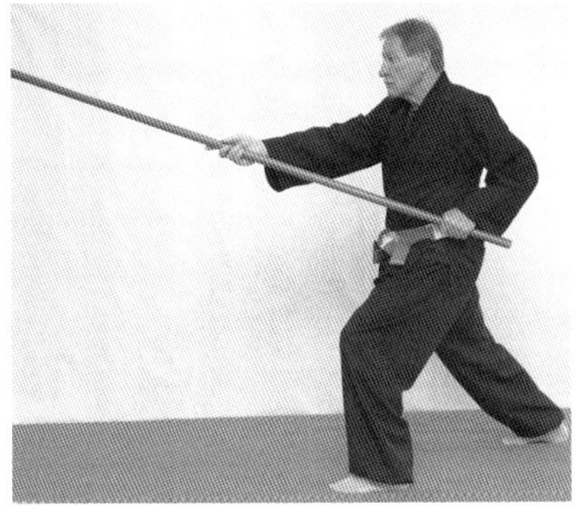

Foto 162

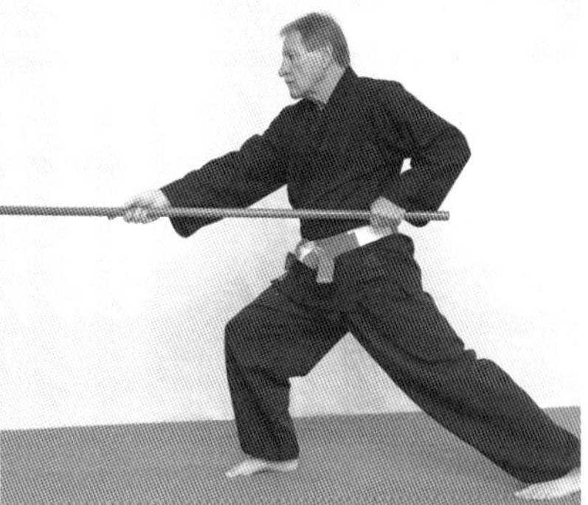

Foto 163

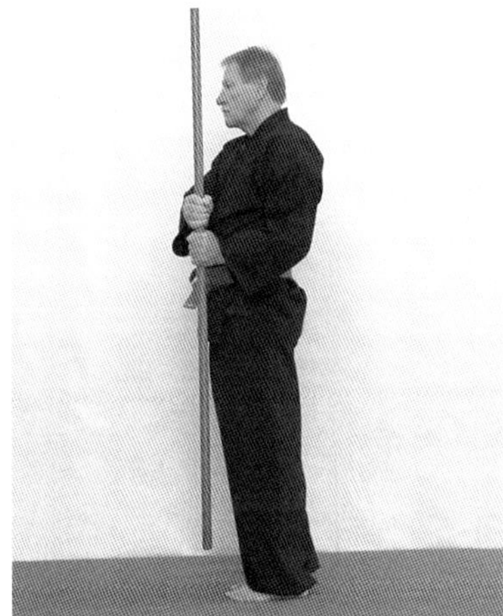

Foto 164

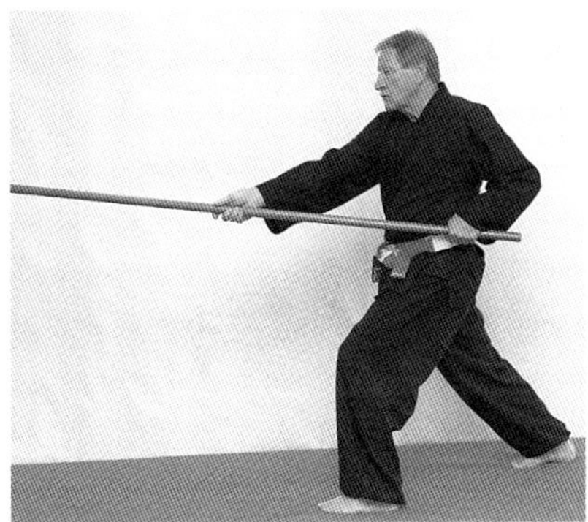

Foto 165

Foto 162: Der linke Fuß wird nach vorn in *Zenkutsu dachi* links abgestellt. Anschließend wird mit Hilfe einer 180°-Drehung ein Stockschlag mit dem Stockanfang zum Kopf ausgeführt.

Es folgt nun die erneute Wiederholung der Bewegungsabläufe (1)-(6).

Foto 163: Ablauf 1 (siehe Beschreibung zu Foto 149 auf Seite 71).

Foto 164: Ablauf 2 (siehe Beschreibung zu Foto 150 auf Seite 72).

Foto 165: Ablauf 3 (siehe Beschreibung zu Foto 151 auf Seite 72).

Die vierte Meisterform (Bang Fa) – Fortsetzung

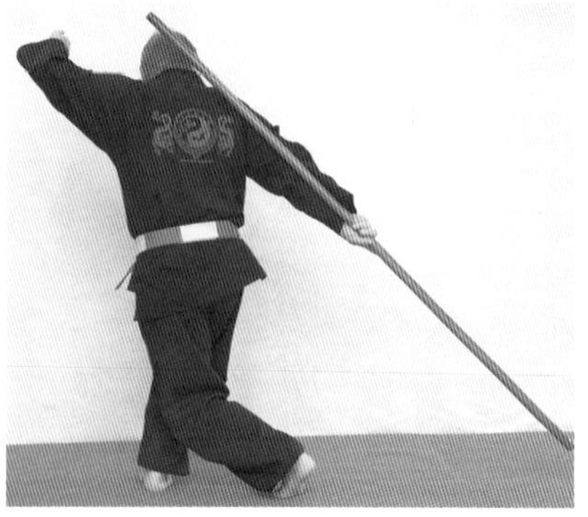
Foto 166

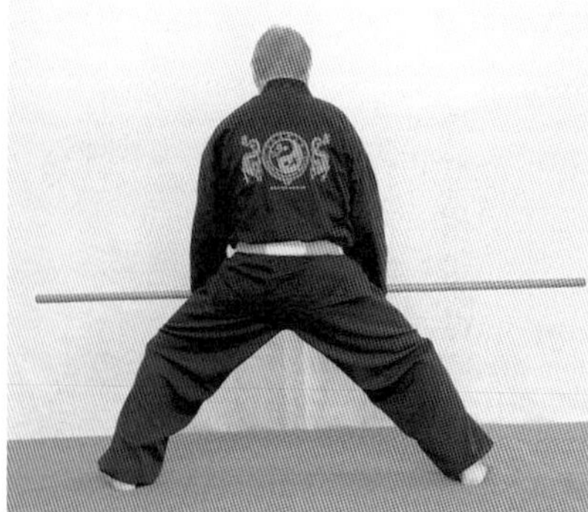
Foto 167

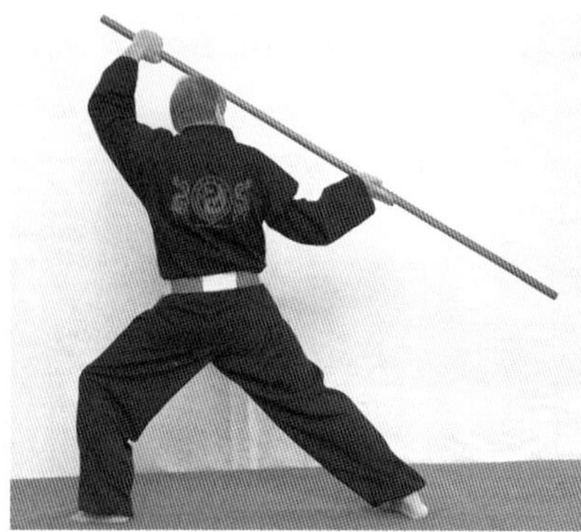
Foto 168

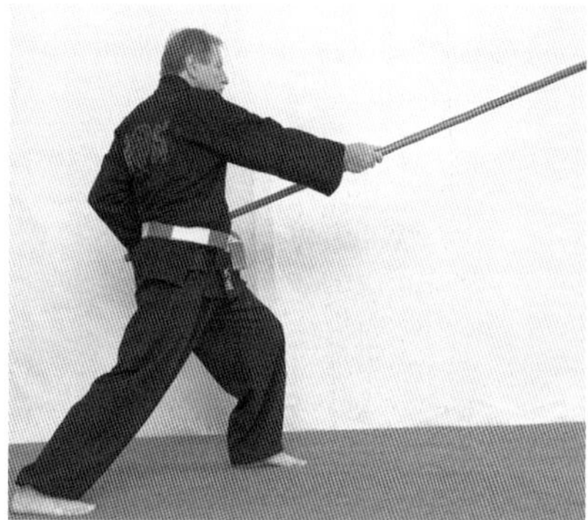
Foto 169

Foto 166: Ablauf 4 (siehe Beschreibung zu Foto 152 auf Seite 73).

Foto 167: Ablauf 5 (siehe Beschreibung zu Foto 153 auf Seite 73).

Foto 168: Ablauf 6 (siehe Beschreibung zu Foto 154 auf Seite 74).

Foto 169: Durch das Versetzen des linken Fußes in *Zenkutsu dachi* links wird eine Drehung um 270° nach links vollführt. Gleichzeitig erfolgt aus der Drehung heraus ein Stockschlag mit dem Stockanfang zum Kopf.

Die vierte Meisterform (Bang Fa) – Fortsetzung

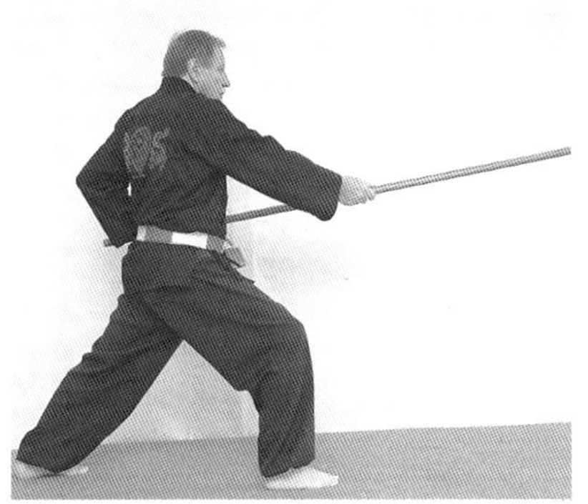
Foto 170

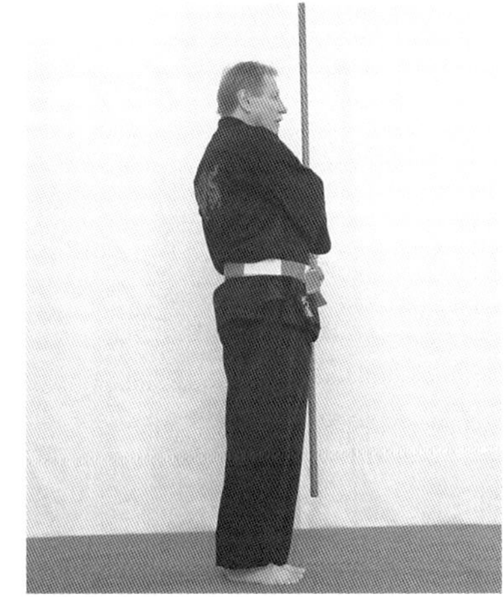
Foto 171

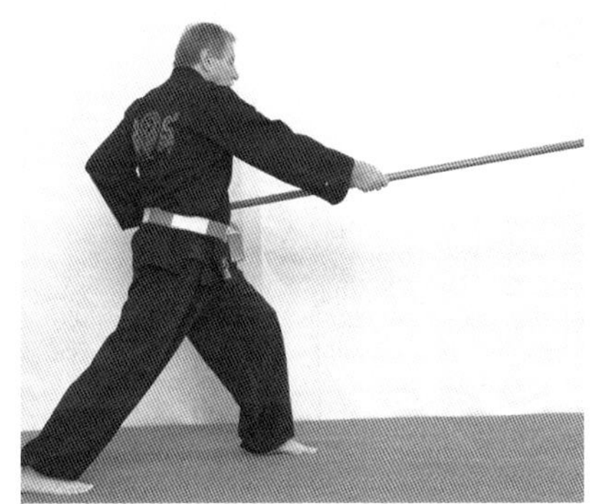
Foto 172

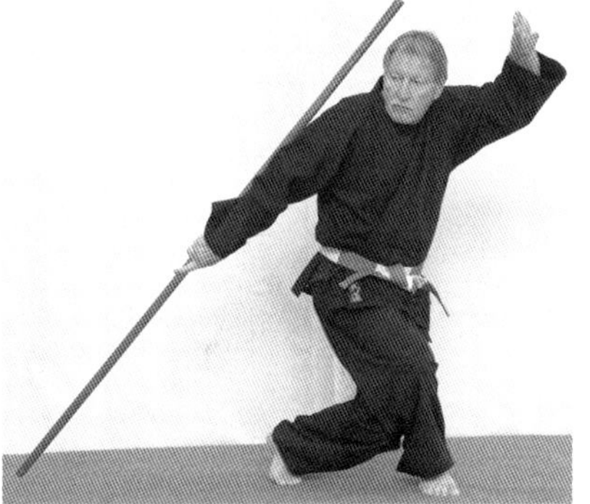
Foto 173

Die Bewegungsabfolge (1)-(6) wird ein letztes Mal wiederholt.

Foto 170: Ablauf 1 (siehe Beschreibung zu Foto 149 auf Seite 71).

Foto 171: Ablauf 2 (siehe Beschreibung zu Foto 150 auf Seite 72).

Foto 172: Ablauf 3 (siehe Beschreibung zu Foto 151 auf Seite 72).

Foto 173: Ablauf 4 (siehe Beschreibung zu Foto 152 auf Seite 73).

Die vierte Meisterform (Bang Fa) – Fortsetzung

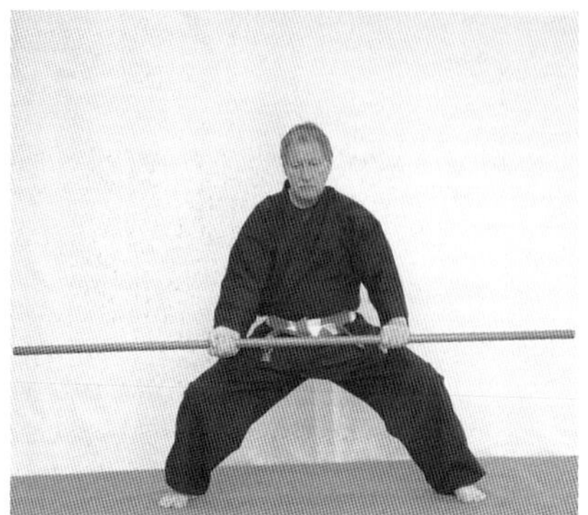

Foto 174

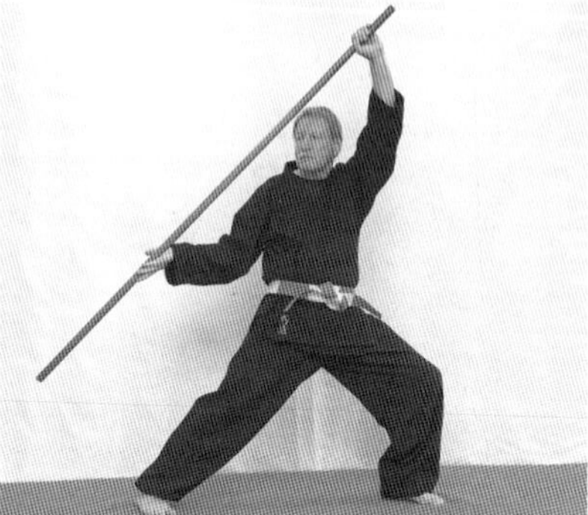

Foto 175

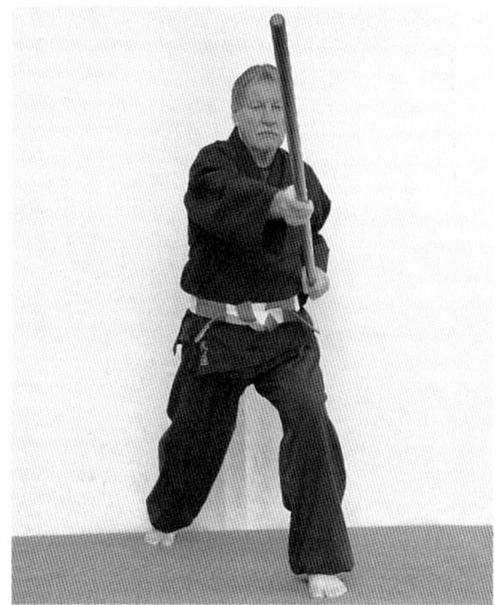

Foto 176

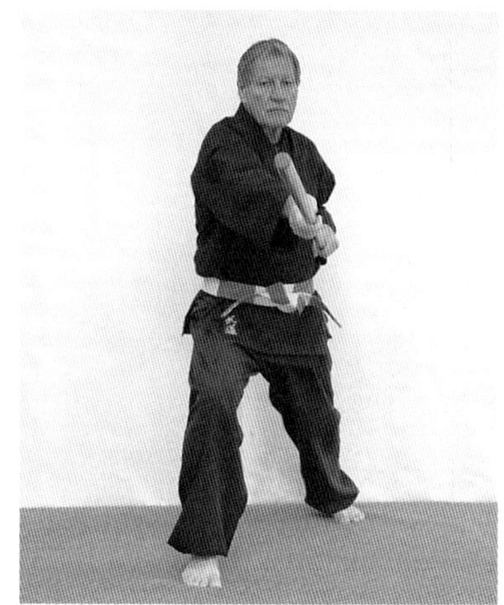

Foto 177

Foto 174: Ablauf 5 (siehe Beschreibung zu Foto 153 auf Seite 73).

Foto 175: Ablauf 6 (siehe Beschreibung zu Foto 154 auf Seite 74).

Foto 176: Vorgehen in *Zenkutsu dachi* links. Stockschlag mit dem Stockanfang zum Kopf.

Foto 177: Vorgehen in *Zenkutsu dachi* rechts. Stockstich nach vorn zur Körpermitte.

Die vierte Meisterform (Bang Fa) – Fortsetzung

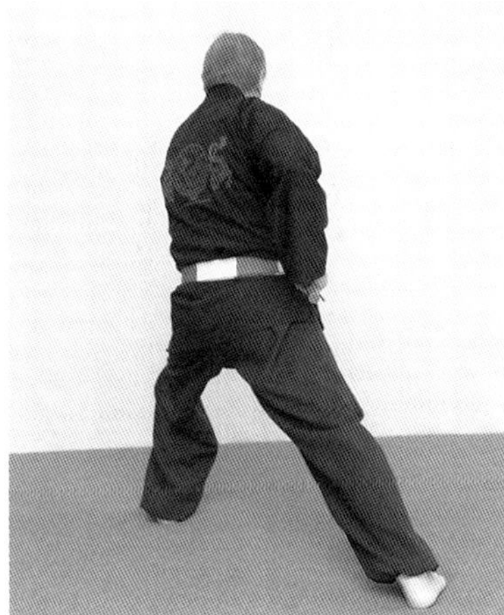

Foto 178

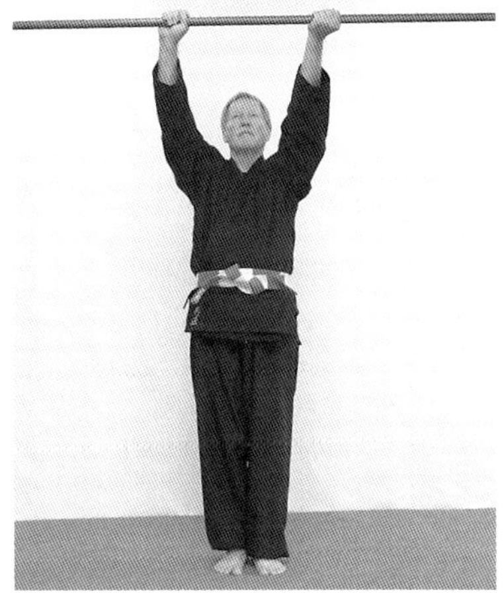

Foto 179

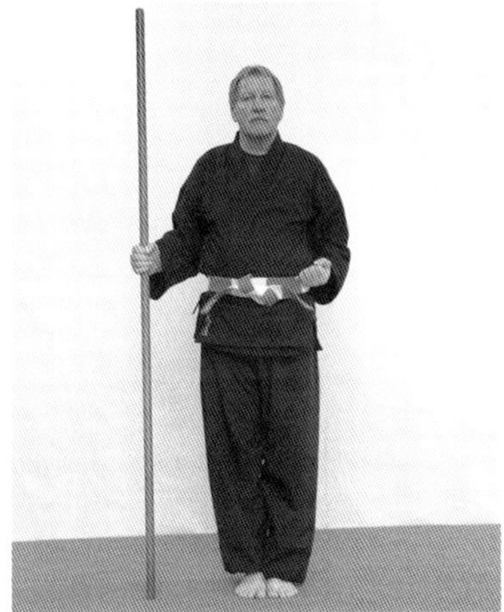

Foto 180

Foto 178: Mit dem Versetzen des linken Fußes in *Zenkutsu dachi* links erfolgt eine Drehung um 180° nach links. Dabei hält man den Stock so, dass der rechte Handrücken wieder nach rechts (Stockanfang) und der linke Handrücken nach links (Stockmitte) zeigt. Die linke Hand ist jetzt vorn. Nun erfolgt ein Stich mit dem Stockende zur Körpermitte. *Kiai.*

Foto 179: Drehung um 180° nach rechts durch Heranziehen des rechten Fußes in *Musubi dachi*. Gleichzeitig greifen beide Hände den Stock, so dass dieser gedrittelt und waagerecht über den Kopf nach oben gedrückt wird. Die Arme sind gestreckt.

Foto 180: Der Stockanfang wird an der rechten Körperseite Richtung Boden vorbeigeführt. Das Stockende folgt und wird, wie am Anfang beschrieben, vor dem rechten Fuß abgestellt.

Die Form schließt mit dem Abgrüßen, das wie das Angrüßen (Seite 70) ausgeführt wird.

Die fünfte Meisterform (Chang Long Fa)

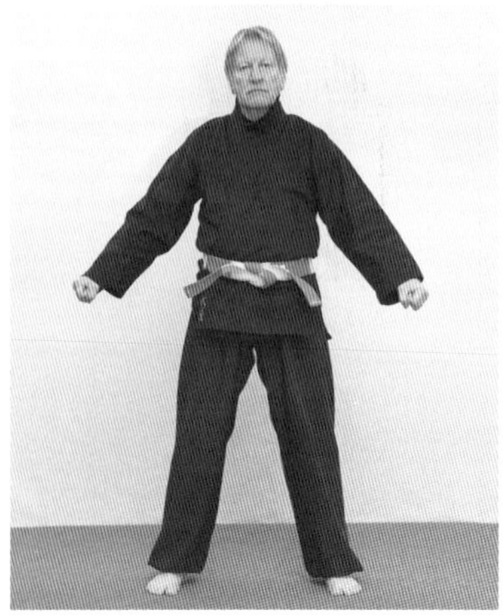

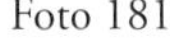

Foto 181

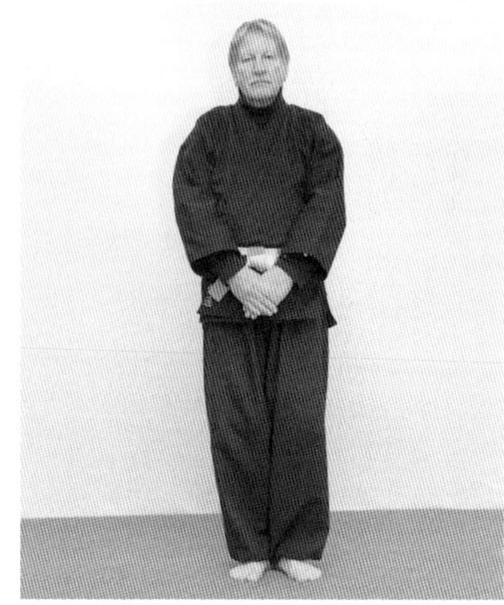

Foto 182

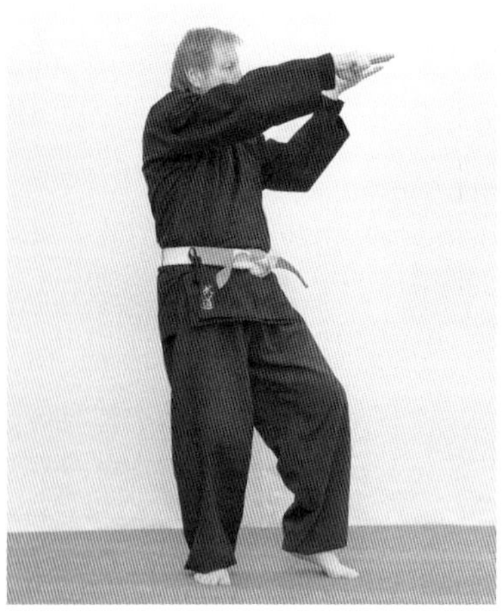

Foto 183

Foto 181: *Heiko dachi*. Dabei kreuzen sich beide Arme in Kopfhöhe und werden dann nach außen unten geführt.

Foto 182: Den linken Fuß in *Musubi dachi* heranziehen. Die Hände werden in Kopfhöhe ineinander gelegt (die linke Hand liegt in der rechten, Handflächen zum Gesicht) und nach unten geführt. Hierbei werden die Beine leicht gebeugt und wieder gestreckt.

Foto 183: 90°-Drehung aus *Musubi dachi* nach links in *Nekoashi dachi* links. Die Drehung erfolgt gleichzeitig mit *Jodan haito uchi uke* links und *Jodan gyaku nihon nukite* rechts.

Die fünfte Meisterform (Chang Long Fa) – Fortsetzung

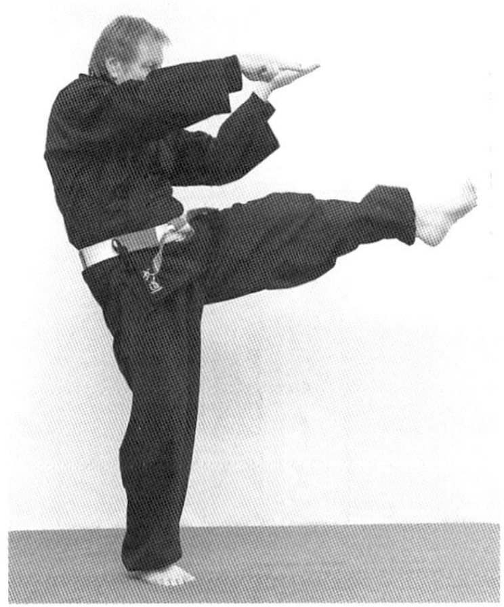

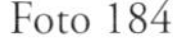
Foto 184

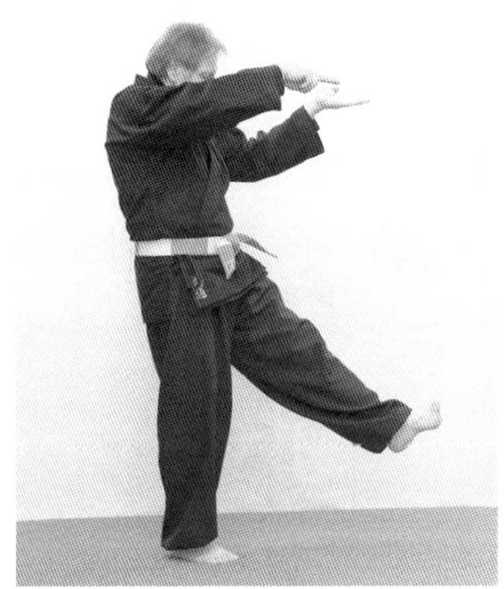

Foto 185

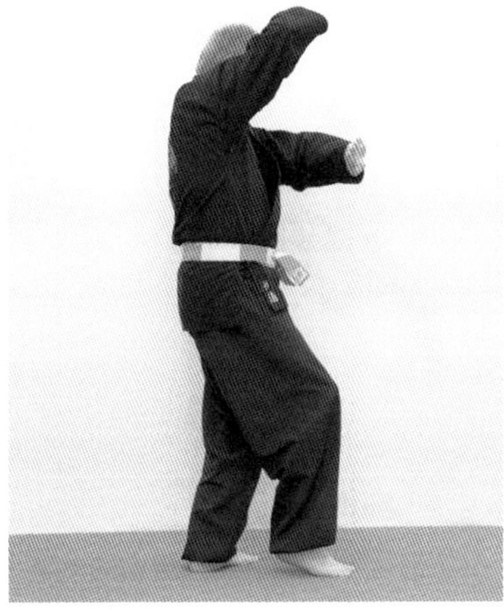

Foto 186

Foto 184: *Chudan mae geri* links.

Foto 185: Ohne den Fuß abzusetzen wird *Gedan mae geri* links ausgeführt. Die Vortechniken bleiben dabei stehen!

Foto 186: Den linken Fuß nach vorn in *Kake dachi* (Zwischenstand) absetzen. Unmittelbar darauf wird der rechte Fuß in *Nekoashi dachi* rechts vorn abgesetzt. Gleichzeitig erfolgen *Jodan shuto age uke* rechts und *Chudan gyaku shotei uchi* links.

Die fünfte Meisterform (Chang Long Fa) – Fortsetzung

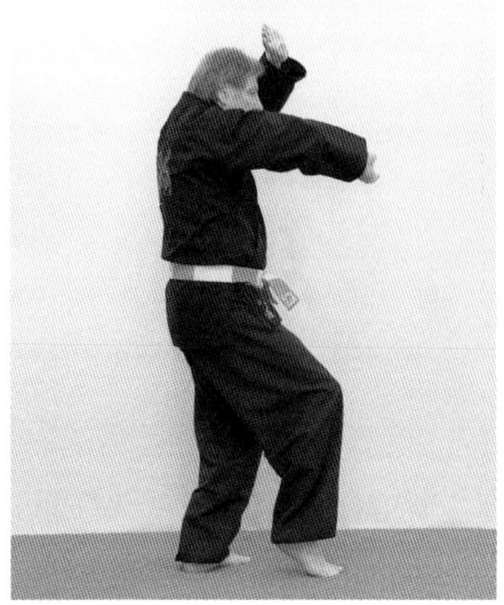

Foto 187

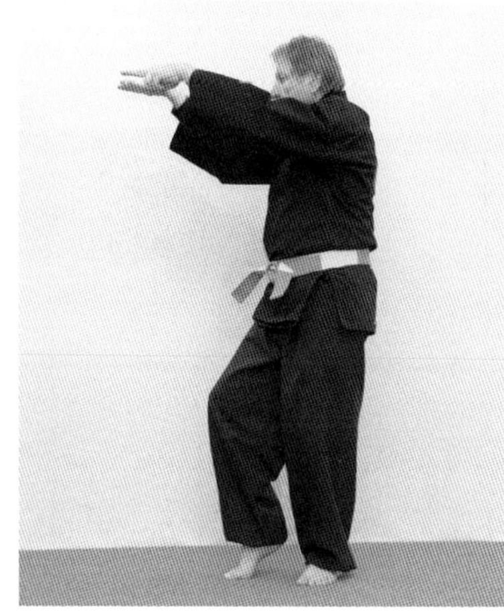

Foto 188

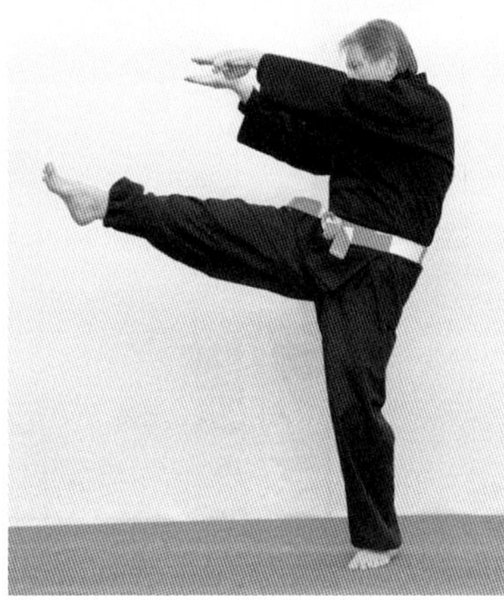

Foto 189

Foto 187: Danach folgt ein *Jodan gyaku shuto age uke* links mit gleichzeitigem *Chudan shotei uchi* ((*) – siehe Seite 105) rechts.

Foto 188: Drehung um 180° nach rechts in *Nekoashi dachi* rechts mit *Jodan haito uchi uke* rechts und gleichzeitigem *Jodan gyaku nihon nukite* links.

Foto 189: *Chudan mae geri* rechts.

Die fünfte Meisterform (Chang Long Fa) – Fortsetzung

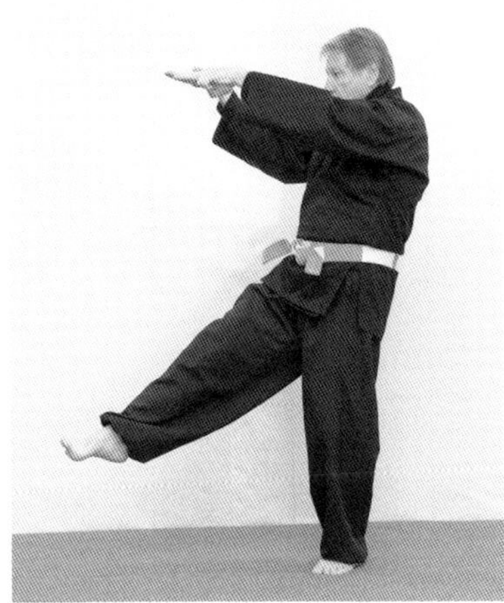

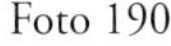

Foto 190

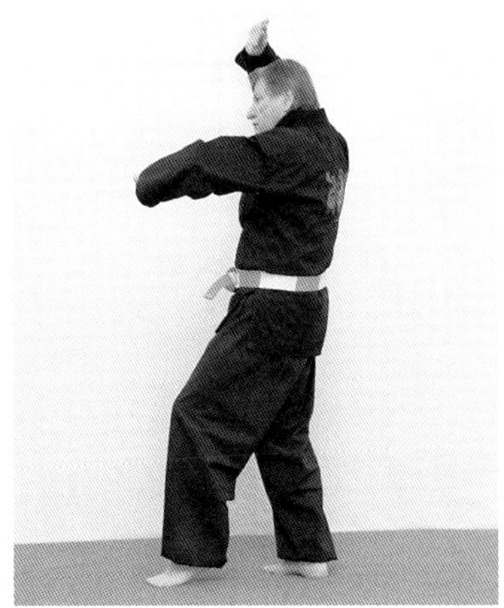

Foto 191

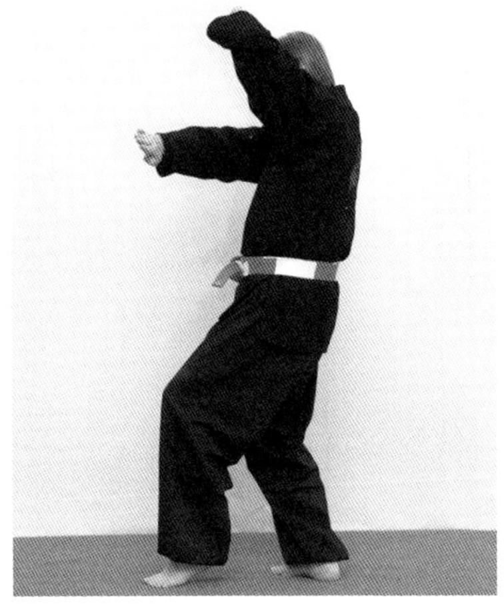

Foto 192

Foto 190: Ohne den Fuß abzusetzen wird ein *Gedan mae geri* rechts ausgeführt. Die Vortechniken bleiben dabei stehen.

Foto 191: Den rechten Fuß nach vorn in *Kake dachi* (Zwischenstand) stellen. Im Anschluss mit dem linken Fuß in *Nekoashi dachi* links vorgehen mit *Jodan gyaku shuto age uke* rechts und gleichzeitigem *Chudan shotei uchi* links.

Foto 192: Es folgt ein *Jodan shuto age uke* links mit gleichzeitigem *Chudan gyaku shotei uchi* ((*) – siehe Seite 105) rechts.

Die fünfte Meisterform (Chang Long Fa) – Fortsetzung

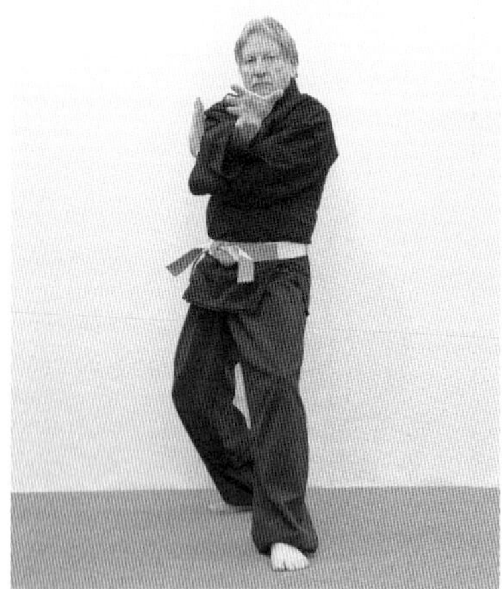

Foto 193

Foto 194

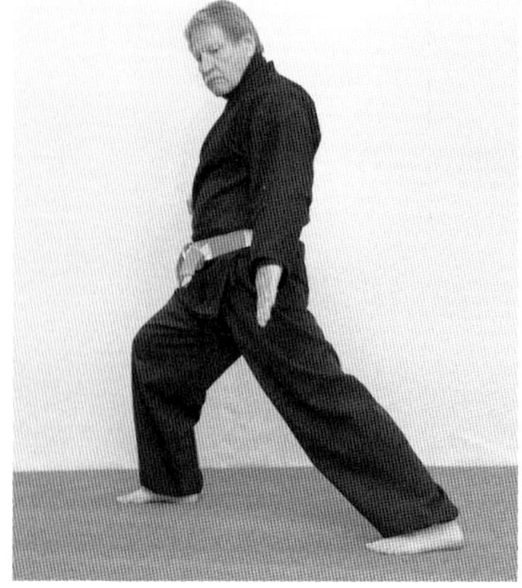

Foto 195

Foto 193: 90°-Drehung nach links durch Versetzen des linken Fußes in *Kokutsu dachi* links. *Jodan gyaku tora mae ashi* rechts.

Foto 194: *Jodan shuto uchi* links (*Ibuki*-Technik).

Foto 195: Daraufhin wird mit dem Versetzen des linken Fußes nach links in *Zenkutsu dachi* rechts mit *Gedan gyaku nagashi uke* links eine Drehung um 90° nach rechts ausgeführt. ((**) – siehe Seite 105.)

Die fünfte Meisterform (Chang Long Fa) – Fortsetzung

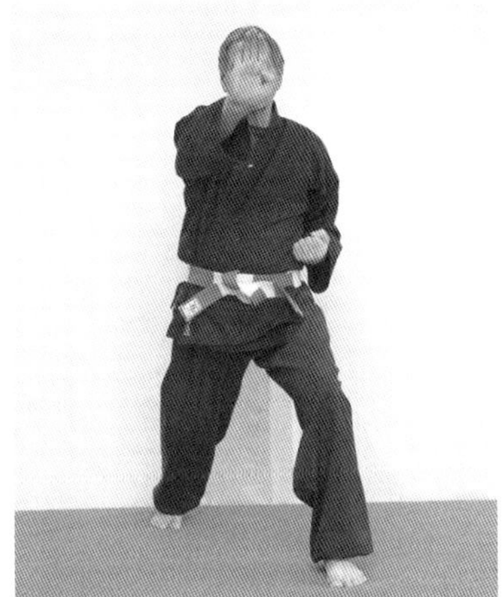

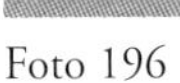

Foto 196

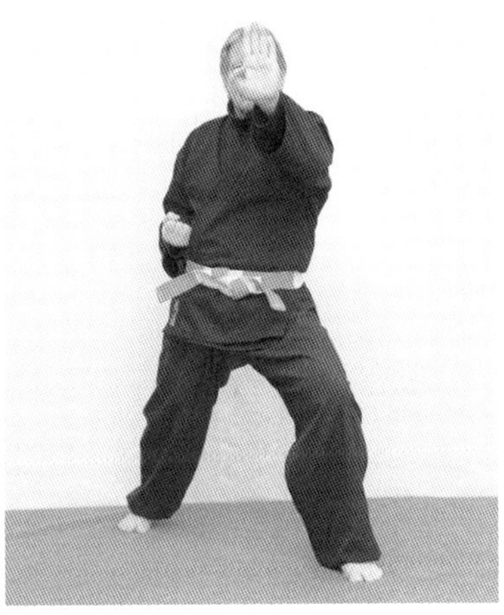

Foto 197

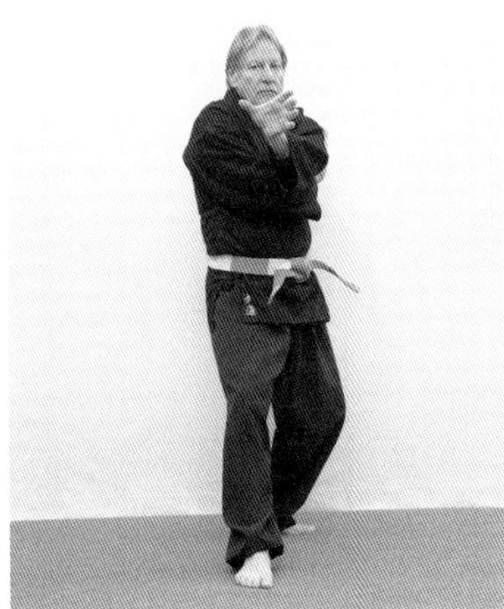

Foto 198

Foto 196: Eindrehen um 90° nach links in *Zenkutsu dachi* links mit *Jodan gyaku shotei zuki* rechts.

Foto 197: *Jodan shotei zuki* links.

Foto 198: Den rechten Fuß nach vorn in *Kokutsu dachi* rechts mit *Jodan gyaku tora mae ashi* links stellen.

Die fünfte Meisterform (Chang Long Fa) – Fortsetzung

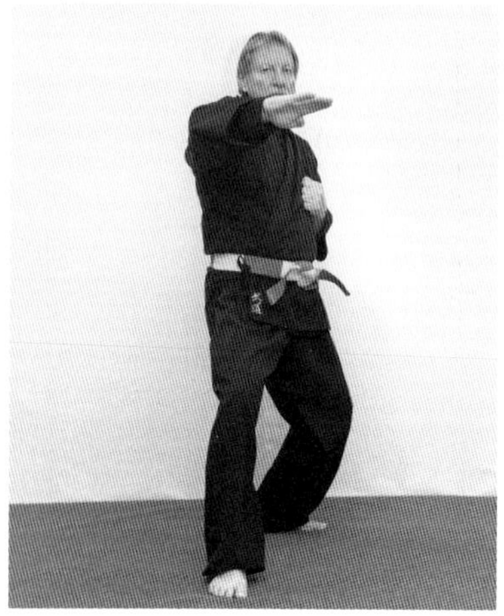
Foto 199

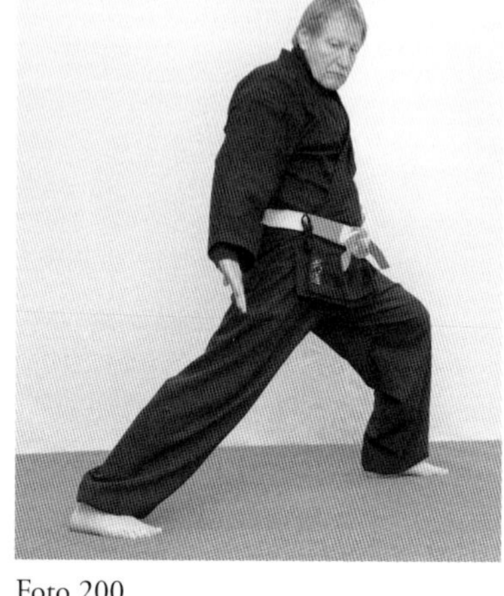
Foto 200

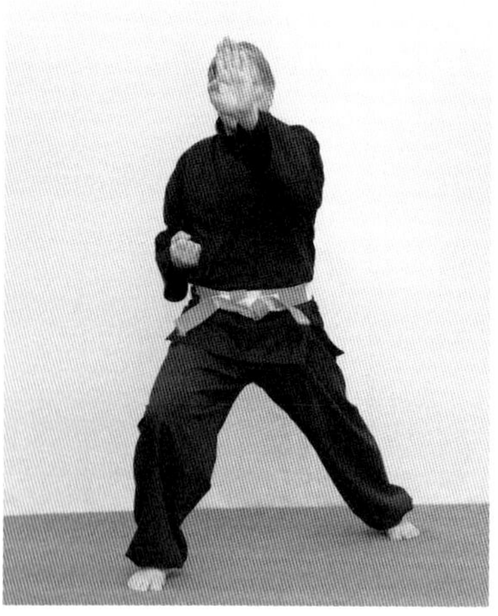
Foto 201

Foto 199: *Jodan shuto uchi* rechts (*Ibuki*-Technik).

Foto 200: Durch das Versetzen des rechten Fußes nach rechts in *Zenkutsu dachi* links mit *Gedan gyaku nagashi uke* rechts wird eine 90°-Drehung nach links vollführt. ((**) – siehe Seite 105.)

Foto 201: Anschließend Eindrehen um 90° nach rechts in *Zenkutsu dachi* rechts mit *Jodan gyaku shotei zuki* links.

Die fünfte Meisterform (Chang Long Fa) – Fortsetzung

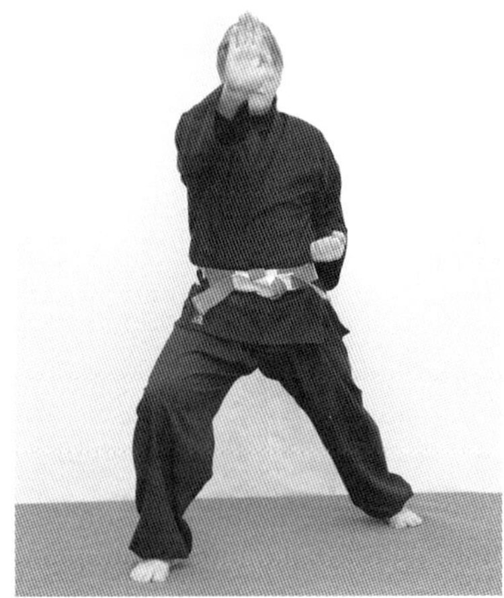

Foto 202

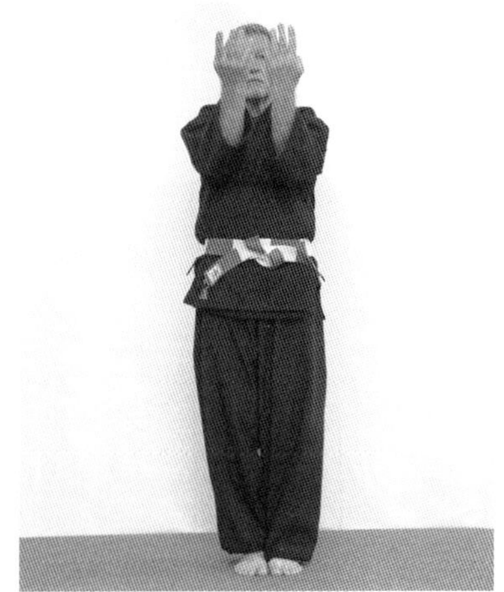

Foto 203

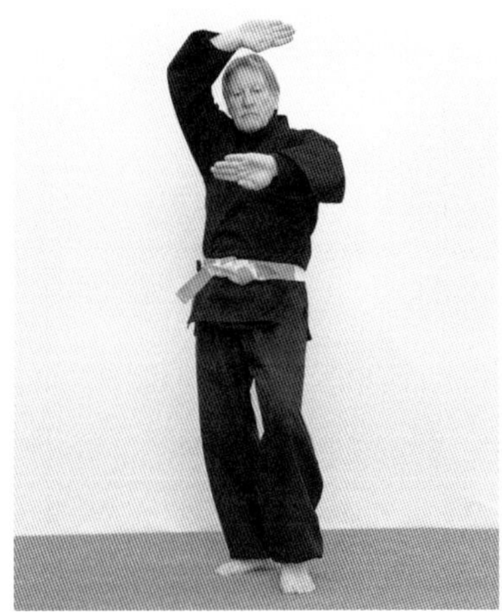

Foto 204

Foto 202: *Jodan shotei zuki* rechts.

Foto 203: Den rechten Fuß in *Heisoku dachi* zurückziehen mit *Morote yubi patchin to uchi* (Fingerschnappschlag in die Augen, wobei die Ellenbogen nach unten zeigen).

Foto 204: Daraufhin wird der rechte Fuß nach hinten in *Nekoashi dachi* links versetzt. Danach folgt ein *Jodan gyaku shuto age uke* rechts mit gleichzeitigem *Chudan shotei uchi* ((*) – siehe Seite 105) links.

Die fünfte Meisterform (Chang Long Fa) – Fortsetzung

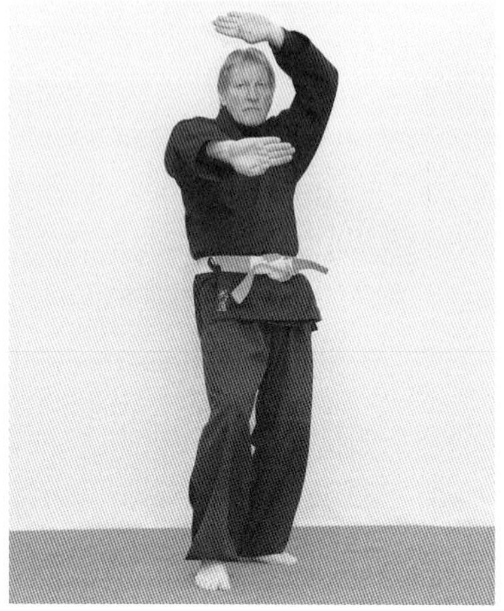

Foto 205

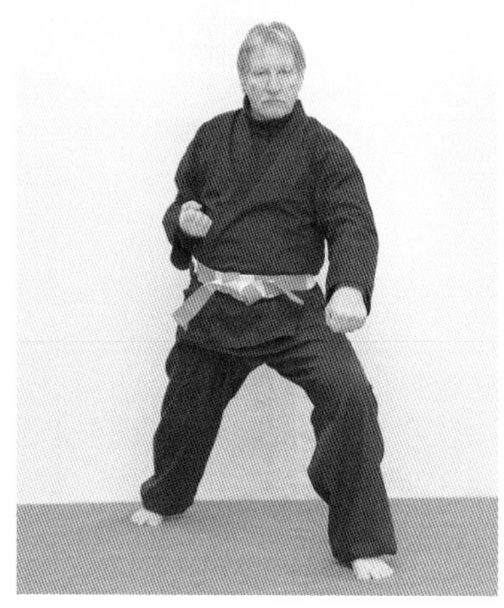

Foto 206

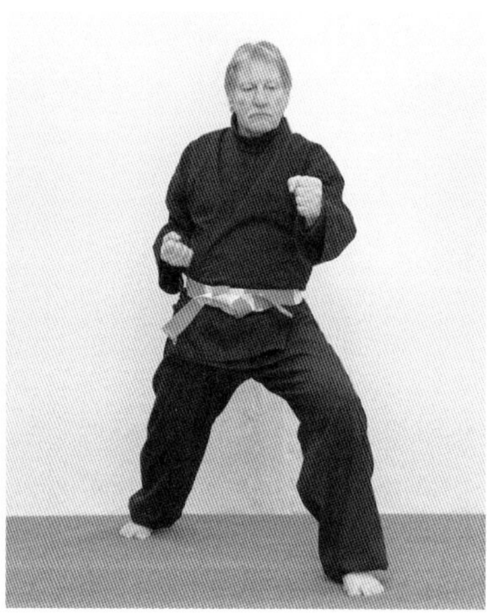

Foto 207

Foto 205: Den linken Fuß nach hinten in *Nekoashi dachi* rechts bewegt. Es folgt ein *Jodan gyaku shuto age uke* links mit gleichzeitigem *Chudan shotei uchi* ((*) – siehe Seite 105)rechts.

Foto 206: Den rechten Fuß nach hinten in *Zenkutsu dachi* links versetzen, zugleich erfolgt ein *Gedan barai* links.

Foto 207: Es folgt unmittelbar ein *Chudan tate zuki* links nach außen.

Die fünfte Meisterform (Chang Long Fa) – Fortsetzung

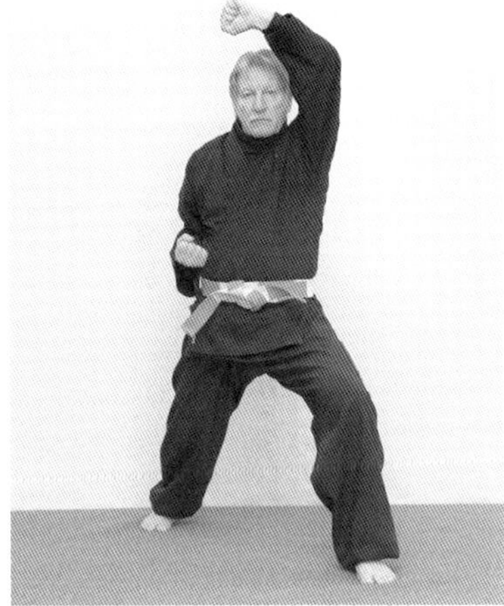

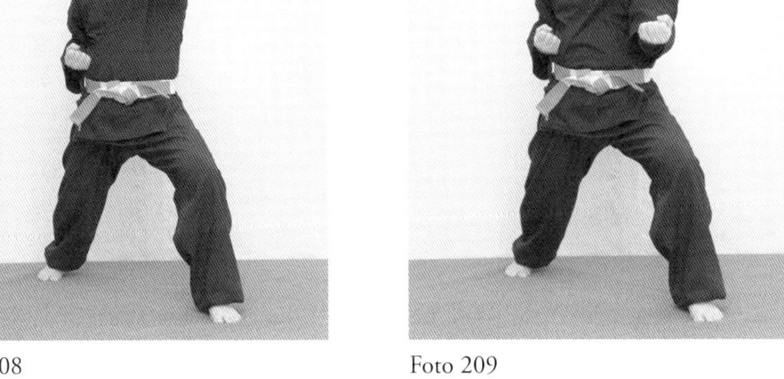

Foto 208

Foto 209

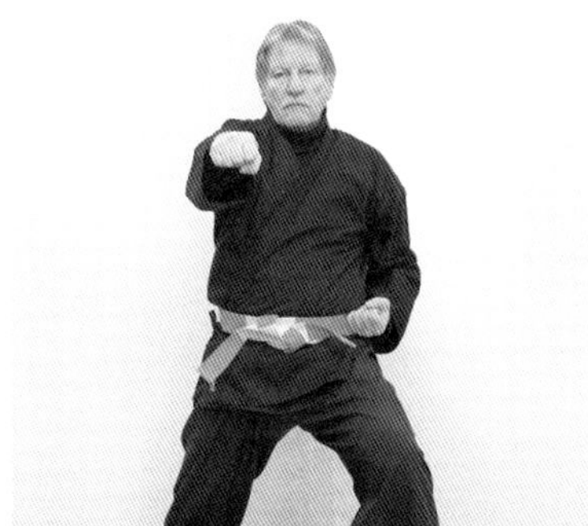

Foto 210

Foto 208: Es folgt unmittelbar ein *Jodan age uke* links.

Foto 209: Es folgt unmittelbar ein *Gedan uraken uchi* links nach außen (die Einzeltechniken aus Fotos 206 bis 209 werden nicht an die Hüfte zurückgezogen).

Foto 210: *Chudan gyaku zuki* rechts nach außen.

Die fünfte Meisterform (Chang Long Fa) – Fortsetzung

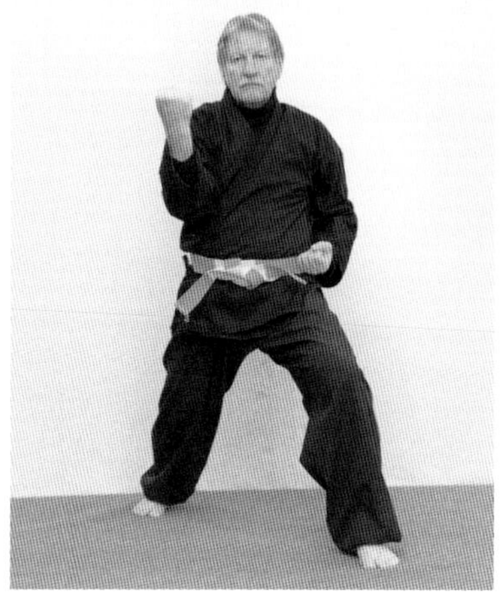

Foto 211

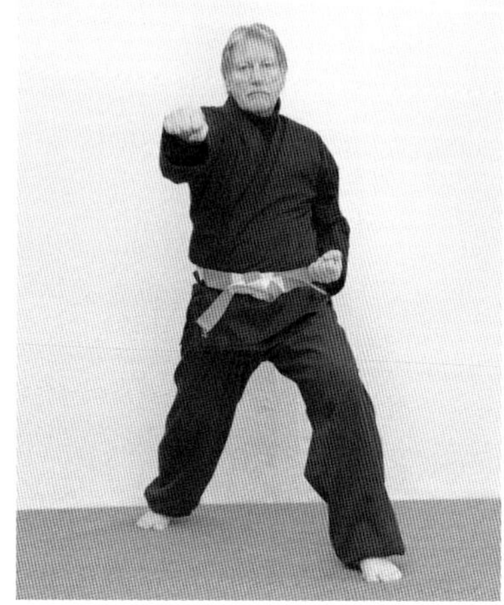

Foto 212

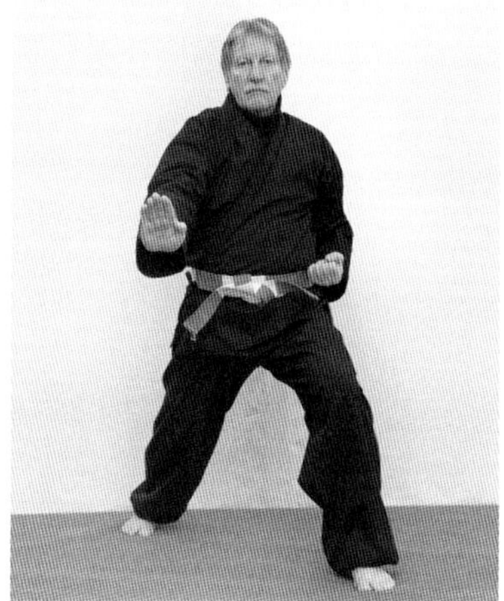

Foto 213

Foto 211: *Chudan gyaku uchi uke* rechts.

Foto 212: *Chudan gyaku zuki* rechts nach außen (Schulter wird, einschließlich der nächsten Technik, mit eingedreht).

Foto 213: *Gedan gyaku shotei uchi* rechts nach außen (Einzeltechniken aus Fotos 210 bis 213 werden nicht an die Hüfte zurückgezogen).

Die fünfte Meisterform (Chang Long Fa) – Fortsetzung

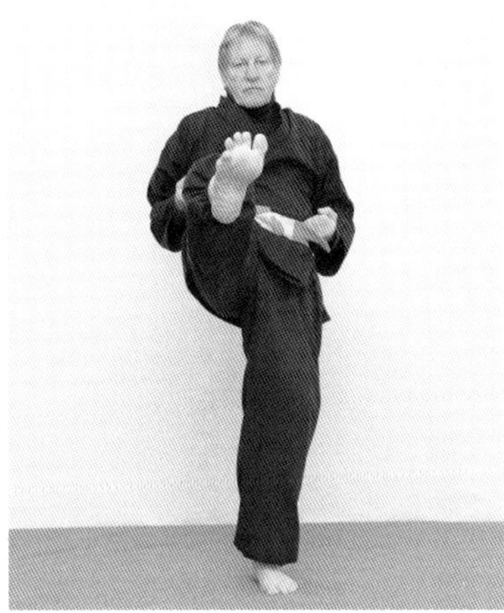

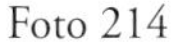
Foto 214

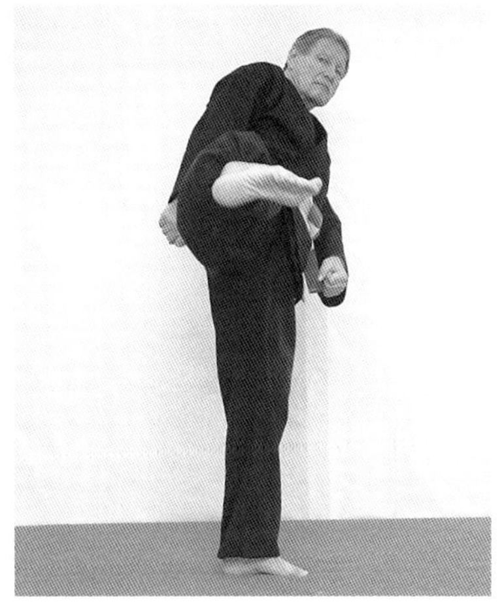

Foto 215

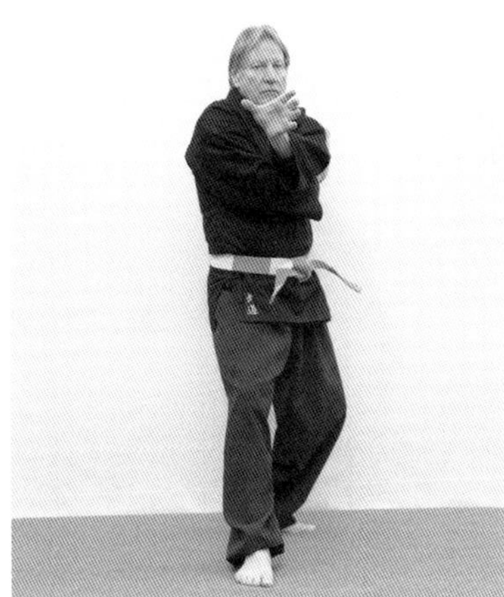

Foto 216

Foto 214: *Chudan mae geri* rechts.

Foto 215: Ohne abzusetzen, erfolgt ein *Chudan yoko geri* rechts nach vorn.

Foto 216: Daraufhin wird der rechte Fuß in *Kokutsu dachi* rechts mit *Jodan gyaku tora mae ashi* links gestellt.

Die fünfte Meisterform (Chang Long Fa) – Fortsetzung

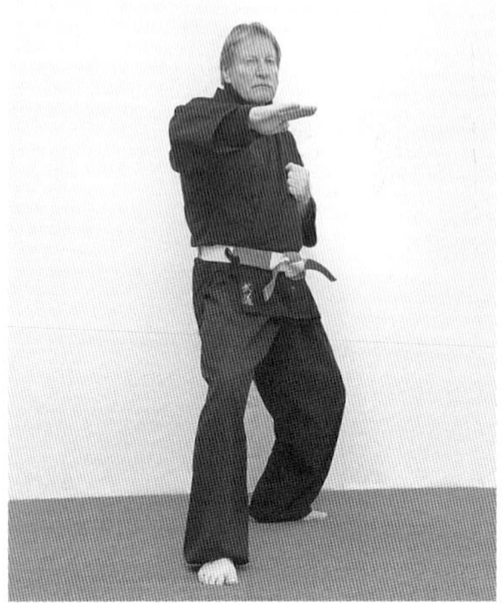

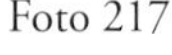
Foto 217

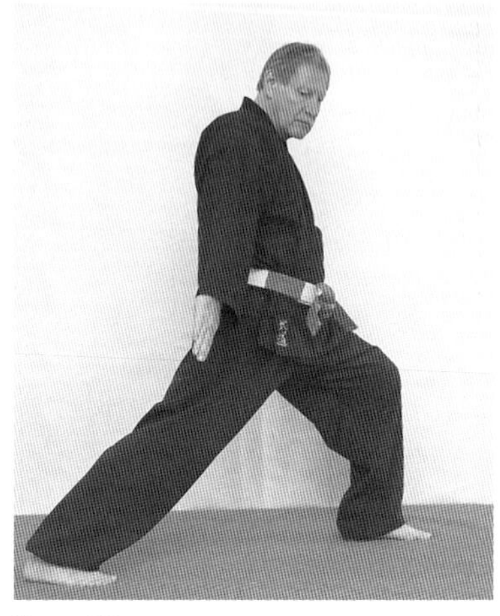

Foto 218

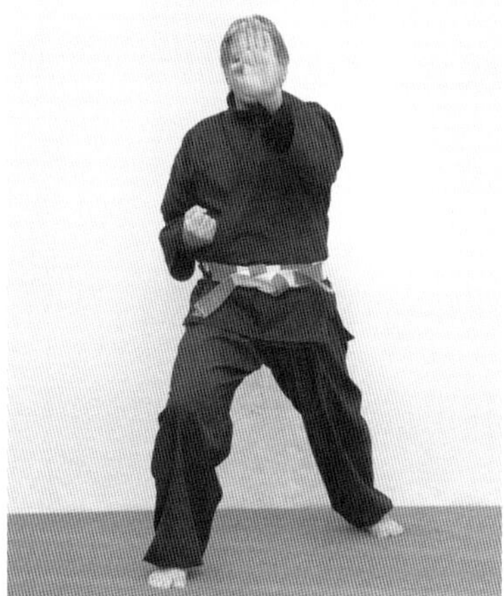

Foto 219

Foto 217: *Jodan shuto uchi* rechts (*Ibuki*-Technik).

Foto 218: Durch Versetzen des rechten Fußes nach rechts hinten in *Zenkutsu dachi* links mit *Gedan gyaku nagashi uke* rechts wird eine Drehung um 90° nach links ausgeführt. ((**) – siehe Seite 105.)

Foto 219: Danach erfolgt eine 90°-Drehung nach rechts. Diese wird durch Drehung der Füße im *Zenkutsu dachi* rechts ausgeführt, mit *Jodan gyaku shotei zuki* links.

Die fünfte Meisterform (Chang Long Fa) – Fortsetzung

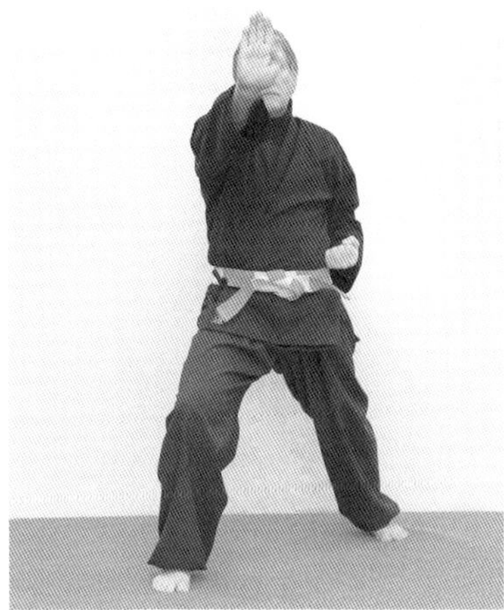

Foto 220

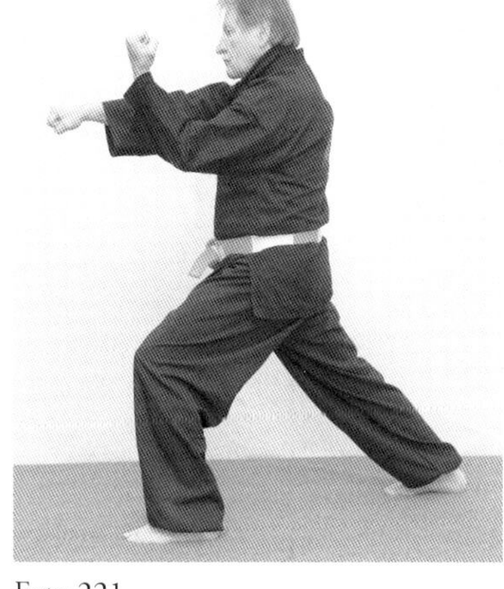

Foto 221

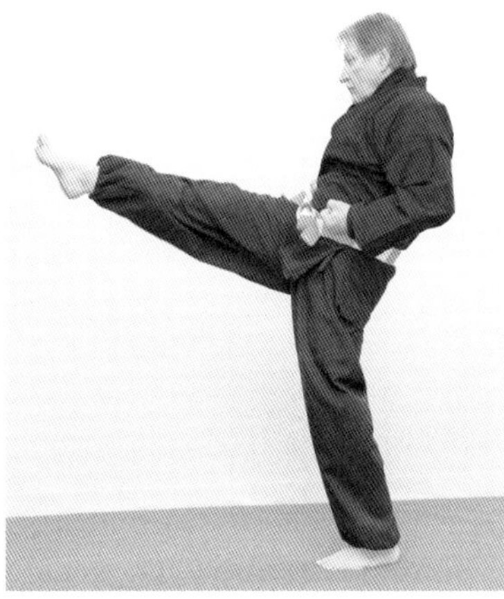

Foto 222

Foto 220: *Jodan shotei zuki* rechts.

Foto 221: 90°-Drehung nach rechts durch Versetzen des linken Fußes in *Zenkutsu dachi* links mit *Chudan uchi uke* links und gleichzeitigem *Chudan gyaku zuki* rechts (die Techniken starten jeweils von der rechten Hüfte).

Foto 222: *Chudan mae geri* rechts.

Die fünfte Meisterform (Chang Long Fa) – Fortsetzung

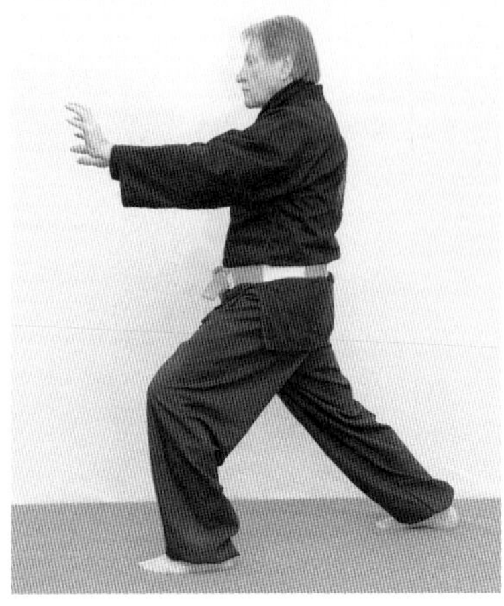

Foto 223

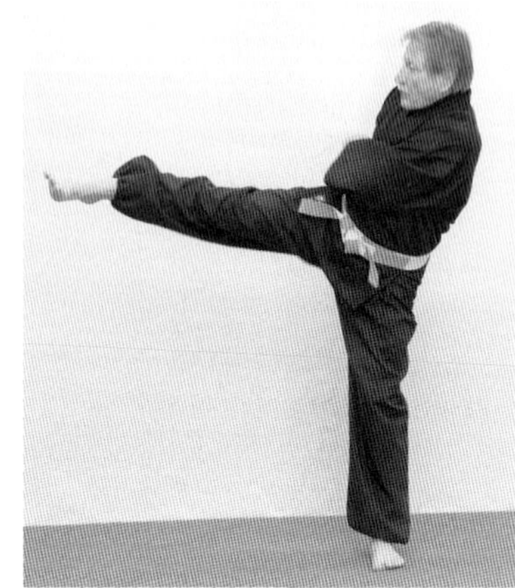

Foto 224

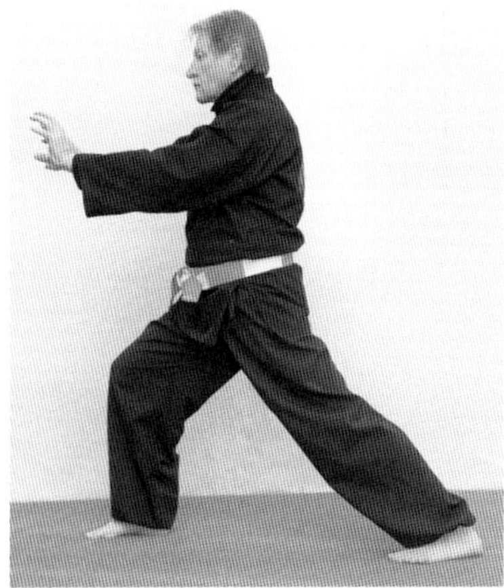

Foto 225

Foto 223: Den rechten Fuß mit *Chudan morote tora zuki* (Fünffingerstoß zur Brust) wieder in *Zenkutsu dachi* links hinten absetzen.

Foto 224: *Chudan mawashi geri* rechts.

Foto 225: Den rechten Fuß nach vorn in *Zenkutsu dachi* rechts abstellen, dabei *Chudan morote tora zuki*.

Die fünfte Meisterform (Chang Long Fa) – Fortsetzung

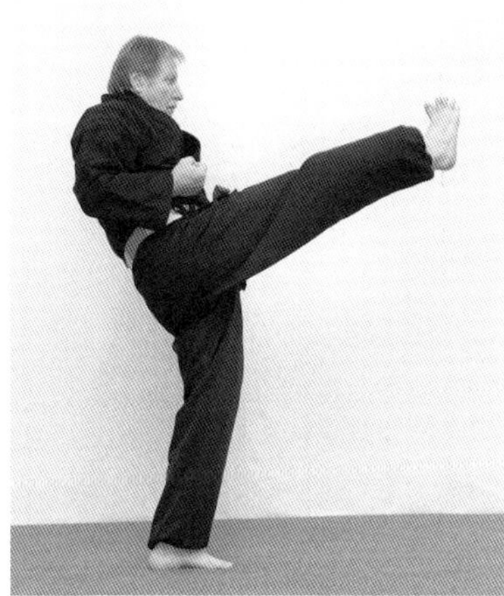
Foto 226

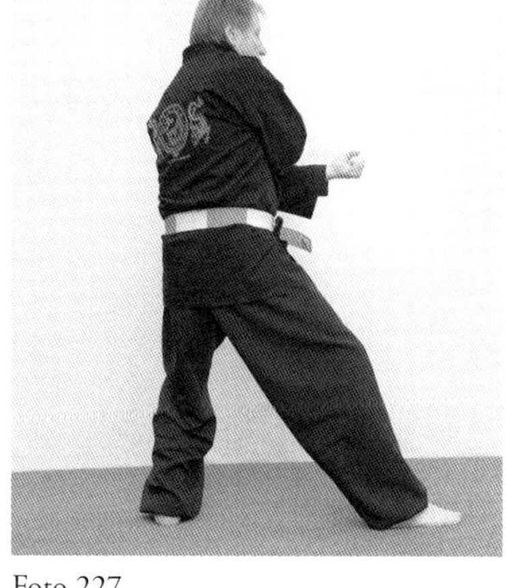
Foto 227

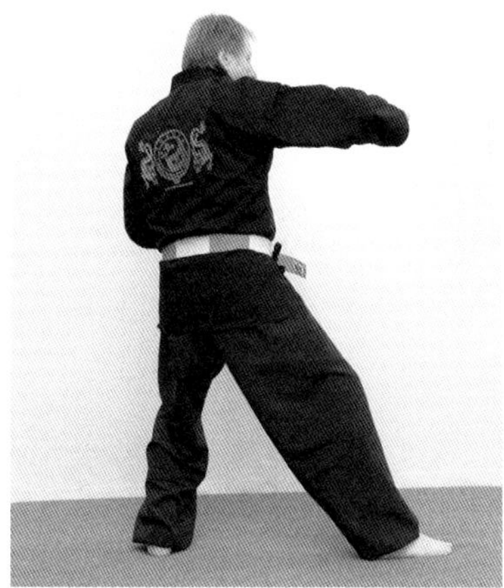
Foto 228

Foto 226: Es folgt eine Drehung um 180° nach links mit einem *Jodan mikatsuki geri uke* rechts.

Foto 227: Den rechten Fuß in *Kokutsu dachi* rechts absetzen mit *Chudan gyaku ura zuki* links.

Foto 228: *Jodan shuto uchi* rechts.

Die fünfte Meisterform (Chang Long Fa) – Fortsetzung

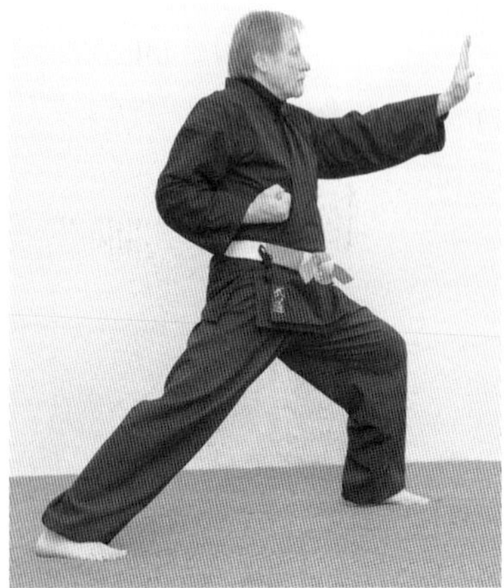
Foto 229

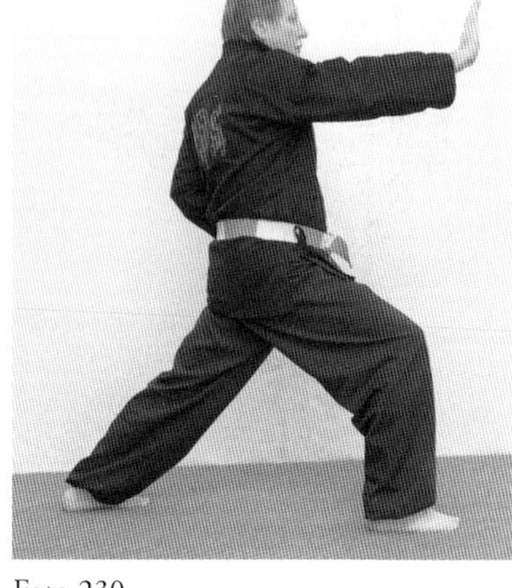
Foto 230

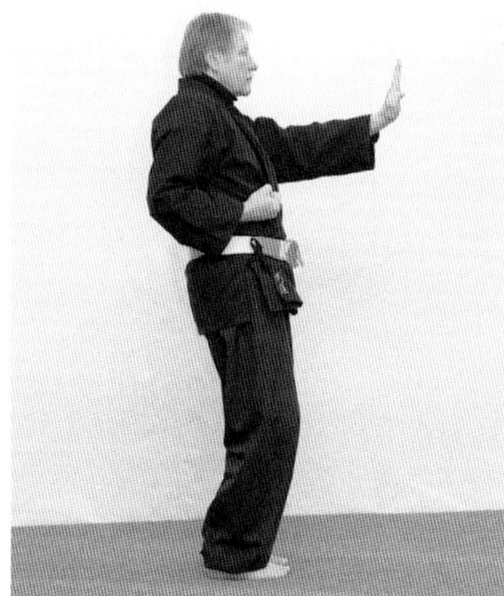
Foto 231

Foto 229: In *Zenkutsu dachi* links mit *Jodan shotei zuki* links vorgehen.

Foto 230: Dann in *Zenkutsu dachi* rechts mit *Jodan shotei zuki* rechts vorgehen.

Foto 231: Den linken Fuß mit einem *Jodan shotei zuki* links zu *Heisoku dachi* heranziehen.

Die fünfte Meisterform (Chang Long Fa) – Fortsetzung

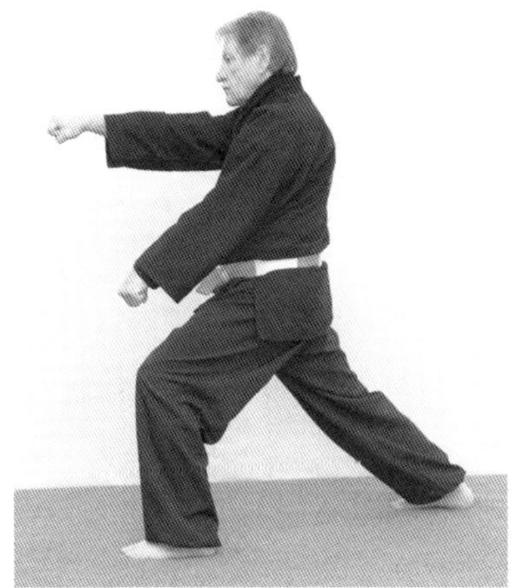

Foto 232

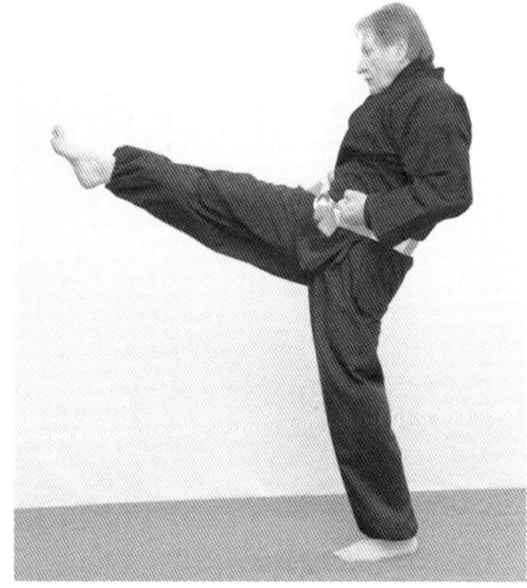

Foto 233

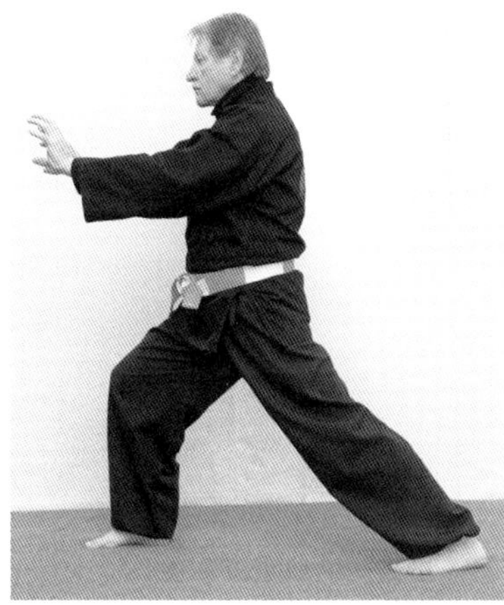

Foto 234

Foto 232: Anschließend erfolgt eine Drehung um 180° nach links durch das Versetzen des linken Fußes in *Zenkutsu dachi* links mit *Gedan barai* links und gleichzeitigem *Chudan gyaku zuki* rechts.

Foto 233: Es folgt ein *Chudan mae geri* rechts, der nach vorn in *Zenkutsu dachi* rechts abgesetzt wird.

Foto 234: *Chudan morote tora zuki* (Fünffingerstoß zur Brust).

Die fünfte Meisterform (Chang Long Fa) – Fortsetzung

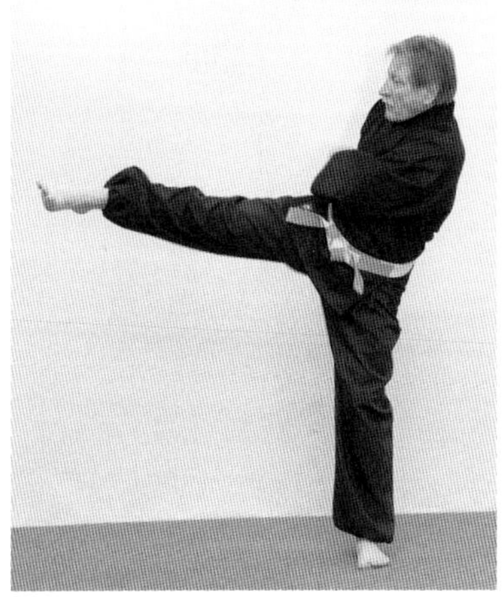

Foto 235

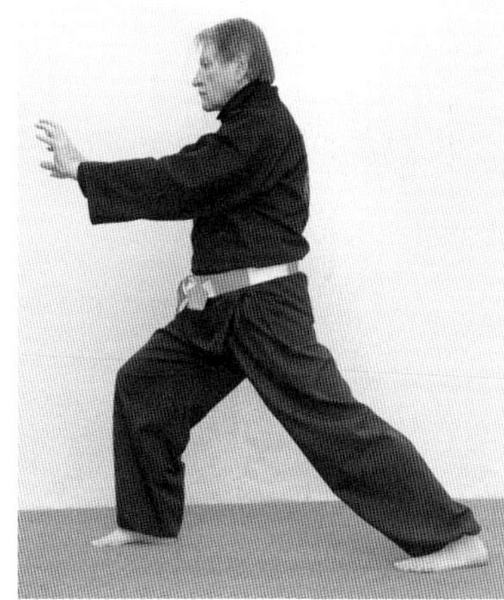

Foto 236

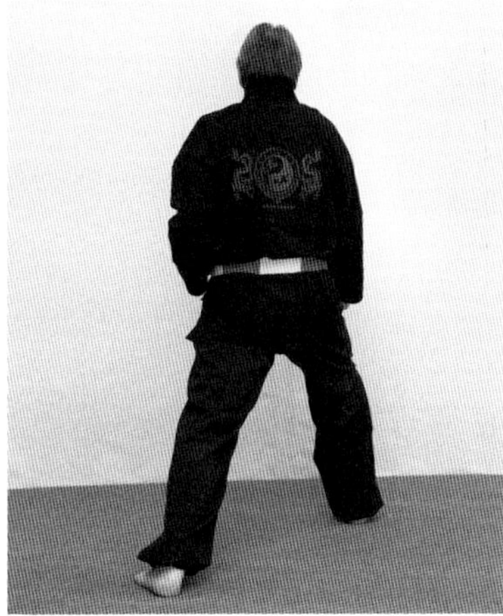

Foto 237

Foto 235: *Chudan mawashi geri* rechts.

Foto 236: Mit *Chudan morote tora zuki* wieder nach vorn in *Zenkutsu dachi* rechts positionieren.

Foto 237: Der rechte Fuß nimmt mit *Gedan barai* rechts die Stellung *Zenkutsu dachi* rechts ein. Dadurch wird eine 90°-Drehung nach rechts ausgeführt.

Die fünfte Meisterform (Chang Long Fa) – Fortsetzung

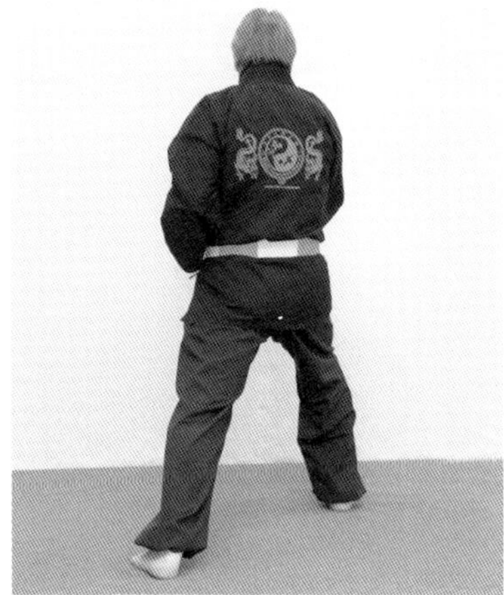
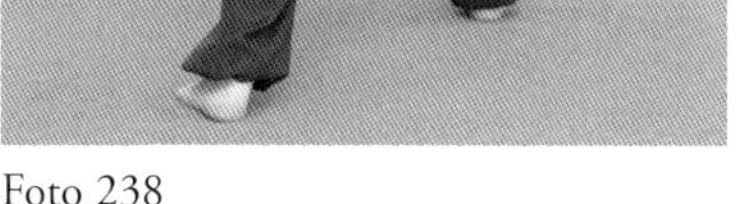

Foto 238

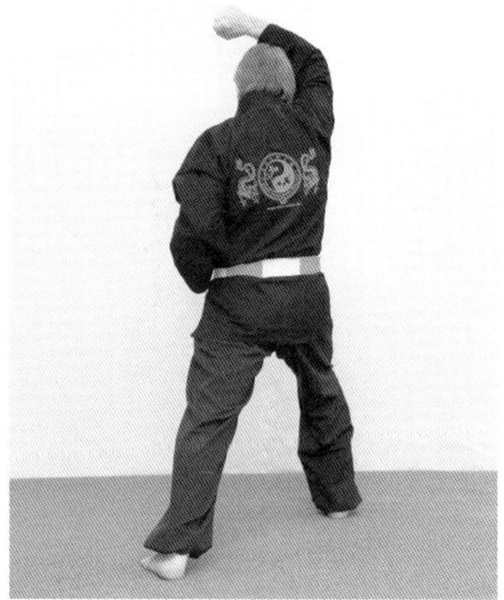

Foto 239

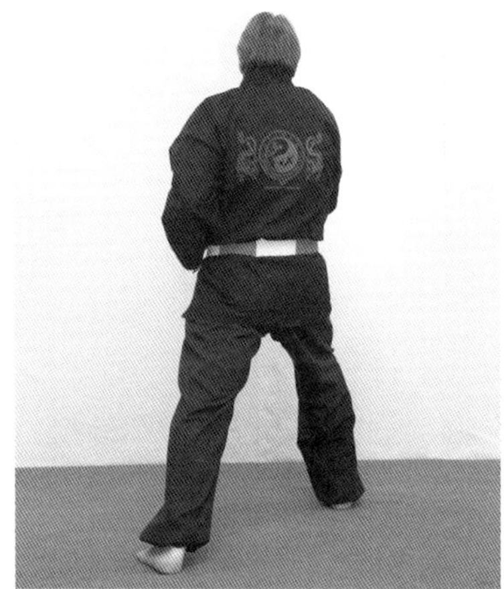

Foto 240

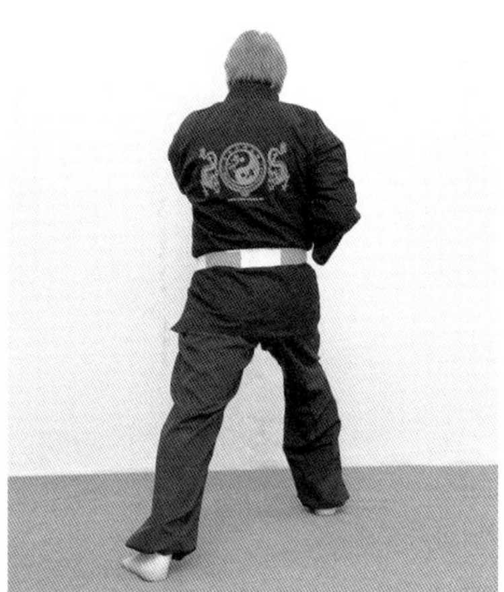

Foto 241

Foto 238: *Chudan tate zuki* rechts nach außen.

Foto 239: *Jodan age uke* rechts.

Foto 240: *Gedan uraken uchi* rechts nach außen (Einzeltechniken werden nicht an die Hüfte zurückgezogen).

Foto 241: *Chudan gyaku zuki* links nach außen.

Die fünfte Meisterform (Chang Long Fa) – Fortsetzung

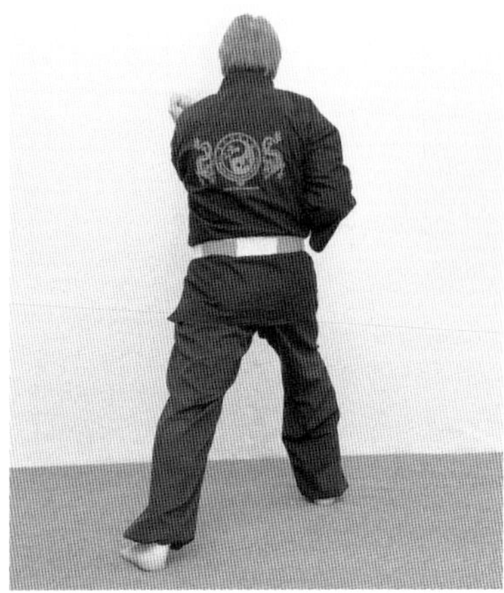

Foto 242

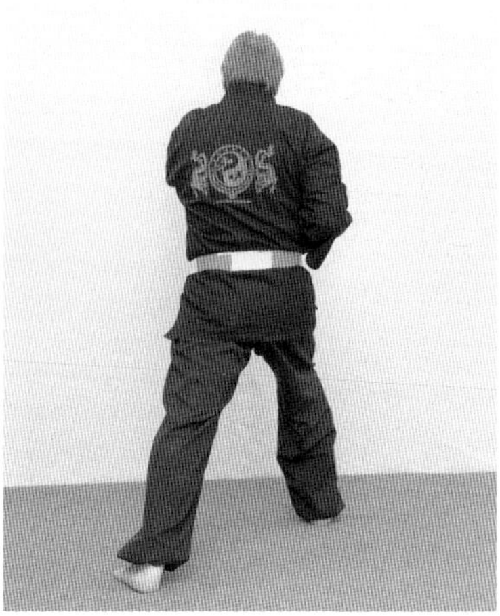

Foto 243

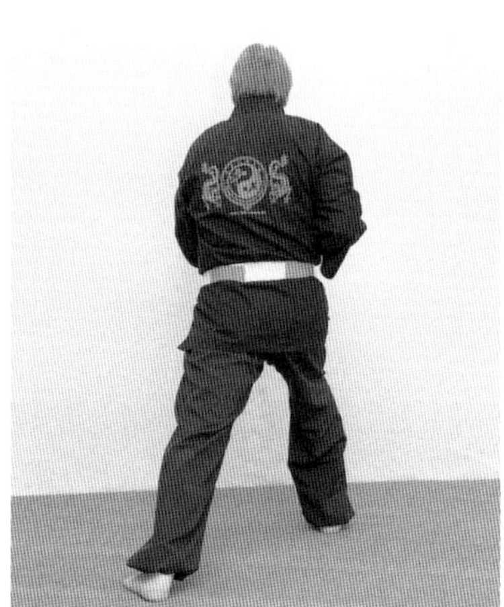

Foto 244

Foto 242: *Chudan gyaku uchi uke* links.

Foto 243: *Chudan gyaku zuki* links nach außen (Schulter wird mit eingedreht).

Foto 244: *Gedan gyaku shotei uchi* links (Einzeltechniken werden nicht an die Hüfte zurückgezogen).

Die fünfte Meisterform (Chang Long Fa) – Fortsetzung

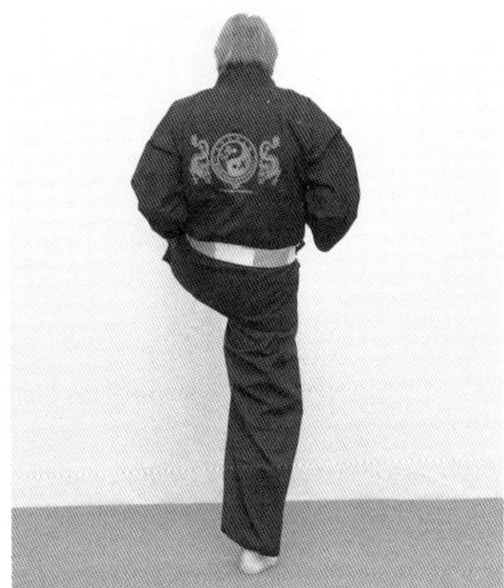

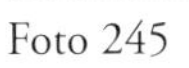

Foto 245

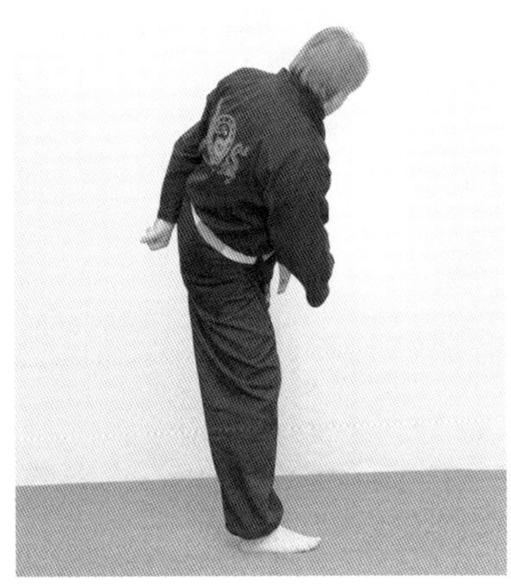

Foto 246

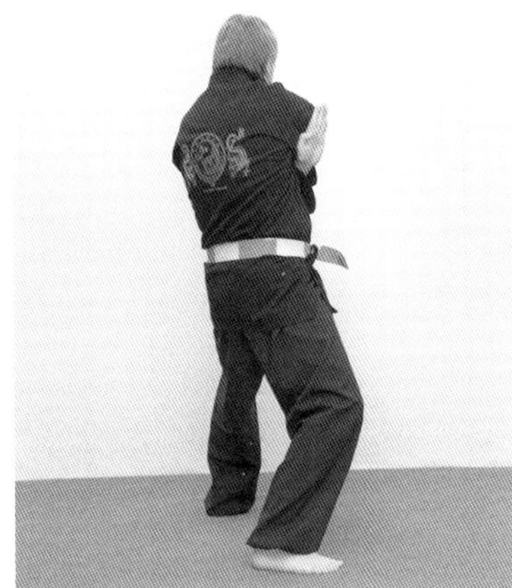

Foto 247

Foto 245: *Chudan mae geri* links.

Foto 246: Ohne abzusetzen wird ein *Chudan yoko geri* links nach vorn ausgeführt.

Foto 247: Anschließend wird der linke Fuß mit *Jodan gyaku tora mae ashi* rechts in *Kokutsu dachi* links positioniert.

Die fünfte Meisterform (Chang Long Fa) – Fortsetzung

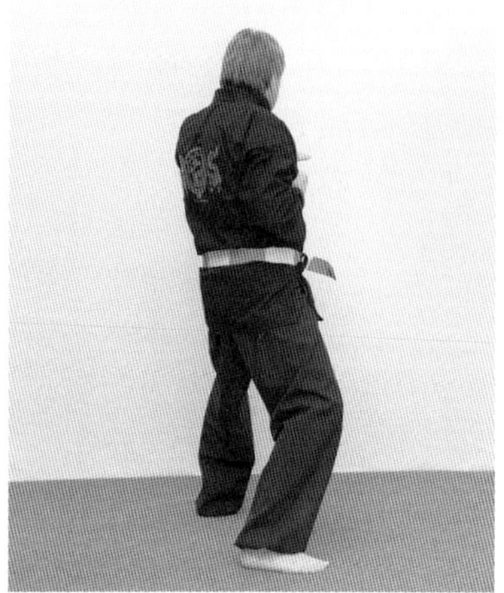
Foto 248

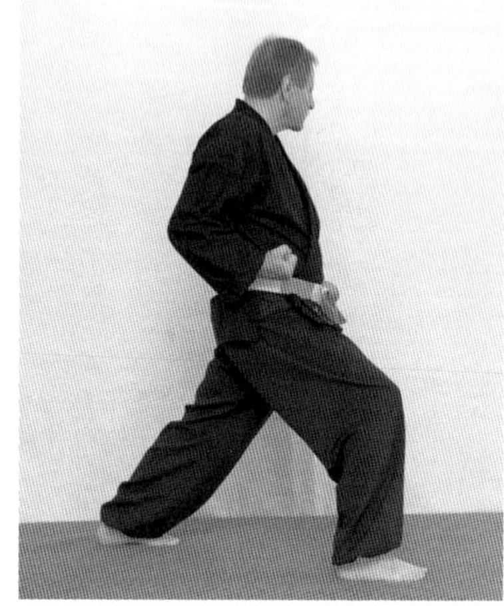
Foto 249

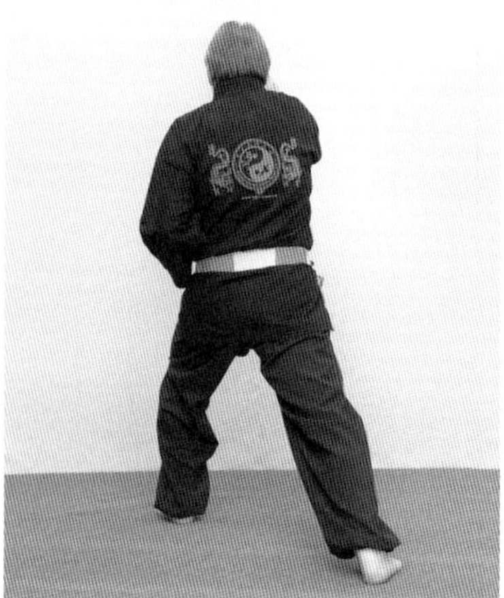
Foto 250

Foto 248: *Jodan shuto uchi* links.

Foto 249: Drehung um 90° nach rechts durch Versetzen des linken Fußes nach links in *Zenkutsu dachi* rechts mit *Gedan gyaku nagashi uke* links. ((**) – siehe Seite 105).

Foto 250: Daraufhin folgt wieder eine 90°-Drehung nach links in *Zenkutsu dachi* links mit *Jodan gyaku shotei zuki* rechts.

Die fünfte Meisterform (Chang Long Fa) – Fortsetzung

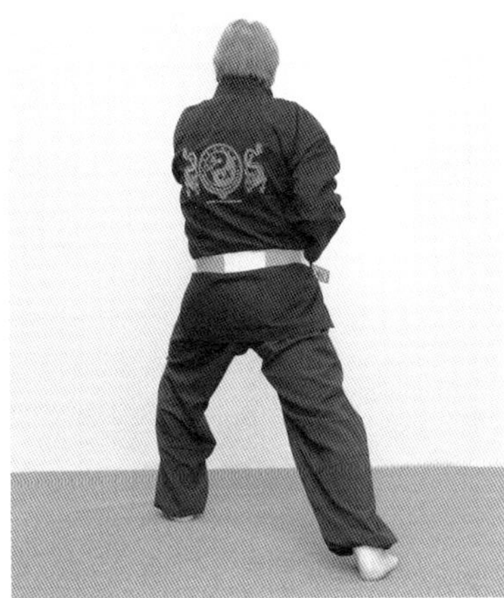
Foto 251

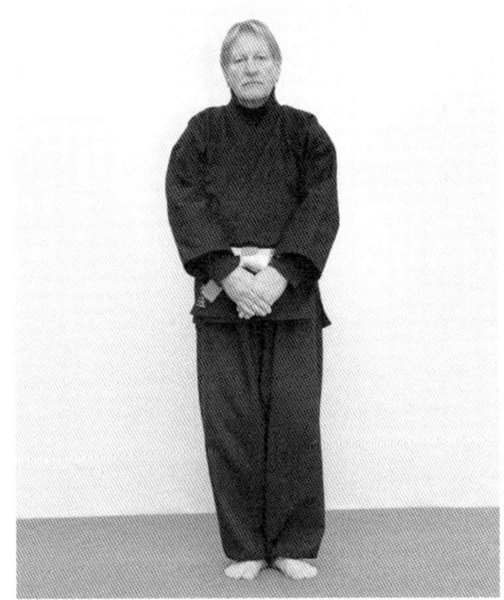
Foto 252

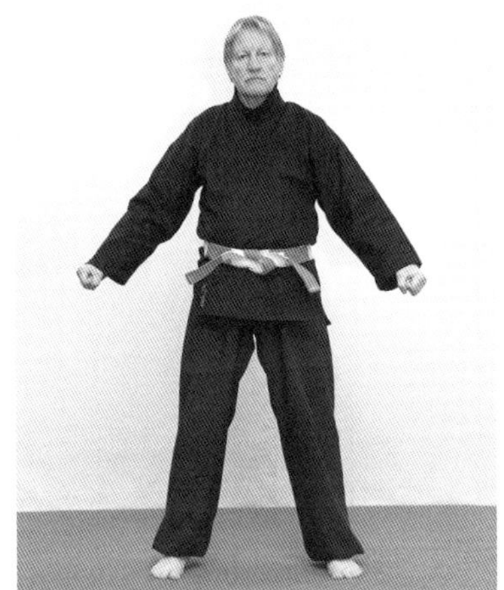
Foto 253

Foto 251: *Jodan shotei zuki* links. *Kiai.*

Foto 252: 180°-Drehung nach rechts durch Verstellen des rechten Fußes in *Musubi dachi*. Die Hände werden in Kopfhöhe ineinander gelegt (dabei liegt die linke Hand in der rechten Hand, die Handflächen zeigen zum Gesicht) und nach unten geführt. Die Beine werden dabei leicht gebeugt und wieder gestreckt.

Foto 253: Schließlich folgt das Aussteigen mit dem linken Bein in *Heiko dachi*. Dabei werden die Arme, nachdem sie sich in Kopfhöhe gekreuzt haben, nach unten außen geführt.

(*) Bei allen Chudan-Shotei-Techniken zeigen die Finger nach innen!

(**) Die Technik wird in Richtung des nach hinten abgesetzten Beins ausgeführt!

Die freie Meisterform (Wu Qin Fa)

Hintergrundinformationen

Wir, die Autoren dieses Buches, weilten Mitte der 1970er Jahre mehrfach in Südostasien. Dort kamen wir 1976 in Singapur mit einer Form in Berührung, die wir daraufhin regelmäßig zu trainieren begannen und auch noch bis heute zu üben pflegen. Zu jener Zeit waren wir schon einige Jahre mit Shaolin Kempo vertraut. Somit versuchten wir die Form in diese Kampfkunst mit einzuarbeiten. Wir sahen sie als eine Ergänzung zu unserem System, da sie die fünf Tiere aus dem Shaolin Kempo beinhaltete. Aus diesem Grund nannten wir die Bewegungsfolge »Wu Qin Fa«, Fünf-Tiere-Form.

Die fünf Tierstile beziehen sich auf die elementaren Charakteristika dieser Wesen. So soll das Üben der Drachen-Techniken den Geist schärfen, der Schlangenstil stellt die Verbindung von weich und hart her, während der Tigerstil die Knochen stärkt. Die Leoparden-Techniken beeinflussen die Stärke, und der Kranichstil trainiert die Sehnen. Durch das Arbeiten mit diesen Formen werden Geist, Kraft, Knochen und Sehnen, aber auch die Atmung zu einer Einheit zusammengefasst. Die einzelnen Elemente fließen also ineinander.

Bei der Ausführung des Drachenstils soll auf grobe Kraft verzichtet werden. Der Oberkörper und der Kopf sind gerade nach oben gerichtet, während die Schultern locker gehalten werden. Wie auch bei allen anderen Techniken, müssen die Augen zuerst in die Richtung blicken, in die die nachfolgende Handlung ausgeübt werden soll. Insgesamt werden die Bewegungen leicht und gewandt durchgeführt.

Auch beim Schlangenstil ist rohe Kraft nicht angebracht. Die Bewegungen werden sowohl entspannt und locker als auch möglichst langsam und weich ausgeübt. Auf die Atmung ist hierbei besonders Wert zu legen. Denn durch das tiefe und gleichmäßige Luftholen wird eine bessere Durchblutung und letztendlich, je nach Bedarf, auch eine größere Kraftentfaltung erreicht. Man bewegt sich also langsam und geschmeidig wie eine Schlange, wohl wissend, dass jederzeit große Kraft entfaltet werden kann.

Wie oben erwähnt, strebt der Tigerstil die Stärkung der Knochen an, aber auch eine generelle Steigerung der Kraft. Die Stellungen sind allgemein tiefer, und die Beine, die Hüfte und der Oberkörper sind gestreckt und straff. Auch hierbei führen die Augen die Bewegungen an, die langsam, leicht, aber auch bewusst ausgeführt werden.

Bei dem Leopardenstil wird eine engere Stellung eingenommen. Die Hände werden enger beieinander und näher am Körper gehalten. Auch diese Technik verlangt ein langsames, gleichmäßiges und ruhiges Atmen, wodurch die Durchblutung und Kraftentfaltung gefördert wird. Durch das Üben der Stellungen, unter Einfluss der Atmung, werden die Beine und die Hüfte kräftiger.

Die Ausübung des Kranichstils beabsichtigt schließlich die Stärkung der Sehnen, die die Verbindung zwischen Knochen und Muskeln bilden. Während des Stehens auf einem Bein, mit zurückgelehntem Körper und aufrechtem Kopf, werden die Sehnen im Hals- und Nackenbereich sowie auch in den Beinen gestärkt. Obwohl der Kranich schnelle und gewandte Bewegungen vollführt, ist dennoch sowohl eine lockere und entspannte Körperhaltung als auch die Wachsamkeit der Augen gefragt. Die Bewegungen können am Anfang schnell ausgeführt werden. Nach einiger Zeit des Trainings sollten sie jedoch langsam, gleichmäßig und aufeinander abgestimmt erfolgen.

Die Ausführung der Form (Wu Qin Fa)

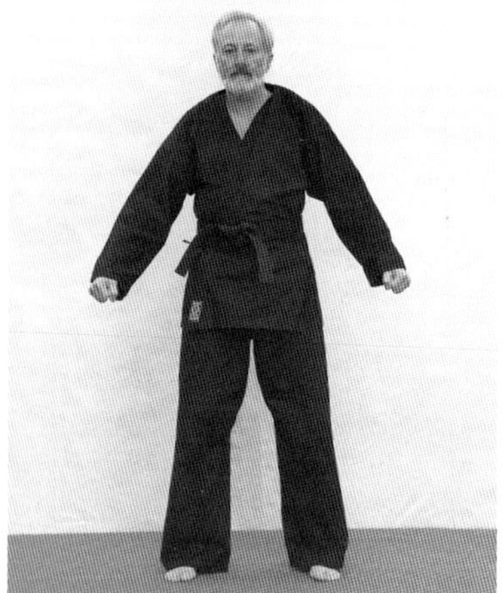
Foto 254

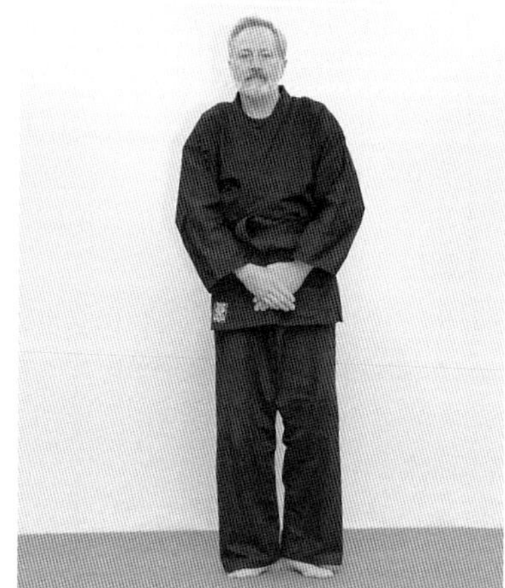
Foto 255

Foto 254: *Heiko dachi.* Beide Arme kreuzen sich in Kopfhöhe und werden dann nach außen unten geführt.

Foto 255: Das linke Bein wird in *Musubi dachi* herangezogen. Dabei werden die Hände in Kopfhöhe ineinander gelegt (die linke Hand liegt in der rechten, Handflächen zum Gesicht) und nach unten geführt. Bei diesen Bewegungen werden die Beine leicht gebeugt und wieder gestreckt.

Die Ausführung der Form (Wu Qin Fa) – Fortsetzung

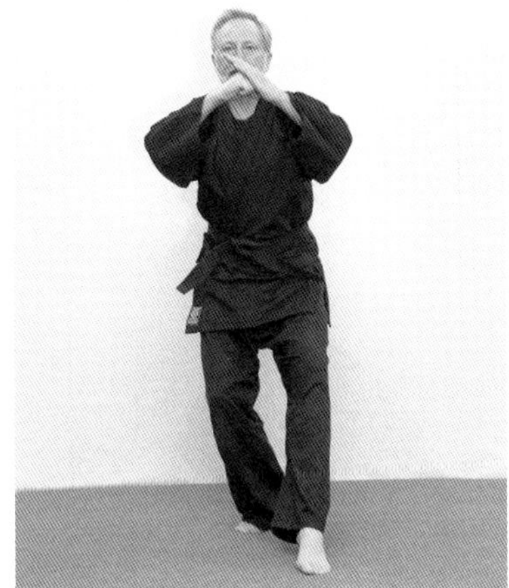

Foto 256

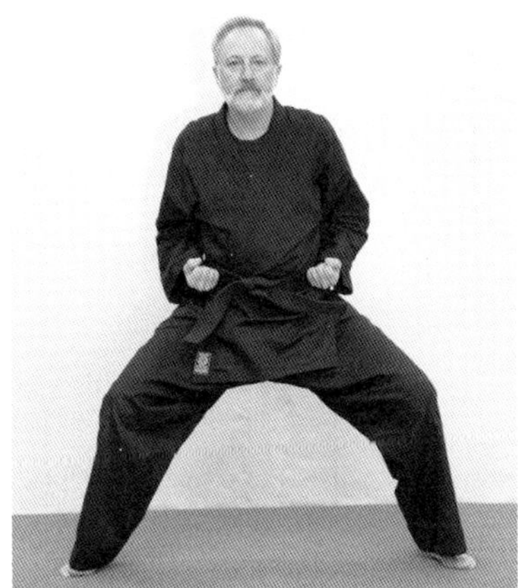

Foto 257

Foto 256: Der linke Fuß wird ca. 30 Zentimeter nach vorn auf dem Fußballen abgestellt. Das Gewicht des Körpers lastet fast vollständig auf dem hinteren Bein, das leicht gebeugt ist. Daraufhin hebt man beide Hände gleichzeitig auf Brusthöhe, ungefähr 30 Zentimeter vor der Brust, an. Dabei liegt die rechte Faust in der Handfläche der linken Hand. Diese Stellung bezeichnet den Shaolin-Kempo-Gruß und ist sowohl eine Begrüßung als auch eine Ehrung gegenüber Personen und Trainingsräumen. Die Begrüßung mit Handfläche und Faust wird in der chinesischen Kampfkunst *Baoquan li* genannt. Auch hierbei wird der Respekt gegenüber anderer Personen ausgedrückt. Der Atem ist ruhig, gleichmäßig und langsam, während die Augen mit scharfem Blick geradeaus gerichtet sind.

Foto 257: Die linke Hand wird ebenfalls zur Faust geformt. Die Fäuste werden nun so eingedreht, dass beide Handrücken nach unten zeigen. Anschließend werden beide Fäuste auf geradem Weg links und rechts an die Hüfte geführt. Dabei wird der linke Fuß zunächst parallel neben den rechten Fuß zurückgesetzt. Unmittelbar drauf gleiten beide Füße in einen *Kiba dachi* auseinander.

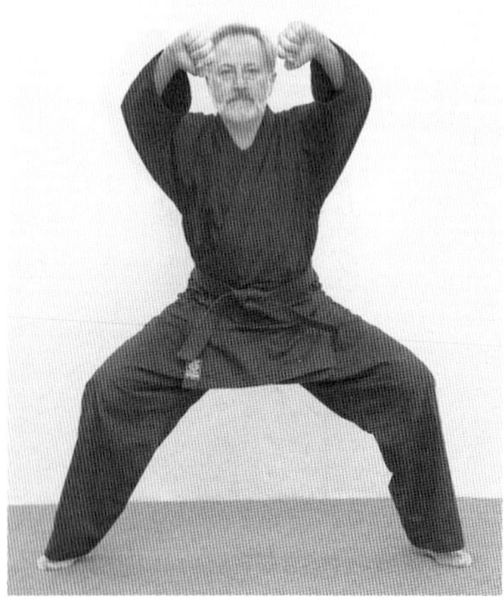
Foto 258

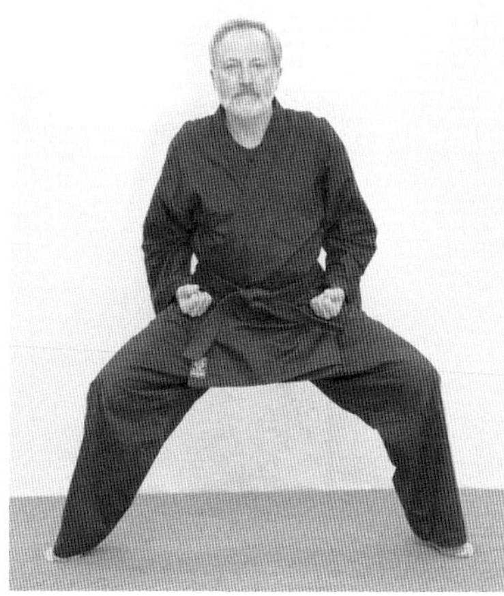
Foto 259

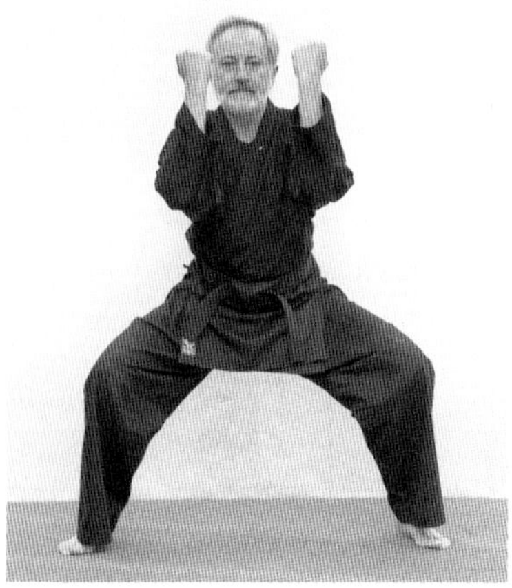
Foto 260

Beginn der Drachen-Sequenz

Foto 258: Es folgt ein *Morote mawashi uraken zuki* zu den Schläfen.

Foto 259: Die Fäuste werden langsam zurückgeführt und neben den Beckenknochen platziert, so dass die Handgelenke locker auf den Oberschenkeln liegen.

Foto 260: *Jodan morote ura zuki.* – Nun werden die Fäuste wieder zurück zu den Hüften gebracht, so dass die Handrücken nach oben zeigen (ohne Abbildung).

Die Ausführung der Form (Wu Qin Fa) – Fortsetzung

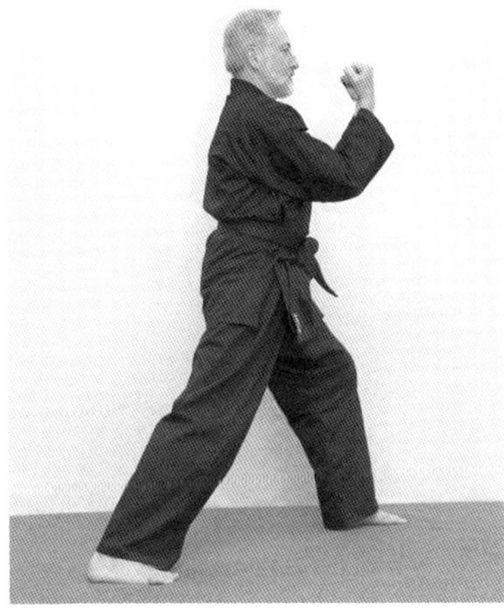

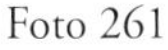
Foto 261

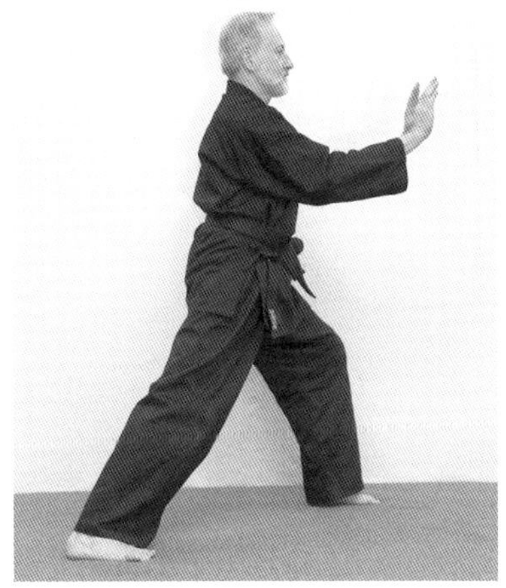

Foto 262

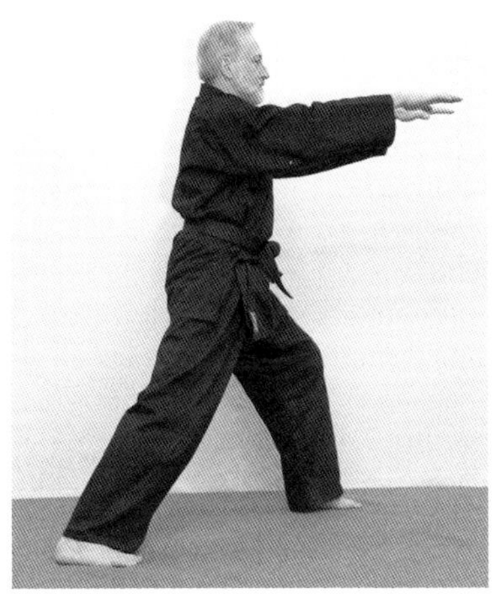

Foto 263

Foto 261: Mit Versetzen des linken Fußes und einer 90°-Drehung nach links wird ein *Zenkutsu dachi* links eingenommen. Dabei wird wiederum ein *Jodan morote ura zuki* ausgeführt.

Foto 262: Ohne die Fäuste zurückzunehmen, werden sie geöffnet, nach innen gedreht und als *Shotei uchi* in schneller Folge zweimal nach vorn geschlagen und sofort wieder auf Brusthöhe zurückgeführt.

Foto 263: Unmittelbar darauf folgt aus der vorherigen Stellung heraus ein *Morote yonhon nukite*. – Erst hiernach werden die Hände zu Fäusten geballt und auf geradem Weg links und rechts an die Hüfte gesetzt (ohne Abbildung).

Die Ausführung der Form (Wu Qin Fa) – Fortsetzung

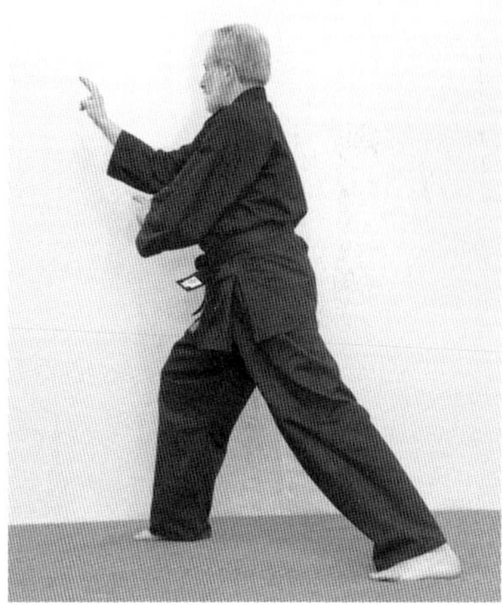
Foto 264

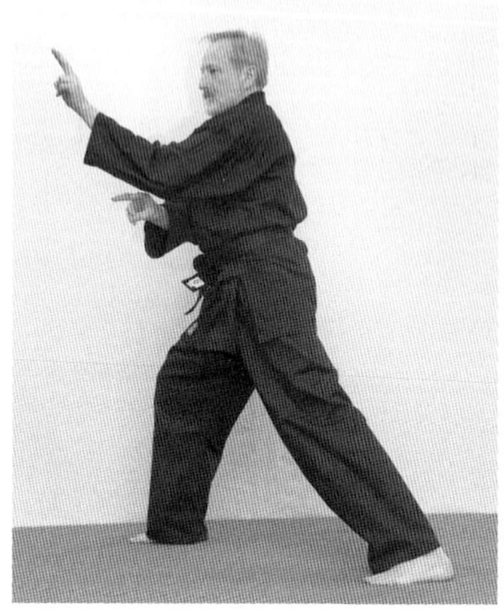
Foto 265

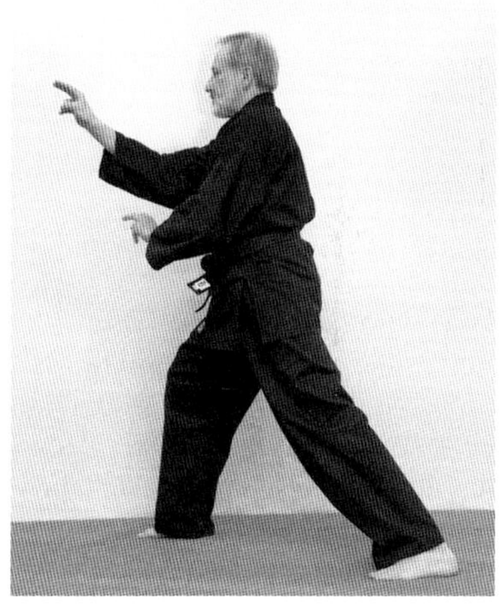
Foto 266

Foto 264: Nach Entlastung des linken Fußes, wird dieser nach rechts gedreht. Mit einer Drehung um 180° nach rechts wird der rechte Fuß in *Zenkutsu dachi* rechts abgestellt. Es wird ein *Jodan nihon nukite* rechts vollführt. Dabei wird die linke Hand zum Schutz mit gleicher Handhaltung unter den rechten Ellenbogen geführt. Die Technik erfolgt ca. 45° nach rechts.

Foto 265: Von der vorherigen Stellung ausgehend, wird ein *Jodan nihon nukite* links mit Unterstützung der rechten Hand ausgeführt. Die Technik erfolgt ca. 45° nach links.

Foto 266: Es folgt ein *Jodan yonhon nukite* rechts nach vorn. Dabei wird die linke Hand mit gleicher Handhaltung unter den rechten Ellenbogen geführt. (Die letzten drei Techniken sind in schneller Abfolge auszuführen; am Ende der Sequenz werden die Arme etwas zurückgenommen, so dass sie leicht gebeugt sind,)

Die Ausführung der Form (Wu Qin Fa) – Fortsetzung

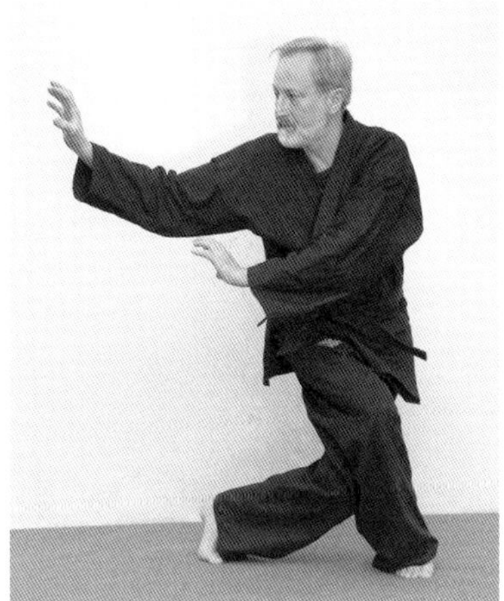
Foto 267

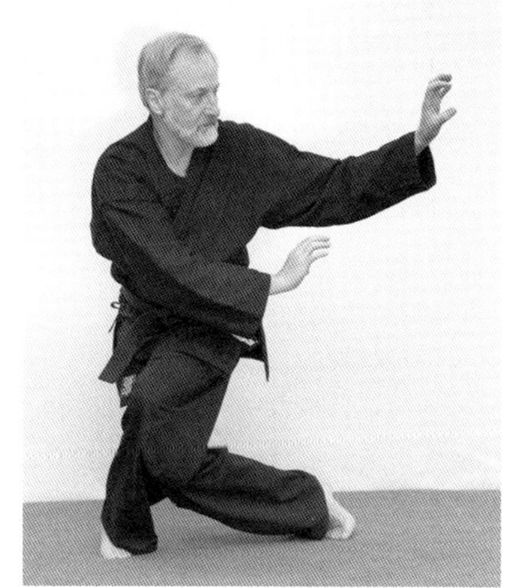
Foto 268

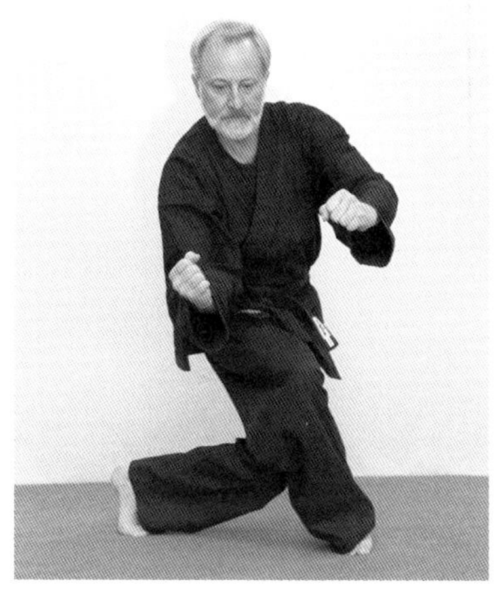
Foto 269

Foto 267: Von der vorherigen Stellung ausgehend, wird der rechte Fuß mit einer 90°-Drehung nach links in *Kake dachi* rechts abgestellt. Dabei formt sich die rechte Hand zu einer Kralle und wird nach rechts gestreckt. Mit gleicher Handhaltung wird die linke Hand unter den rechten Oberarm gebracht.

Foto 268: Der linke Fuß wird am rechten Bein vorbei nach rechts in *Kake dachi* links abgestellt. Hierbei wird die linke, zur Kralle geformte Hand nach links gestreckt. Mit gleicher Handhaltung wird die rechte Hand unter den linken Oberarm gebracht.

Foto 269: Anschließend wird der rechte Fuß am linken Bein vorbei nach links in *Kake dachi* rechts abgestellt. Gleichzeitig wird ein *Chudan morote soto uke* ausgeführt.

Die Ausführung der Form (Wu Qin Fa) – Fortsetzung

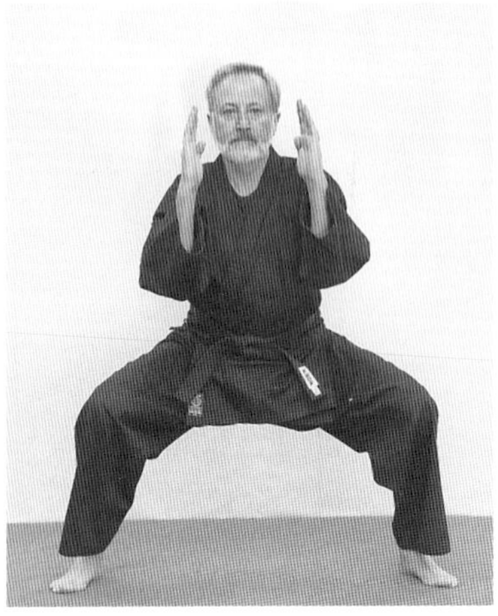

Foto 270

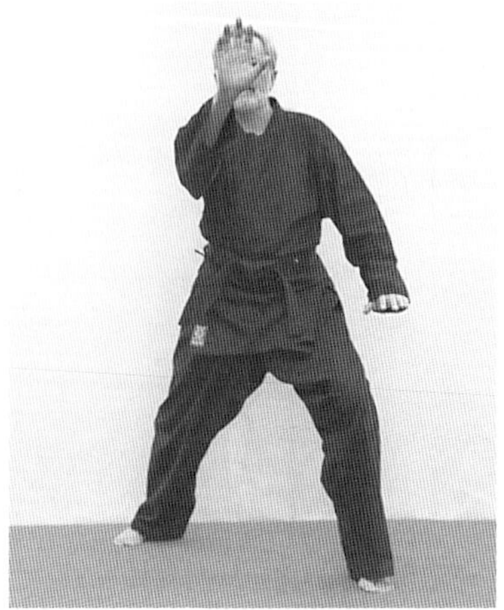

Foto 271

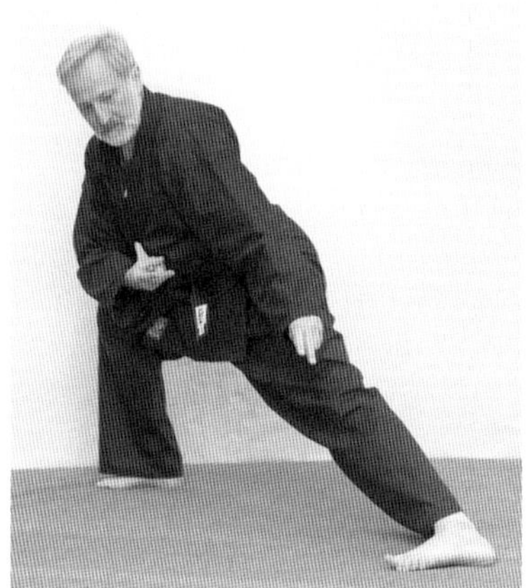

Foto 272

Beginn der Schlangen-Sequenz

Foto 270: Der linke Fuß wird nach links in *Kiba dachi* abgestellt. Es erfolgt ein *Jodan morote shuto uchi.*

Foto 271: Derselbe Fuß positioniert sich in *Zenkutsu dachi* links. Gleichzeitig folgt *Jodan shotei uchi* rechts und *Gedan shotei uke* links.

Foto 272: Mit einer 90°-Drehung nach rechts wird ein tiefer *Zenkutsu dachi* rechts eingenommen. Das Gewicht verlagert sich auf das rechte Bein. Mit der Handhaltung wie bei *Nihon nukite* wird die linke Hand zum linken Knie gebracht. Währenddessen bewegt sich die rechte Hand mit gleicher Handhaltung vor den Bauch. Die Finger beider Hände zeigen in Richtung des linken Fußes.

Die Ausführung der Form (Wu Qin Fa) – Fortsetzung

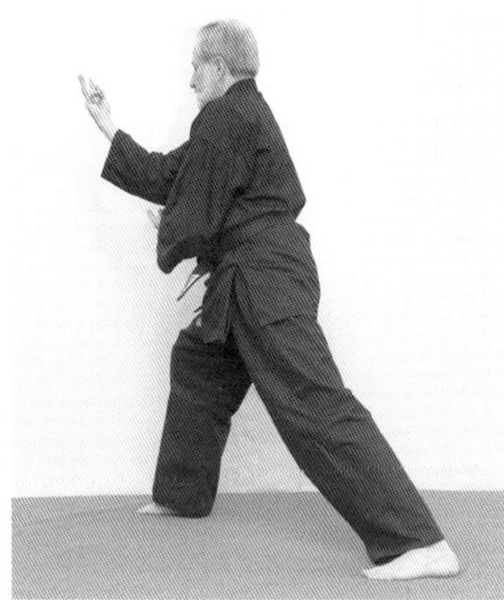

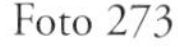

Foto 273

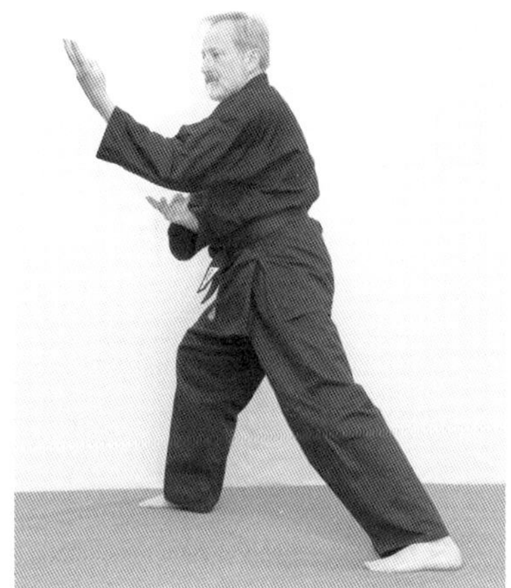

Foto 274

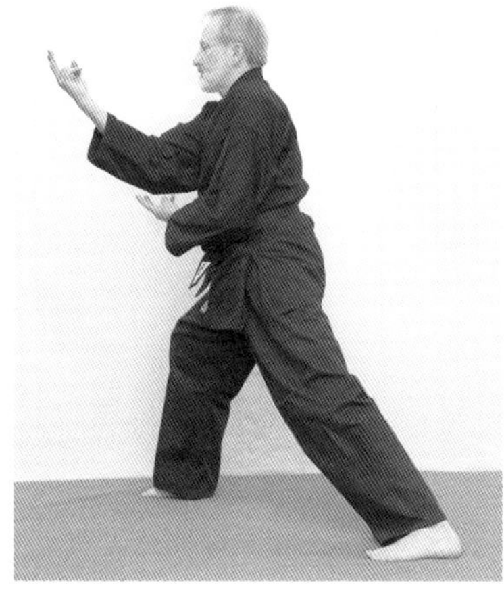

Foto 275

Foto 273: Mit Drehung des Oberkörpers und Einnahme eines *Zenkutsu dachi* rechts wird ein umgekehrter *Jodan nihon nukite* rechts ausgeführt. Die linke Hand wird, zum Schutz, mit gleicher Handhaltung unter den rechten Ellenbogen geführt. Die Technik erfolgt ca. 45° nach rechts.

Foto 274: Von der vorherigen Stellung ausgehend, wird ein umgekehrter *Jodan nihon nukite* links mit Unterstützung der rechten Hand ausgeführt. Die Technik erfolgt ca. 45° nach links.

Foto 275: Danach folgt ein *Jodan yonhon nukite* rechts nach vorn. Die linke Hand wird mit gleicher Handhaltung zum Schutz unter den rechten Ellenbogen geführt. (Die letzten drei Techniken sind in schneller Abfolge auszuführen; am Ende der Sequenz werden die Arme etwas zurückgenommen, so dass sie leicht gebeugt sind.)

Die Ausführung der Form (Wu Qin Fa) – Fortsetzung

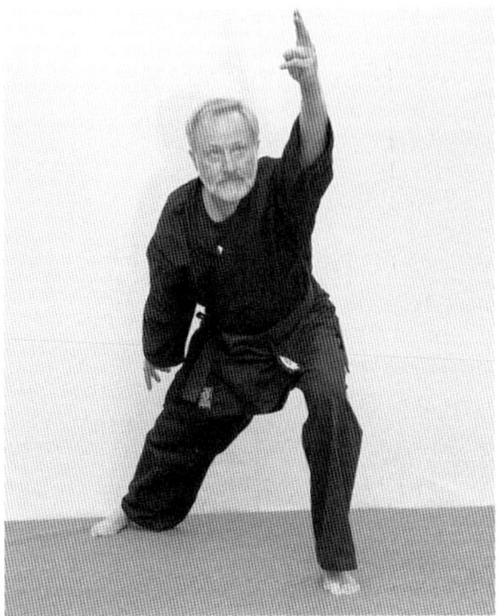

Foto 276

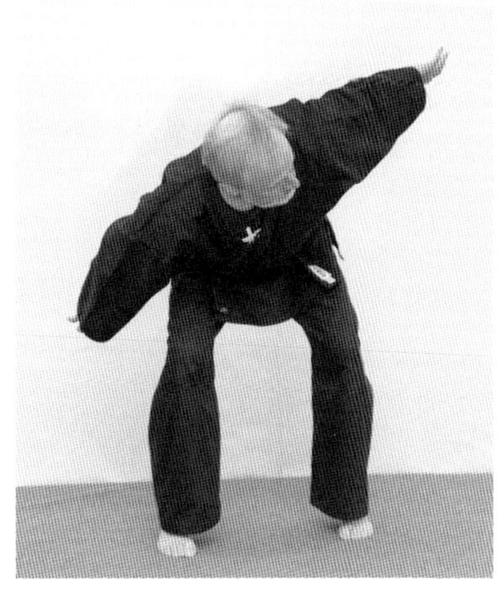

Foto 277

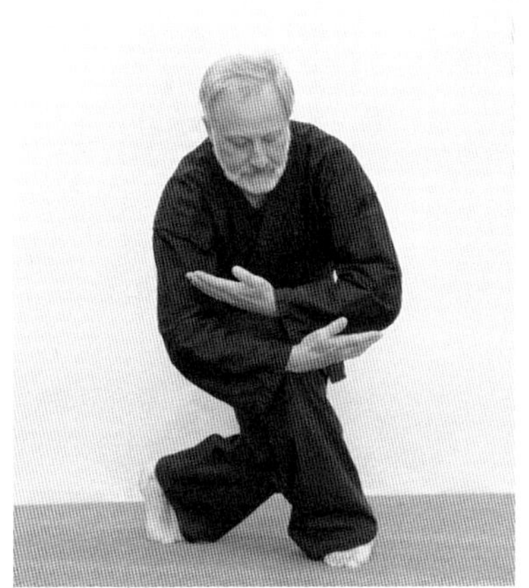

Foto 278

Foto 276: Mit einer Drehung um 90° nach links wird ein langgestreckter *Zenkutsu dachi* links eingenommen, mit *Jodan nihon nukite* links und *Gedan nihon nukite* rechts. Dabei zeigen die Handflächen nach innen, während der Oberkörper in einer Linie mit dem hinteren Bein ist. Der Blick geht zu den vorderen Fingerspitzen.

Foto 277: Den rechten Fuß nach vorn stellen (wie *Sanchin dachi*, aber Zehen zeigen nach vorn). Die linke, zur Kralle geformte Hand schlägt nach hinten oben, die rechte, zur Kralle geformte Hand nach hinten unten.

Foto 278: Anschließend wird der rechte Fuß in *Kake dachi* rechts nach links übergestellt. Die Arme sind dabei, wie auf dem Bild ersichtlich, vor den Bauch zu positionieren. Der linke Unterarm befindet sich über dem rechten. Aus dieser Stellung heraus wird der Angriff eines Gegners erwartet. Man hat Hände und Füße zur Abwehr und zum Angriff frei.

Die Ausführung der Form (Wu Qin Fa) – Fortsetzung

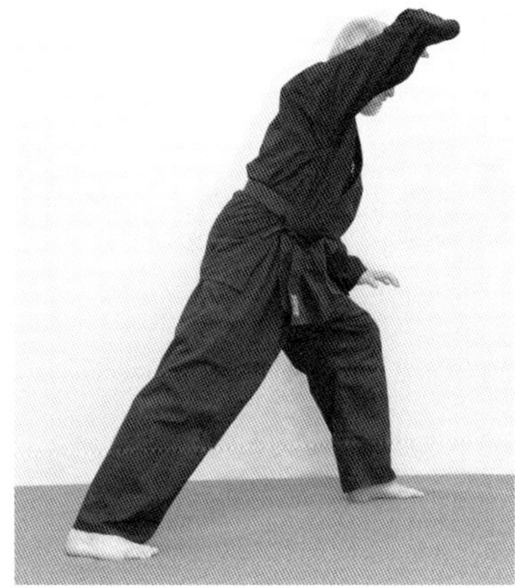

Foto 279

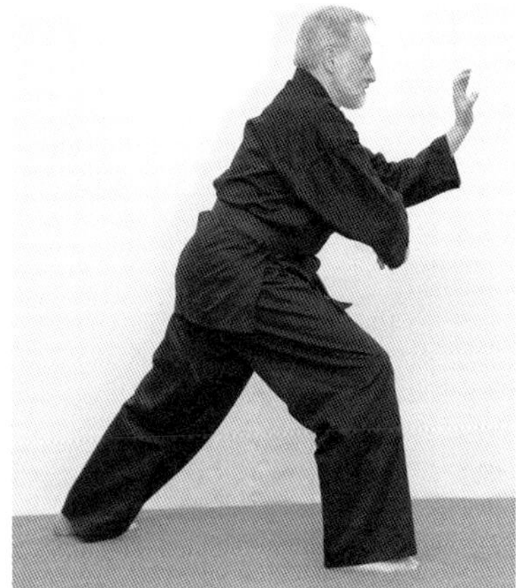

Foto 280

Beginn der Tiger-Sequenz

Foto 279: Drehung um 90° nach links. Der linke Fuß wird dabei in einen langgestreckten *Zenkutsu dachi* links versetzt, wobei ein *Tora age uke* erfolgt. Die linke Hand befindet sich mit gleicher Handhaltung über oder neben dem linken Knie und dient dem Schutz der unteren Körperteile. Der Oberkörper ist in einer Linie mit dem hinteren Bein und völlig gestreckt. Der Blick wird gerade nach vorn gerichtet.

Foto 280: Der rechte Fuß wird in einen langgestreckten *Zenkutsu dachi* rechts gesetzt. Es folgt ein *Jodan tora zuki* links, mit gleichzeitiger Unterstützung des Unterarms/Ellbogens mit dem rechten Handgelenk. Die rechte Hand ist in Krallenhaltung und stark nach unten geknickt.

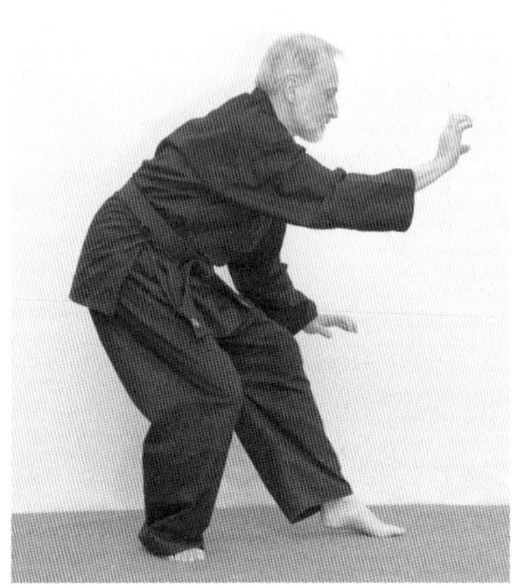

Foto 281

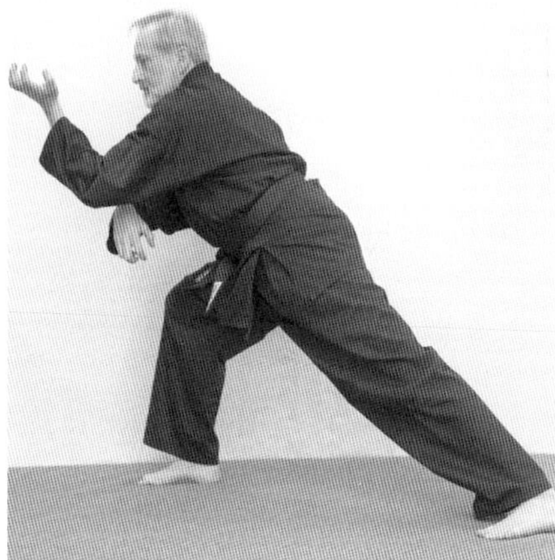

Foto 282

Foto 281: Daraufhin wird der linke Fuß in einen weiten *Nekoashi dachi* vorgesetzt. Mit gestrecktem Oberkörper wird ein *Jodan tora zuki* rechts ausgeführt. Die linke Hand befindet sich mit gleicher Handhaltung über oder neben dem linken Knie und dient dem Schutz der unteren Körperteile.

Foto 282: 180°-Drehung nach rechts mit Versetzen des rechten Fußes in *Zenkutsu dachi* rechts. Der Oberkörper wird gestreckt, so dass er eine Verlängerung des hinteren Beins darstellt. Während dieser Streckbewegung wird ein *Ura tora zuki* links ausgeführt. Die rechte Hand befindet sich unter dem linken Ellbogen. Beide Hände können zum Angriff, wie auch zur Abwehr eingesetzt werden.

Die Ausführung der Form (Wu Qin Fa) – Fortsetzung

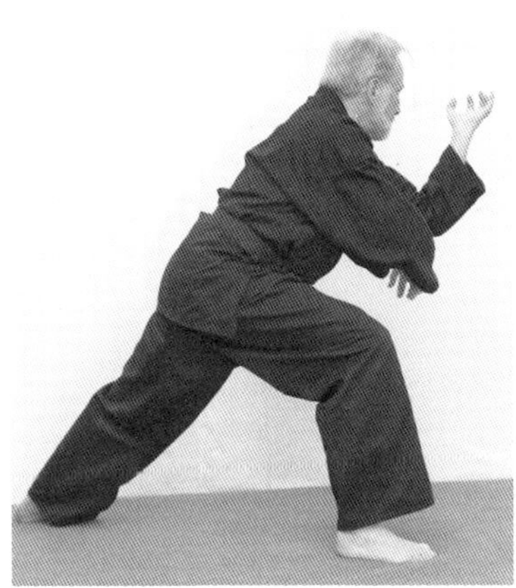

Foto 283

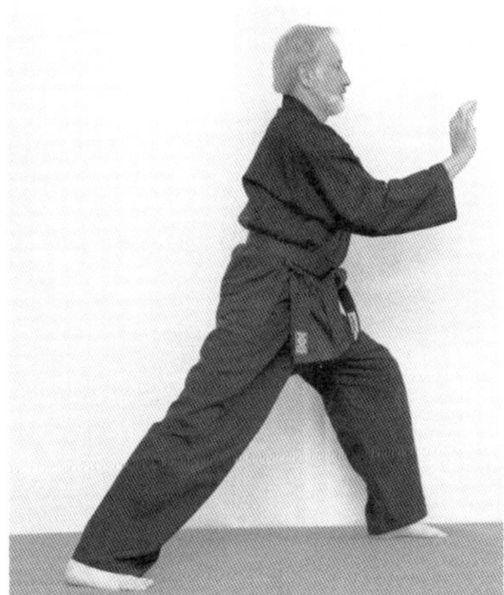

Foto 284

Foto 283: 180°-Drehung nach links mit Versetzen des rechten Fußes in *Zenkutsu dachi* rechts. Dieser Wechsel kann auch im Sprung ausgeführt werden. Der Oberkörper wird gestreckt, so dass er eine Verlängerung des hinteren Beins darstellt. Während dieser Streckbewegung wird ein *Ura tora zuki* links ausgeführt. Die rechte Hand befindet sich unter dem linken Ellbogen. Beide Hände können auch hier zum Angriff, wie auch zur Abwehr genutzt werden.

Foto 284: Mit *Morote tora mae ashi* wird mit dem linken Fuß ein *Zenkutsu dachi* links nach vorn eingenommen. Diese Technik wird in schneller Folge zweimal ausgeführt.

Die Ausführung der Form (Wu Qin Fa) – Fortsetzung

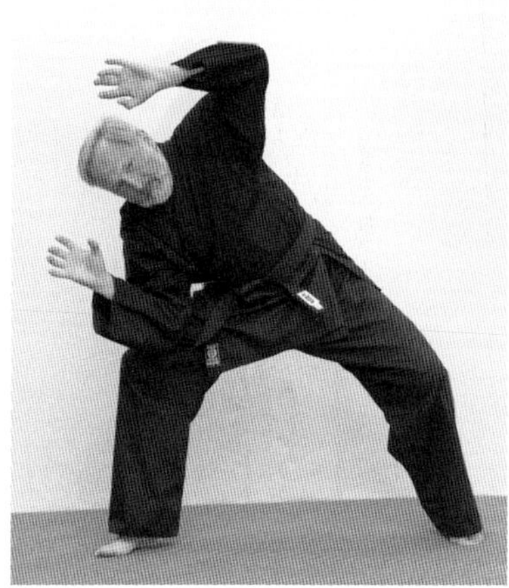

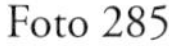

Foto 285

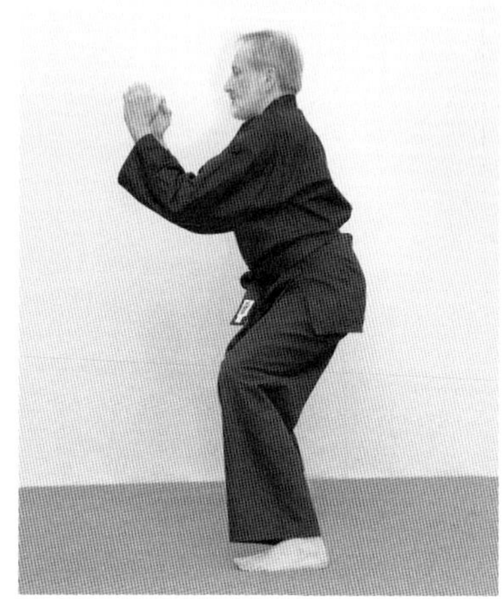

Foto 286

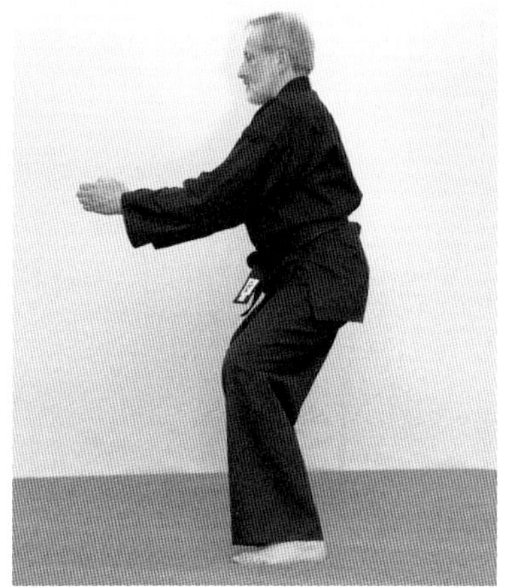

Foto 287

Foto 285: Der rechte Fuß wird mit einer 90°-Drehung nach rechts in *Kiba dachi* gestellt. Dabei neigt sich der Oberkörper nach rechts, so dass auch der Kopf nach rechts zeigt. Der Blick ist nach vorn gerichtet. Die linke Hand wird neben der linken Kopfseite, die rechte Hand neben der rechten Kopfseite platziert, und die Finger sind gekrallt. Diese Stellung kennzeichnet einen sich zurückziehenden Tiger, der auf seine Beute lauert.

Beginn der Leoparden-Sequenz

Foto 286: Nach einer Rechtsdrehung um 90° mit Versetzen des linken Fußes in *Kiba dachi*, folgt ein *Jodan morote tate hiraken zuki* von der Hüfte aus. Dabei zeigen die Handflächen zueinander.

Foto 287: Die Hände werden wieder bis auf Brusthöhe geführt. Es folgt ein *Chudan morote tate hiraken zuki*, wobei die Handflächen zueinander zeigen.

Die Ausführung der Form (Wu Qin Fa) – Fortsetzung

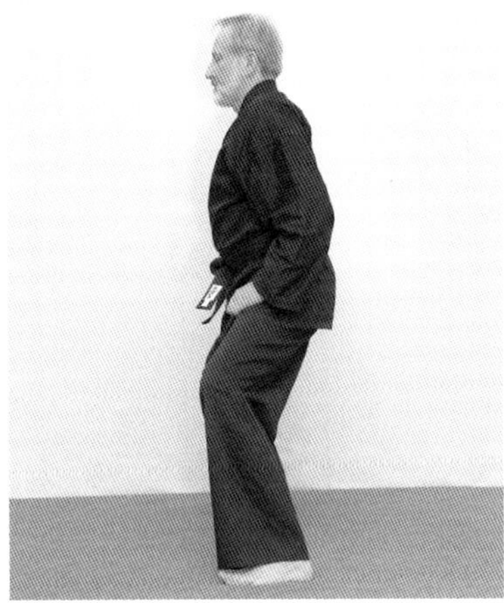

Foto 288

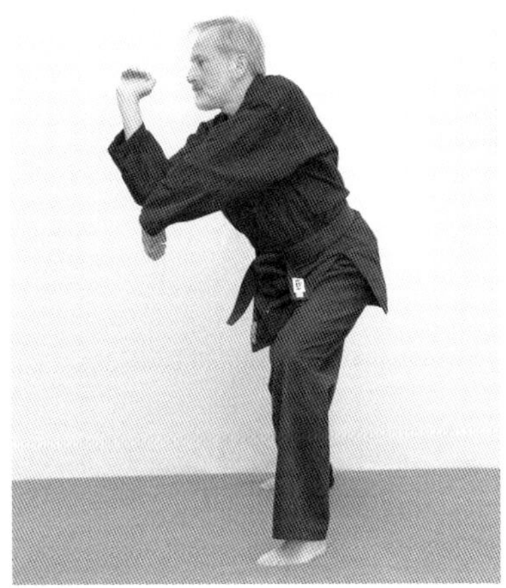

Foto 289

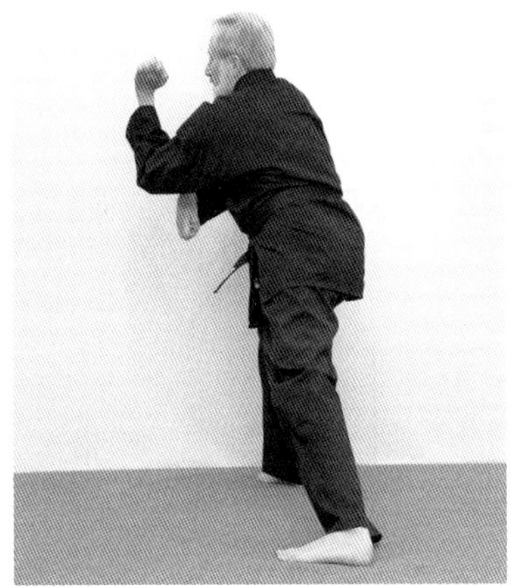

Foto 290

Foto 288: Anschließend bewegen sich die Halbfäuste (*Hiraken*) langsam zu den Oberschenkeln hinunter, mit Betonung der Ausatmung. Der Blick bleibt weiterhin stark nach vorn gerichtet.

Foto 289: Als nächstes werden *Shorin zenkutsu dachi* links mit *Shotei age zuki* rechts ausgeübt. Die linke Hand ist dabei unter dem rechten Ellbogen. Beide Hände sind in *Hiraken*-Stellung, wobei die rechte nach hinten zeigt.

Foto 290: Die vorhergehende Technik wird noch einmal entgegengesetzt ausgeführt. Somit wird die Stellung *Shorin zenkutsu dachi* rechts mit *Shotei age zuki* links eingenommen. Dafür unterstützt die linke Hand den rechten Ellbogen. Beide Hände sind auch hier in *Hiraken*-Stellung, jedoch zeigt nun die linke nach hinten.

Die Ausführung der Form (Wu Qin Fa) – Fortsetzung

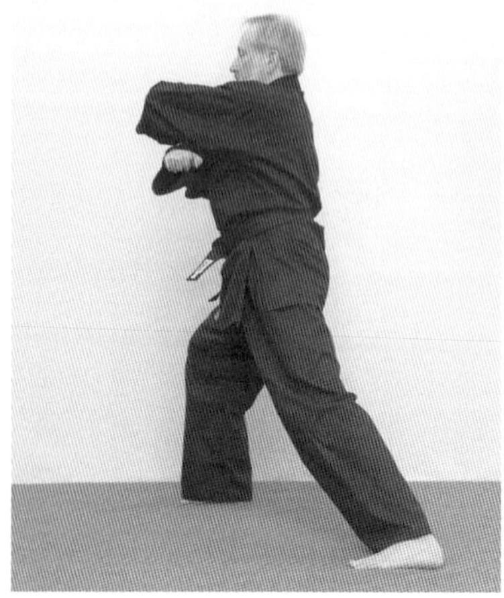

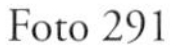

Foto 291

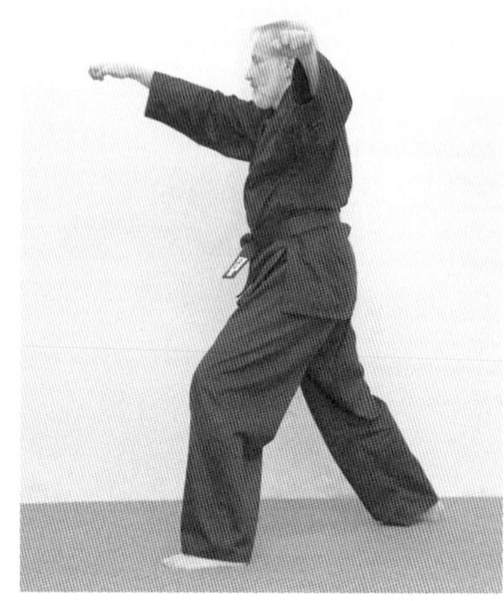

Foto 292

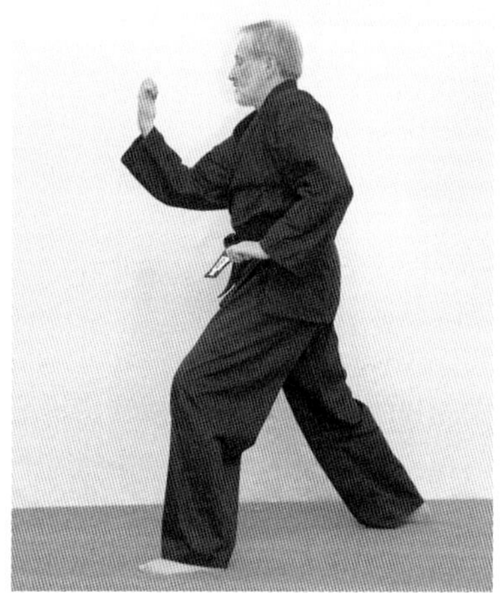

Foto 293

Foto 291: Der rechte Fuß geht in *Zenkutsu dachi* rechts vor. Gleichzeitig erfolgt ein *Jodan yoko hiraken zuki* links nach rechts und ein *Jodan yoko hiraken zuki* rechts nach links. Der linke Arm liegt über dem rechten.

Foto 292: Anschließend geht der linke Fuß in *Zenkutsu dachi* links nach vorn. Von der vorigen Handhaltung ausgehend, wird *Jodan shotei uchi* rechts nach vorn und *Jodan shotei uchi* links zur linken Seite von oben herab ausgeführt. Dabei weisen die Handflächen nach unten.

Foto 293: Von der Hüfte ausgehend, wird ein *Jodan ura hiraken zuki* rechts ausgeführt. Die linke *Hiraken*-Hand wird zum Schutz neben die linke Hüfte gebracht und die Handfläche zeigt nach unten.

Die Ausführung der Form (Wu Qin Fa) – Fortsetzung

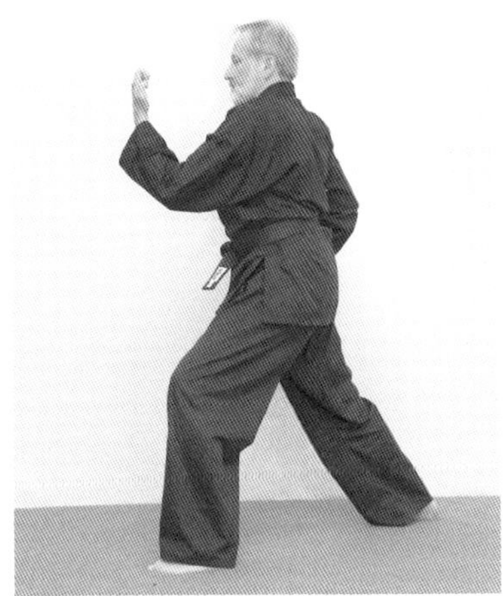

Foto 294

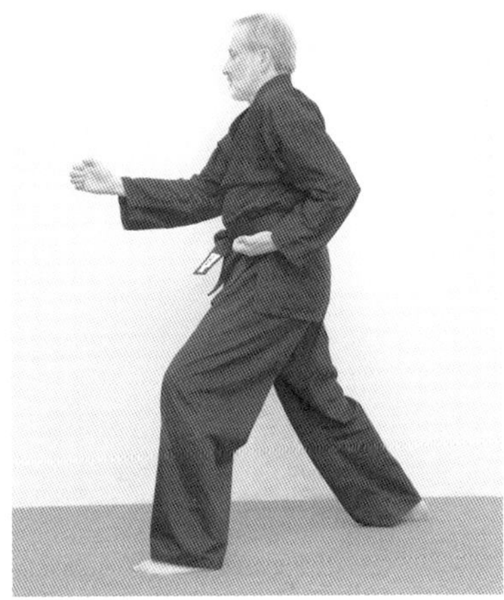

Foto 295

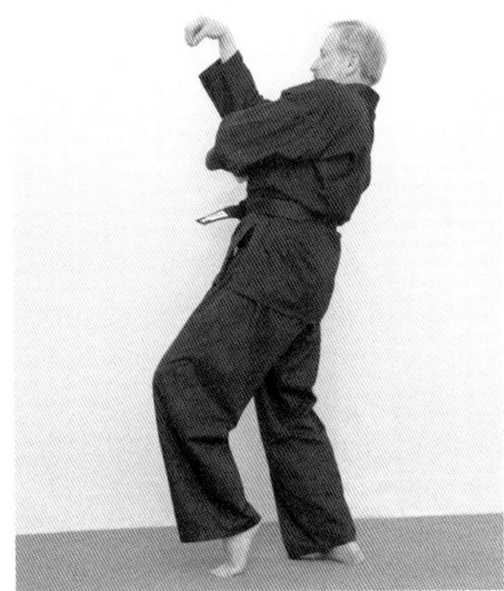

Foto 296

Foto 294: Wieder von der Hüfte ausgehend, wird ein *Jodan ura hiraken zuki* links vollführt. Die rechte *Hiraken*-Hand wird zum Schutz neben die rechte Hüfte gebracht, und die Handfläche zeigt nach unten.

Foto 295: Auch der darauffolgende *Chudan tate hiraken zuki* rechts geht von der Hüfte aus. Dabei wird die linke *Hiraken*-Hand neben die linke Hüfte gebracht und die Handfläche zeigt nun nach oben. Die letzten drei Techniken werden zusammenhängend, in schneller Abfolge ausgeführt.

Beginn der Kranich-Sequenz

Foto 296: Im Anschluss wird der linke Fuß in einen *Nekoashi dachi* links, mit zurückgelehntem Oberkörper, zurückgestellt. Die rechte Hand ist in *Keiko*-Haltung (Hühnerschnabel, Spitzfaust) zur rechten Seite zu halten. Die linke Hand ist in gleicher Haltung quer vor den Oberkörper unter den rechten Ellbogen zu bringen.

Die Ausführung der Form (Wu Qin Fa) – Fortsetzung

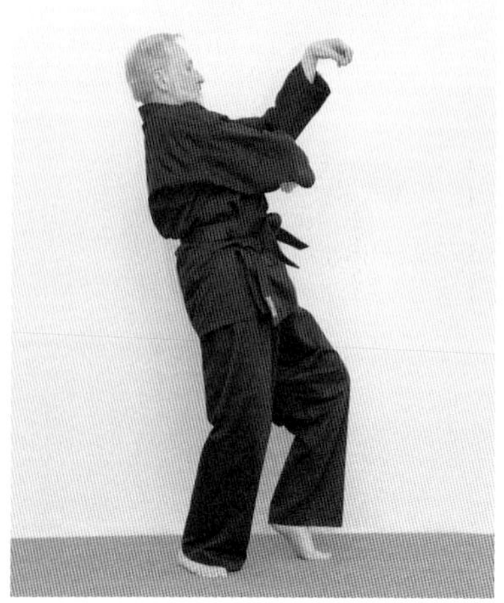

Foto 297

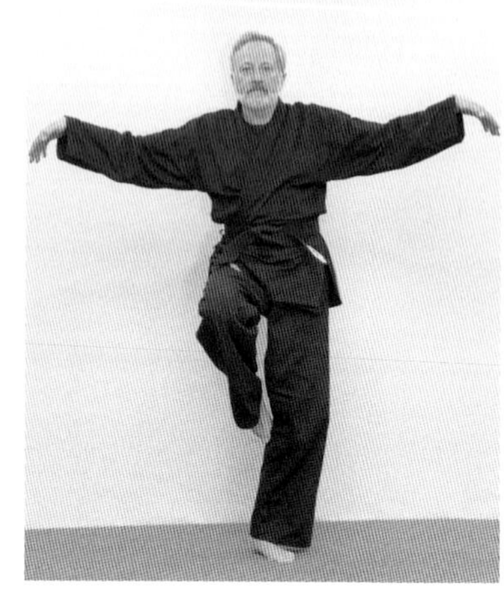

Foto 298

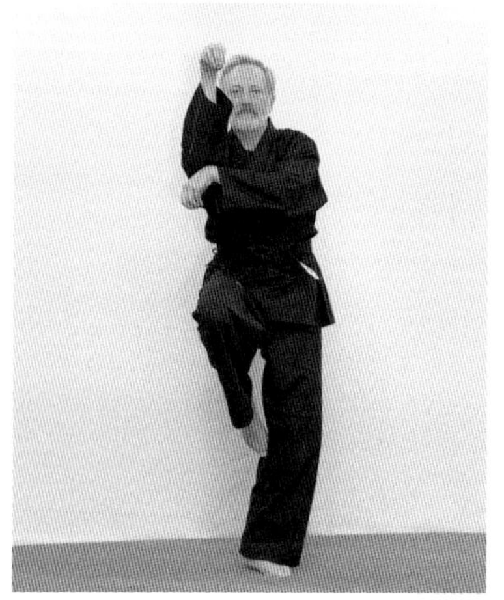

Foto 299

Foto 297: Der rechte Fuß wird mit einer Drehung um 180° nach rechts in einen *Nekoashi dachi* links, mit zurückgelehntem Oberkörper, zurückbewegt. Die linke Hand ist in *Keiko*-Haltung (Hühnerschnabel, Spitzfaust) an der linken Seite zu halten. Die rechte Hand ist in gleicher Haltung quer vor dem Oberkörper unter den linken Ellbogen zu platzieren.

Foto 298: 90°-Drehung nach rechts in *Tsuruashi dachi* links. Die Arme werden seitlich auf Schulterhöhe gehalten. Weiterhin werden die Finger schräg seitlich nach unten ausgestreckt oder nehmen die *Keiko*-Haltung ein.

Foto 299: Nach sicherem Stand, wird die rechte Hand mit *Keiko*-Haltung vor die rechte Kopfseite gebracht. Die linke Hand wird in gleicher Haltung quer vor dem Oberkörper unter den rechten Ellbogen geführt.

Die Ausführung der Form (Wu Qin Fa) – Fortsetzung

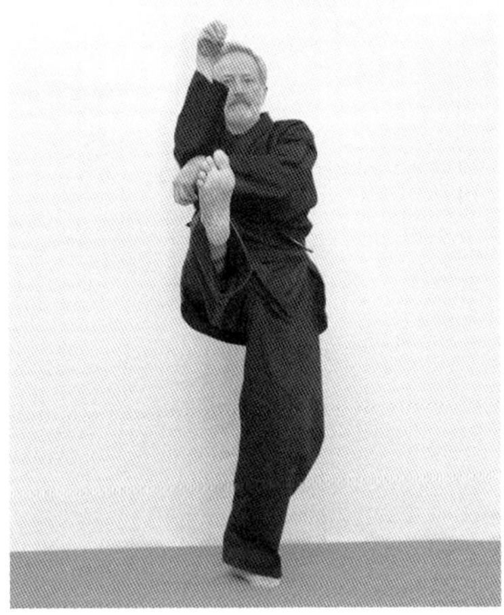

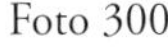

Foto 300

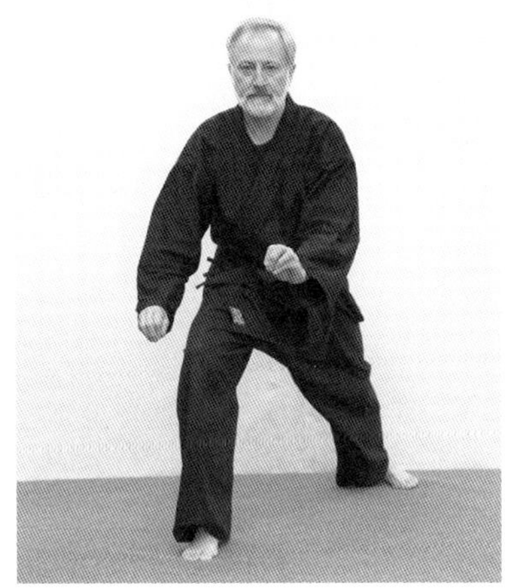

Foto 301

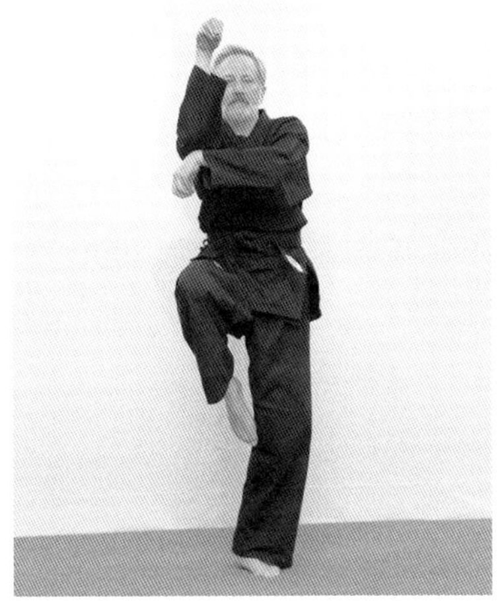

Foto 302

Foto 300: Aus dieser Stellung heraus wird ein *Chudan mae geri* rechts getreten.

Foto 301: Nach Absetzen des Fußes in *Zenkutsu dachi* rechts, erfolgt ein *Gedan keiko uchi* links. Der Oberkörper ist dabei in einer Linie mit dem hinteren Bein. Die rechte *Keiko*-Hand wird neben das rechte Knie gebracht.

Foto 302: Danach wird wieder *Tsuruashi dachi* links eingenommen. Dafür ist die rechte Hand mit *Keiko*-Haltung vor die rechte Kopfseite zu bringen. Die linke Hand wird in gleicher Haltung quer vor dem Oberkörper unter den rechten Ellbogen geführt.

Die Ausführung der Form (Wu Qin Fa) – Fortsetzung

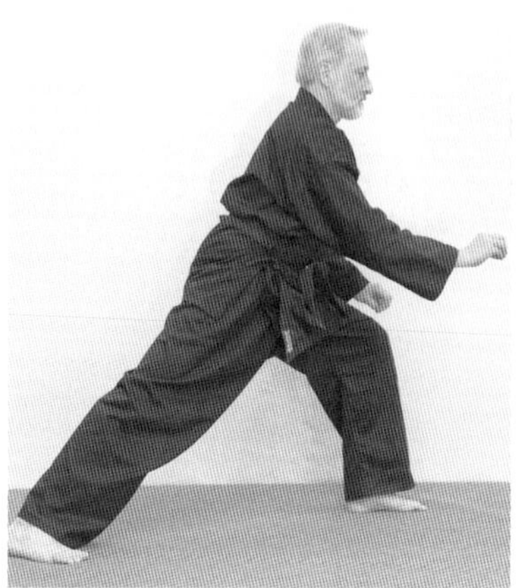

Foto 303

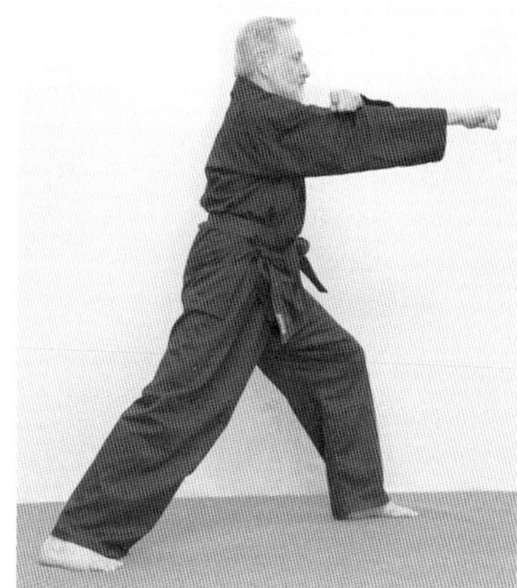

Foto 304

Foto 303: 90°-Drehung nach links mit Absetzen des rechten Fußes nach hinten in *Zenkutsu dachi* links. Es wird dabei ein *Gedan keiko uchi* rechts ausgeführt. Die linke *Keiko*-Hand wird neben das linke Knie gebracht. Der Oberkörper ist gestreckt und in einer Linie mit dem hinteren Bein.

Foto 304: Beim Zurückführen der Hände zur Hüfte werden beide Hände zur Faust geformt. Nur die zweiten Zeigefingergelenke werden vorgestreckt, und die Daumen fixieren die Zeigefinger (Zeigefingerhaltung wie *Hiraken*). Hieraus erfolgt mit rechts ein Schlag nach vorn und mit links ein Schlag über den rechten Arm hinweg nach rechts zur Seite.

Die Ausführung der Form (Wu Qin Fa) – Fortsetzung

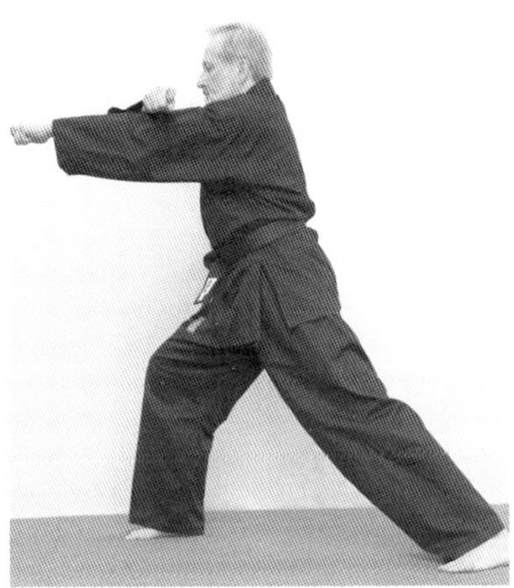

Foto 305

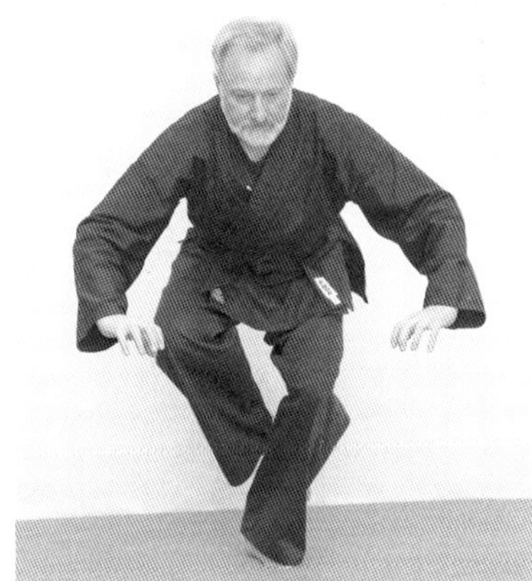

Foto 306

Foto 305: Durch Versetzen des hinteren Fußes und eine Drehung um 180° nach rechts wird *Zenkutsu dachi* rechts eingenommen. Während der Drehung werden die Hände an die rechte und linke Hüfte als Faust platziert. Es folgt mit links ein Schlag nach vorn und mit rechts ein Schlag über den linken Arm hinweg nach links zur Seite. Wie in der vorhergehenden Ausführung, werden beide Hände zur Faust geformt, nur der Zeigefinger wird gekrümmt, und der Daumen fixiert ihn (Zeigefingerhaltung wie *Hiraken*).

Foto 306: Anschließend wird eine 90°-Drehung nach links in *Tsuruashi dachi* links vollführt. Beide Arme und Hände werden in eine kreisförmige Haltung gebracht, so dass die Handflächen wie auch die Fingerspitzen nach unten zeigen. Oberkörper und Kopf werden dabei leicht nach vorn gebeugt. Bei dieser Haltung befinden sich die Hände in Kniehöhe, die Ellbogen sind über den Händen, die Schultern über den Ellenbogen und der Kopf über den Schultern.

Ohne Abbildung: Nun wird der rechte Fuß in *Musubi dachi* abgestellt. Dabei werden die Hände in Kopfhöhe ineinander gelegt (die linke Hand liegt in der rechten, Handflächen zum Gesicht) und nach unten geführt. Bei diesen Bewegungen werden die Beine leicht gebeugt und wieder gestreckt (siehe Foto 255 auf S. 108). Daraufhin folgt das Aussteigen mit dem linken Bein in *Heiko dachi*. Dabei werden die Arme, nachdem sie sich in Kopfhöhe gekreuzt haben, nach unten außen geführt (siehe Foto 254 auf S. 108).

III

Die Blockformen des Shaolin Kempo

Die Ausführung der zehn Blockformen

Hinweis: *Für die Anfangs- und Endstellung gilt: Wenn nicht anders angegeben, steht Uke am Anfang jeder Blockform immer in Zenkutsu dachi links und Tori in Nekoashi dachi links (Foto 307). Am Ende jeder Blockform stehen Uke und Tori in Nekoashi dachi links, so dass sich die Handkanten der jeweils linken Hand berühren (Foto 308).*

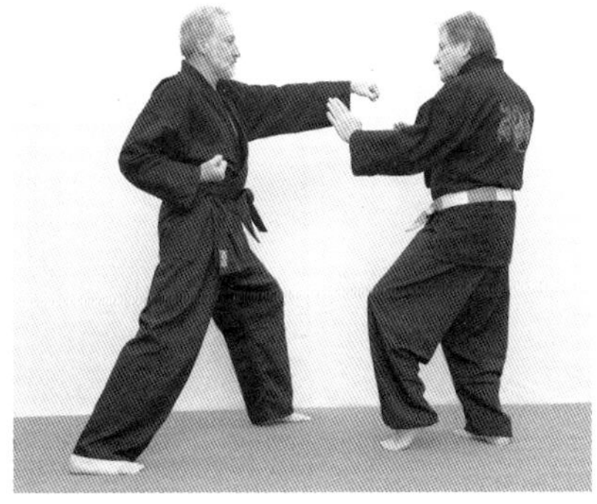

Foto 307

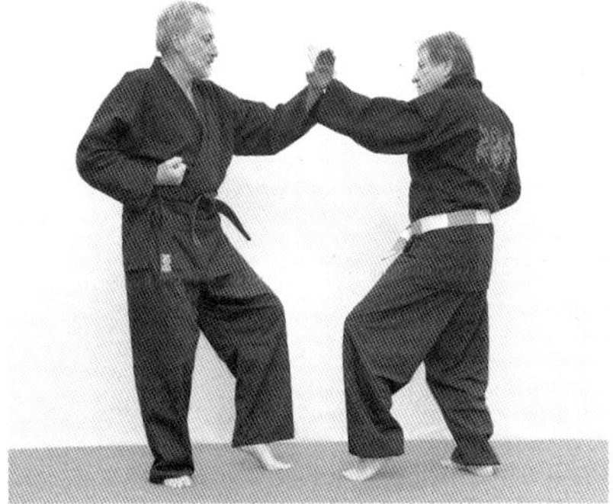

Foto 308

Die erste Blockform

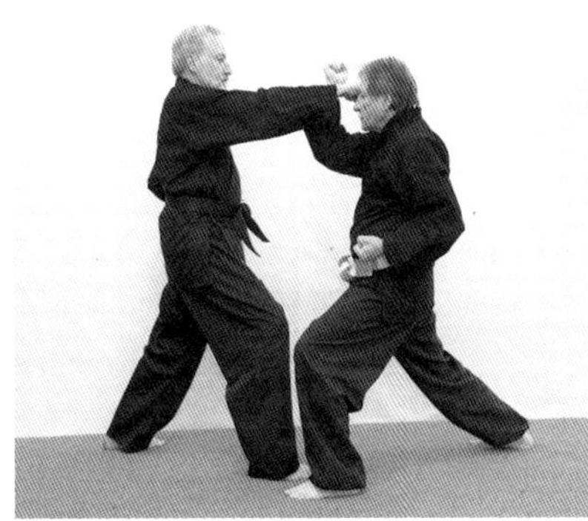

Foto 309

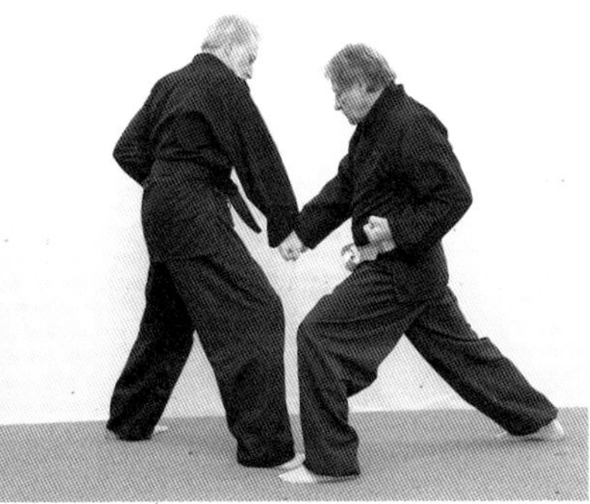

Foto 310

Foto 309: Uke geht mit *Jodan oi zuki* rechts in *Zenkutsu dachi* rechts nach vorn. Tori setzt den linken Fuß nach vorn in *Zenkutsu dachi* links. Er blockt Ukes Arm mit *Gyaku soto uke* rechts ab.

Foto 310: Die rechte Hand von Tori greift mit *Kake uke* (offene Hand) über den Angriffsarm. Dieser wird dann nach unten gedrückt (Foto zeigt Endausführung).

Die erste Blockform – Fortsetzung

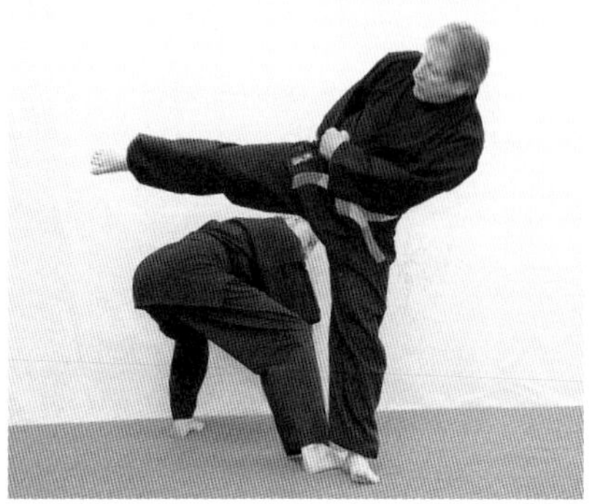

Foto 311

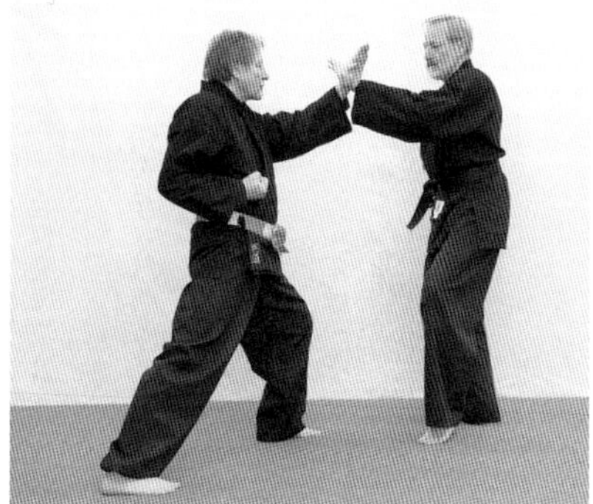

Foto 312

Foto 311: Daraufhin tritt Tori einen *Jodan ura mawashi geri* rechts zu Ukes Nacken. Uke weicht dem Fußtritt aus, indem er sich aus *Zenkutsu dachi* rechts in *Shorin zenkutsu dachi* links dreht. Dabei duckt er sich durch Vorbeugen seines Oberkörpers zum linken Bein ab.

Foto 312: Nach dem Fußtritt setzt Tori den rechten Fuß mit einer 90°-Drehung nach links in *Kiba dachi* ab. Danach bewegt er den Fuß um 90°, so dass er in *Zenkutsu dachi* links zu stehen kommt. Er führt einen *Jodan shuto uchi* links in einer langsamen Bewegung aus (keine harte Technikabfolge). Uke setzt den rechten Fuß 90° nach links zur Seite in *Kiba dachi*. Anschließend zieht er den linken Fuß an den rechten. Dabei dreht er sich über den Rücken um 90° nach links in *Nekoashi dachi* links, so dass er Tori wieder gegenübersteht. Währenddessen führt er einen *Jodan shuto uke* links in einer langsamen Bewegung aus (keine harte Technikabfolge). Uke und Tori stehen sich gegenüber, die Handkanten der beiden berühren sich.

Die erste Blockform – Fortsetzung

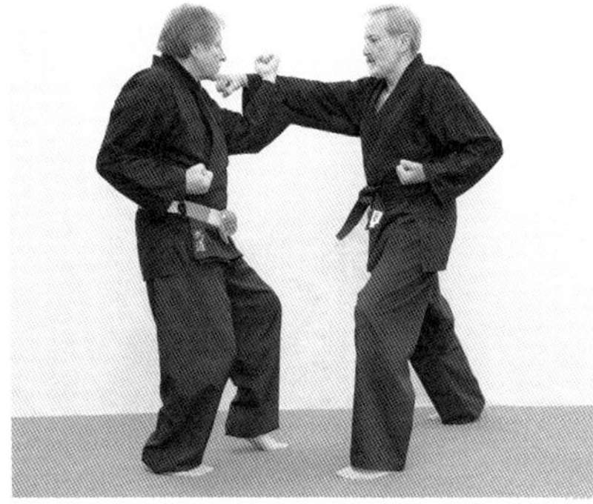

Foto 313

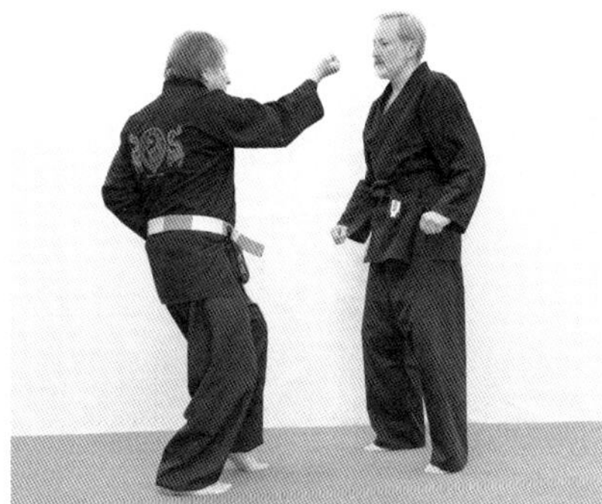

Foto 314

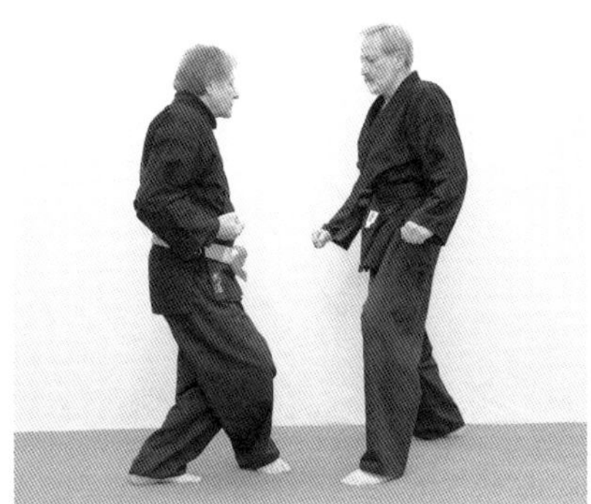

Foto 315

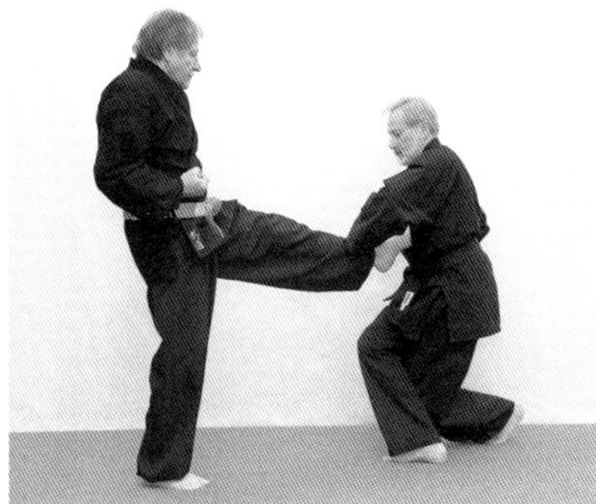

Foto 316

Foto 313: Uke geht mit dem linken Fuß nach vorn in *Zenkutsu dachi* links. Er greift mit *Jodan gyaku zuki* rechts an. Tori weicht durch Anziehen des linken Fußes in *Nekoashi dachi* links zurück. Somit kann er Ukes Arm mit *Uchi uke* links blocken.

Foto 314: Tori kontert mit *Jodan uraken shomen uchi* rechts. Uke weicht dem Schlag aus, indem er den linken Fuß zum rechten in *Heiko dachi* zurückführt.

Foto 315: Tori geht mit dem rechten Fuß nach vorn in *Kake dachi* rechts, auf Uke zu. Uke weicht zurück, indem er den rechten Fuß nach hinten in *Zenkutsu dachi* links setzt.

Foto 316: Tori greift mit *Chudan mae geri* links an. Daraufhin weicht Uke mit dem linken Fuß zurück in *Kake dachi* rechts. Der Fußtritt von Tori wird mit *Gedan shotei uke* links geblockt.

Die erste Blockform – Fortsetzung

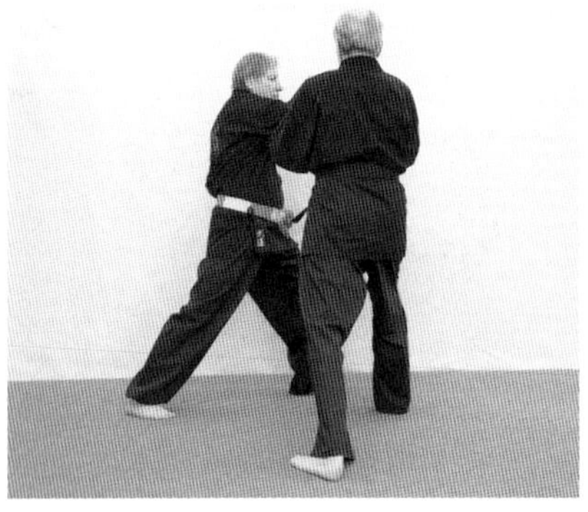

Foto 317

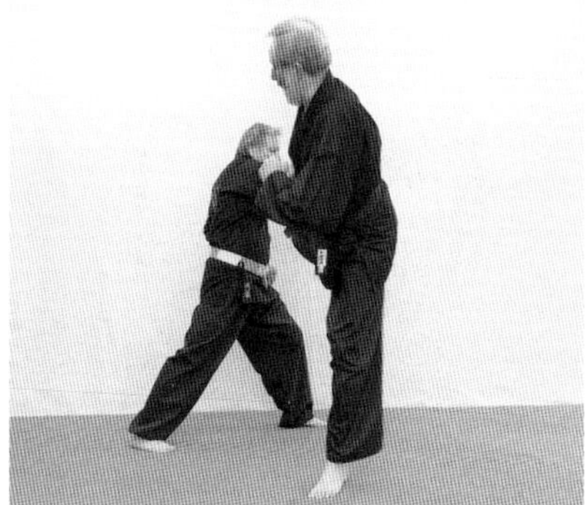

Foto 318

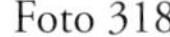

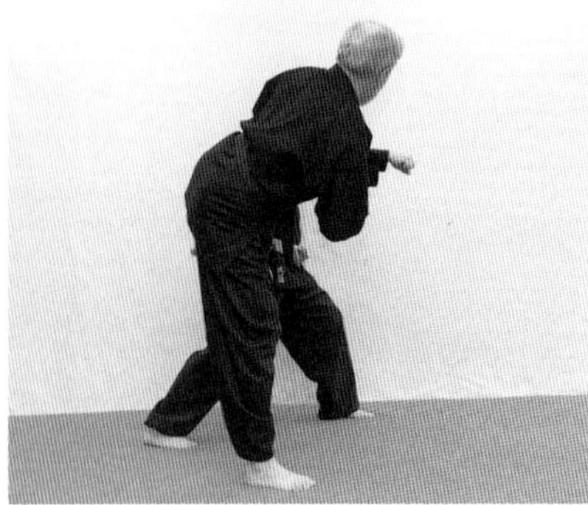

Foto 319

Foto 317: Tori setzt danach seinen Fuß nach vorn in *Zenkutsu dachi* links ab und stößt *Chudan gyaku zuki* rechts. Uke weicht dem Faustabstoß aus, indem er den linken Fuß seitwärts nach vorn in *Zenkutsu dachi* links heraussetzt. Dabei dreht er sich in *Zenkutsu dachi* rechts ein. Toris Arm wird mit *Morote shuto uke* geblockt.

Foto 318: Daraufhin tritt Uke einen *Chudan mawashi geri* rechts zu Toris Bauch.

Foto 319: Es erfolgt ein *Chudan mawashi geri* links zu Toris Rücken. Der linke Fuß wird danach vor dem rechten in *Nekoashi dachi* links abgesetzt.

Die zweite Blockform

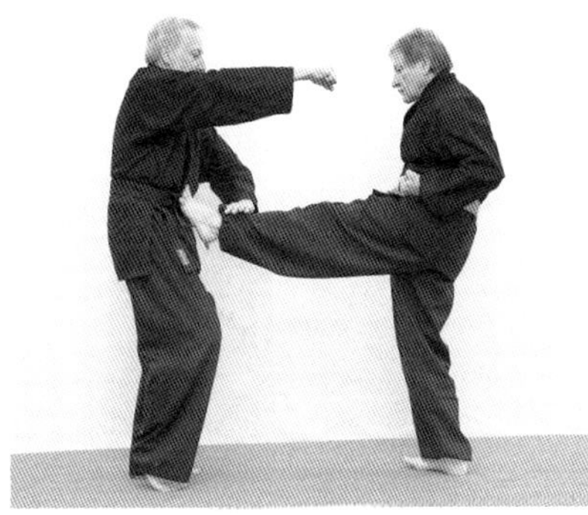

Foto 320

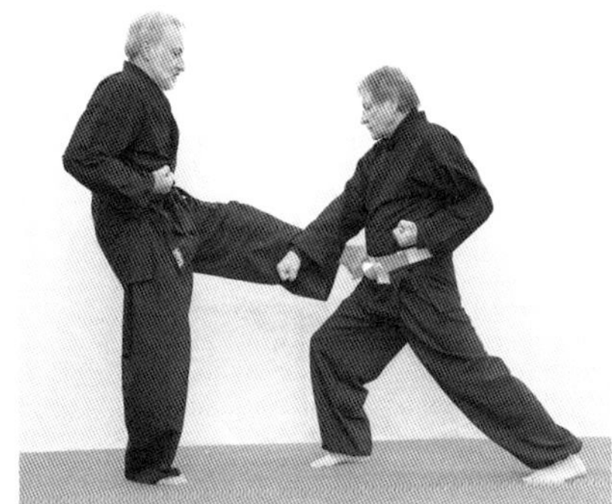

Foto 321

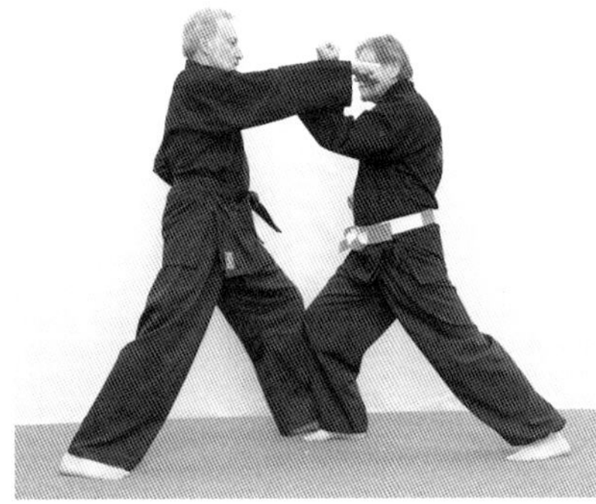

Foto 322

Foto 320: Uke geht mit *Jodan oi zuki* rechts in *Zenkutsu dachi* rechts nach vorn. Tori versucht Uke mit einem *Chudan mae geri* links zu stoppen. Bevor Uke den *Oi zuki* ausgeführt hat, erkennt er Toris Absicht. Er setzt seinen rechten Fuß auf den Fußballen in *Nekoashi dachi* rechts neben seinen linken Fuß ab. Dabei blockt er den *Mae geri* mit *Gedan shotei uke* links (Ausweichbewegung).

Foto 321: Danach greift Uke mit *Chudan mae geri* links an. Tori setzt den linken Fuß nach hinten in *Zenkutsu dachi* rechts ab und blockt den Fußtritt mit *Gedan barai* rechts ab.

Foto 322: Uke setzt den linken Fuß nach vorn in *Zenkutsu dachi* links ab und stößt *Jodan gyaku zuki* rechts. Tori wehrt den Faustangriff mit *Gyaku uchi uke* links ab.

Die zweite Blockform – Fortsetzung

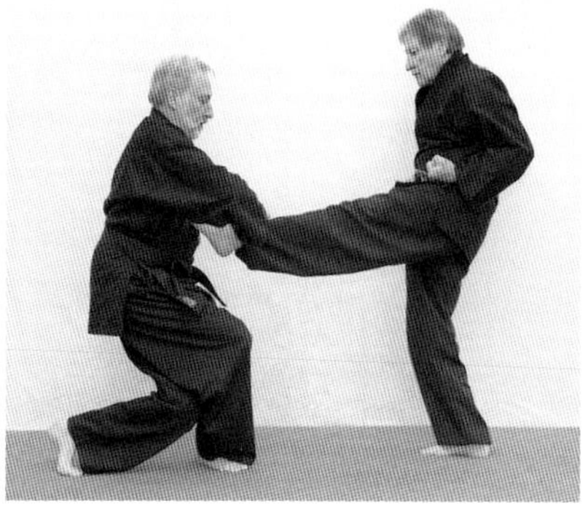

Foto 323

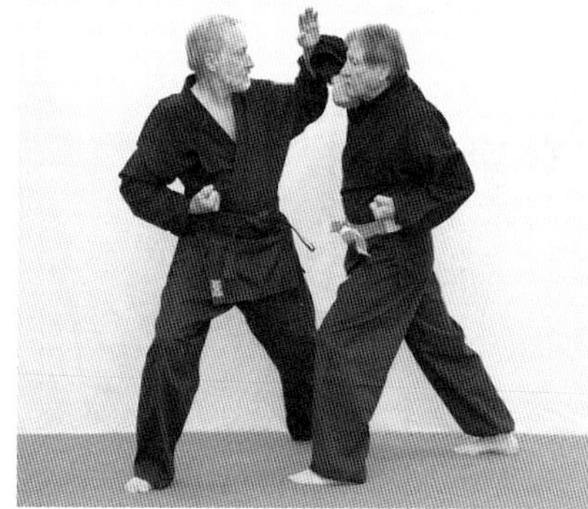

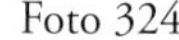

Foto 324

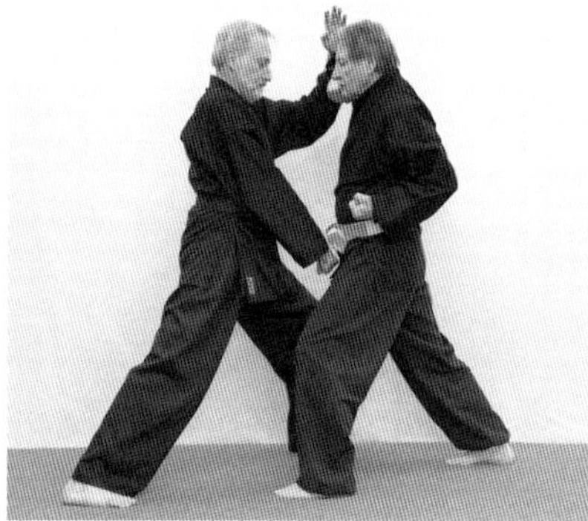

Foto 325

Foto 323: Tori kontert mit *Chudan mae geri* links. Uke weicht mit dem linken Fuß zurück in *Kake dachi* rechts und blockt den Fußtritt mit *Gedan shotei uke* rechts.

Foto 324: Tori setzt den linken Fuß nach vorn in *Zenkutsu dachi* links ab. Im Anschluss schlägt er *Jodan gyaku mawashi empi uchi* rechts. Uke setzt den linken Fuß nach vorn links und dreht ihn in *Zenkutsu dachi* rechts ein. Er blockt Toris *Empi uchi* mit *Shuto age uke* links ab.

Foto 325: Uke dreht danach aus dem *Zenkutsu dachi* rechts in *Zenkutsu dachi* links ein. Dabei drückt er mit seinem linken Unterarm Toris Arm nach oben. Gleichzeitig stößt er einen *Gedan gyaku zuki* rechts zu Toris Genitalien.

Die dritte Blockform

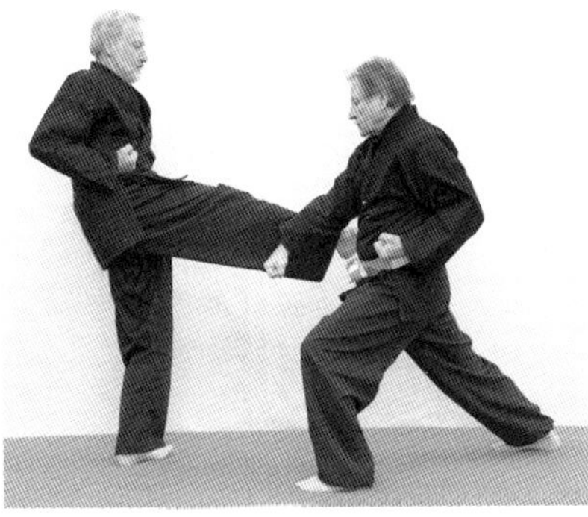
Foto 326

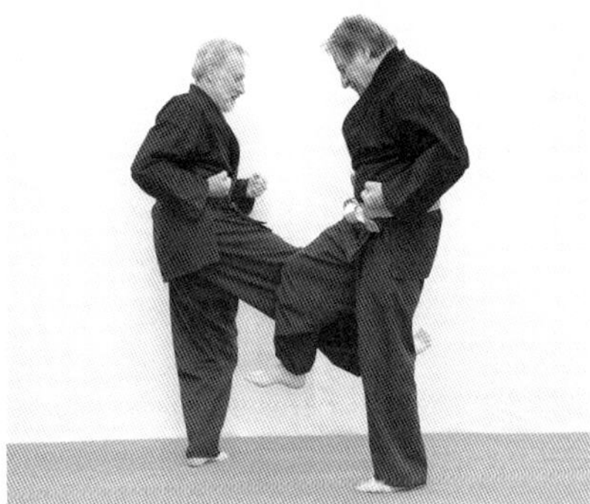
Foto 327

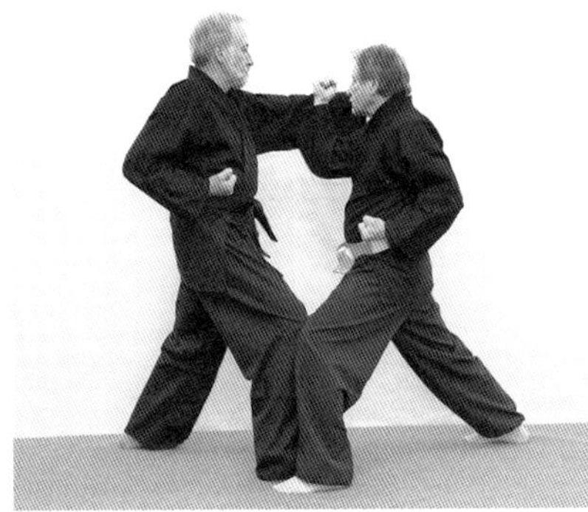
Foto 328

Foto 326: Uke greift mit *Chudan mae geri* rechts an. Tori geht mit dem linken Fuß nach vorn in *Zenkutsu dachi* links. Er wehrt den Fußangriff mit *Gyaku gedan barai* rechts ab.

Foto 327: Nach Toris Aktion positioniert Uke den rechten Fuß nach vorn in *Zenkutsu dachi* rechts. Tori versucht Ukes rechtes Bein mit einem *Oi soto geri* rechts zu sicheln (bei Bedarf wird ein Ausgleichsschritt links gemacht). Uke zieht sein rechtes Bein hoch und setzt es danach wieder in *Zenkutsu dachi* rechts ab.

Foto 328: Tori setzt seinen rechten Fuß wieder nach hinten in *Zenkutsu dachi* links ab. Uke stößt direkt nach dem Absetzen des Fußes einen *Jodan gyaku zuki* links. Dabei wehrt Tori den Fauststoß mit *Gyaku uchi uke* rechts ab.

Die dritte Blockform – Fortsetzung

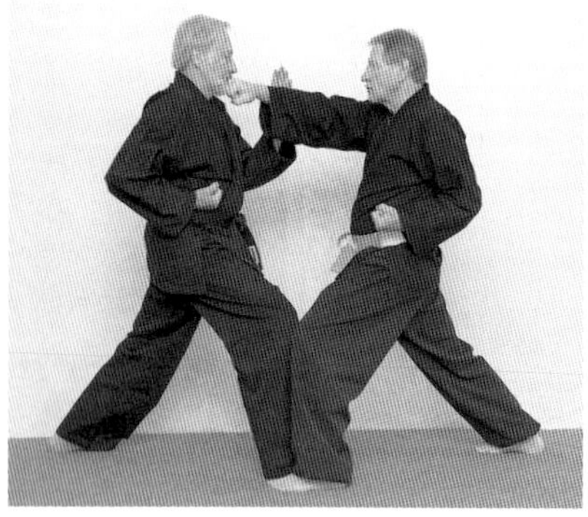
Foto 329

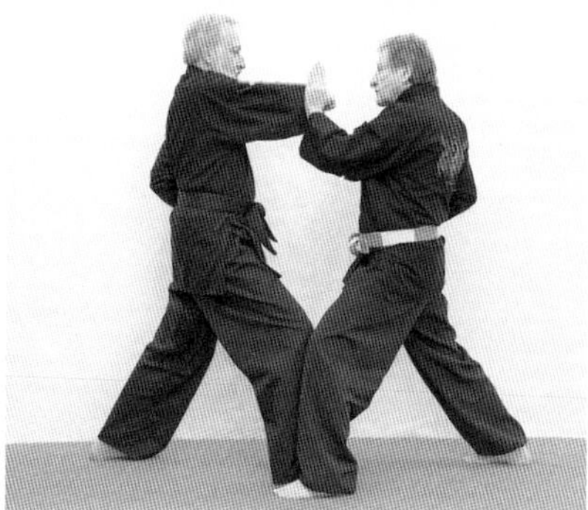
Foto 330

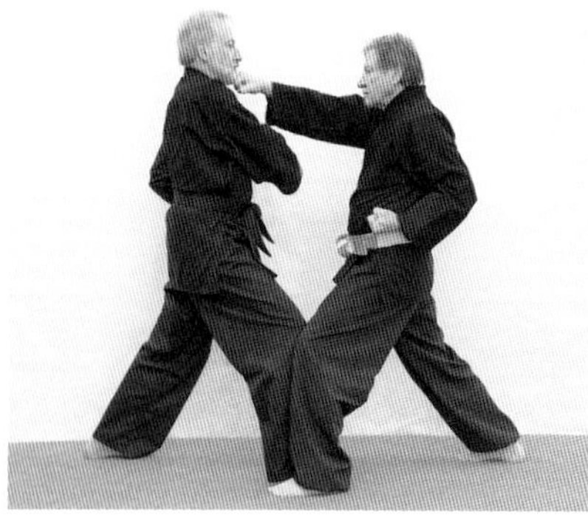
Foto 331

Foto 329: Tori kontert mit *Jodan gyaku zuki* rechts. Uke drückt mit *Jodan nagashi uke* links Toris Arm nach rechts.

Foto 330: Im Anschluss kontert Uke mit *Jodan oi zuki* rechts. Tori wehrt den Fauststoß mit *Jodan nagashi uke* links ab.

Foto 331: Abschließend stößt Tori einen *Jodan gyaku zuki* rechts.

Die vierte Blockform

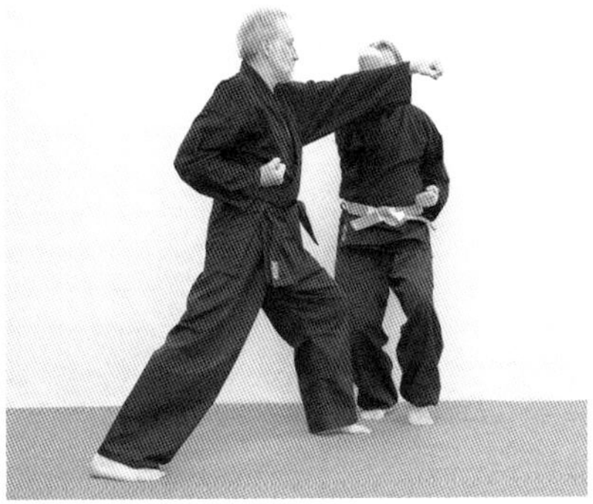

Foto 332

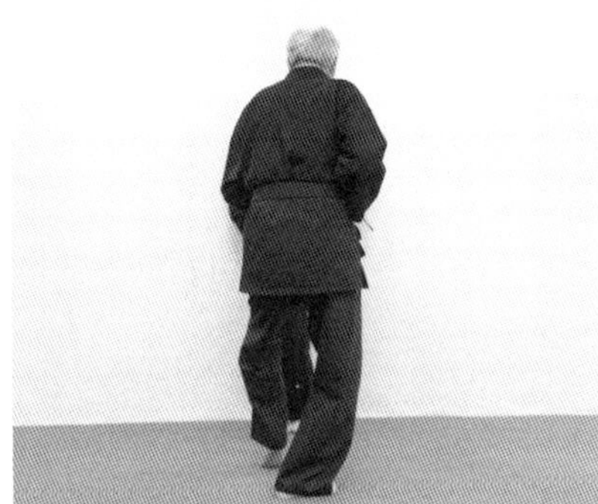

Foto 333

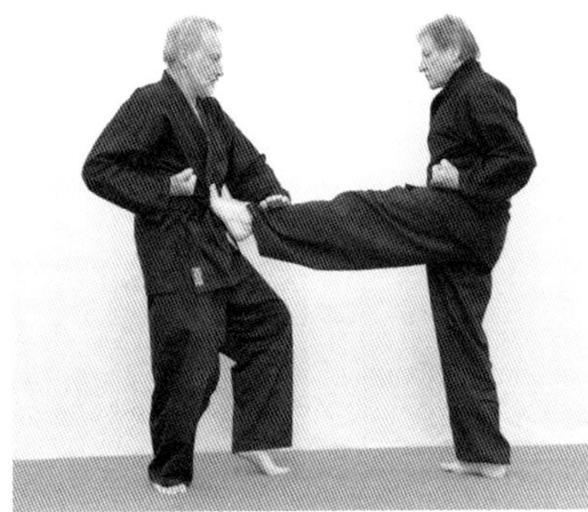

Foto 334

Foto 332: Uke steht am Anfang dieser Blockform in *Zenkutsu dachi* rechts. Er geht mit *Jodan oi zuki* links nach vorn in *Zenkutsu dachi* links. Daraufhin weicht Tori mit dem rechten Fuß nach vorn in *Zenkutsu dachi* rechts aus. Er dreht sich dann durch Heranziehen des linken Fußes um 90° nach links in *Nekoashi dachi* links. Somit blockt er den Fauststoß mit *Gyaku soto uke* rechts.

Foto 333: Tori kontert mit *Chudan mae geri* links. Uke macht mit dem rechten Fuß einen Ausweichschritt um 90° nach rechts und zieht den linken Fuß zu *Nekoashi dachi* links heran. Er blockt den Fußtritt mit *Gedan shotei uke* links.

Foto 334: Ansicht von Foto 333 um 90° nach rechts gedreht.

Die vierte Blockform – Fortsetzung

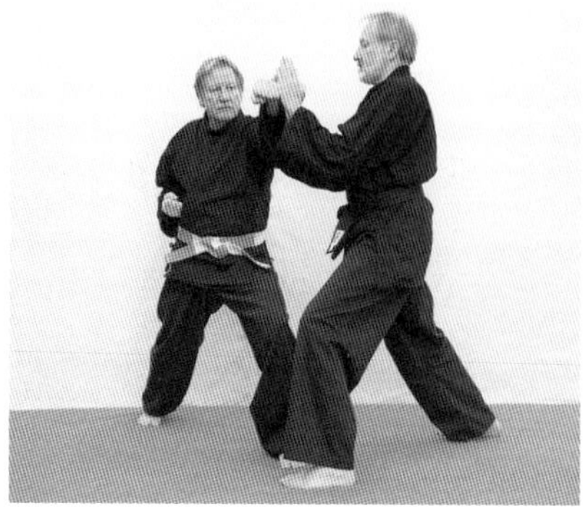

Foto 335

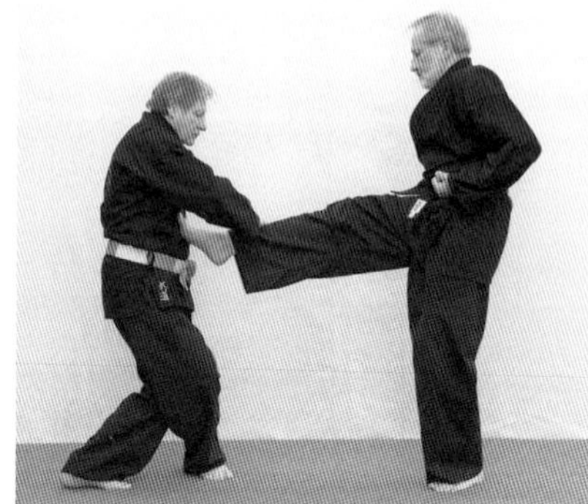

Foto 336

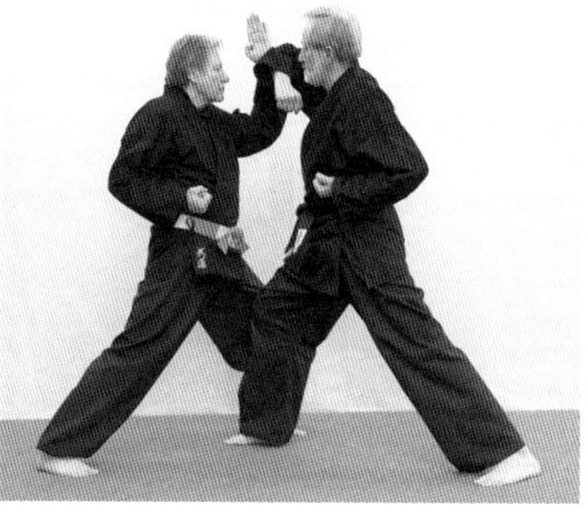

Foto 337

Foto 335: Tori setzt den linken Fuß nach vorn in *Zenkutsu dachi* links ab und stößt dabei einen *Jodan oi zuki* links. Unmittelbar anschließend setzt Uke den rechten Fuß um 90° nach rechts zur Seite und dreht in *Zenkutsu dachi* links ein. Dabei blockt er den Fauststoß mit *Morote shuto uke* ab.

Foto 336: Uke tritt einen *Chudan mae geri* rechts. Tori setzt den rechten Fuß nach vorn auf Höhe des linken Fußes in *Kiba dachi* (Zwischenschritt) ab. Dadurch weicht er unter einer 90°-Drehung nach links mit dem linken Fuß in *Kake dachi* rechts zurück. Mithilfe dieser Bewegung blockt er den Fußtritt mit *Gedan shotei uke* rechts.

Foto 337: Uke setzt den rechten Fuß nach vorn in *Zenkutsu dachi* rechts ab. Er schlägt mit rechts einen *Jodan mawashi empi uchi* rechts. Tori setzt den linken Fuß nach vorn in *Zenkutsu dachi* links ab und blockt Ukes *Empi uchi* mit *Jodan shuto uke* links.

Die vierte Blockform – Fortsetzung

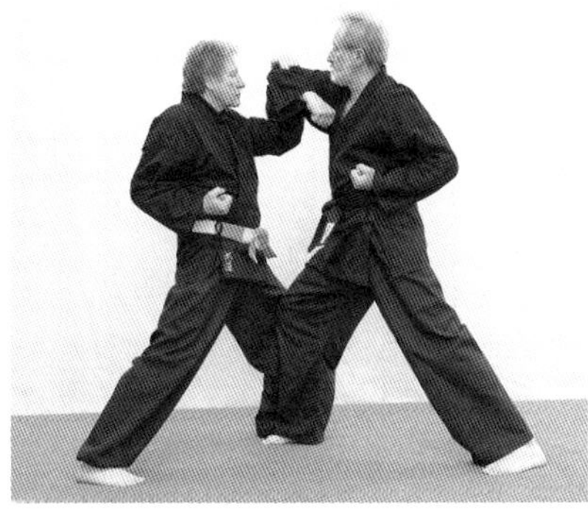

Foto 338

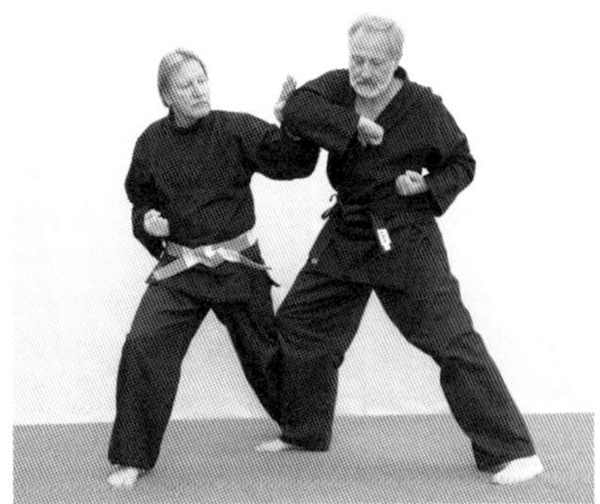

Foto 339

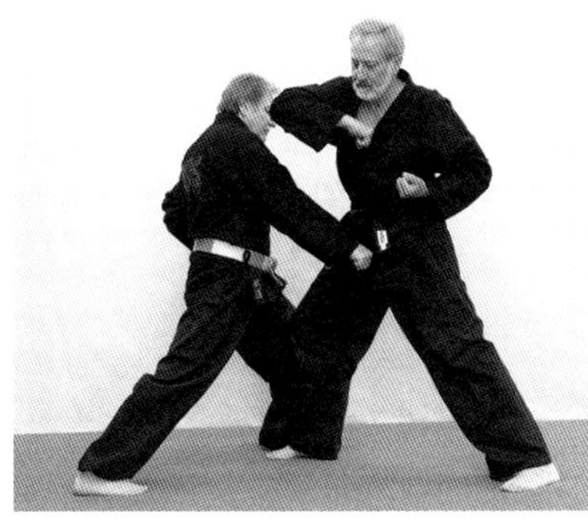

Foto 340

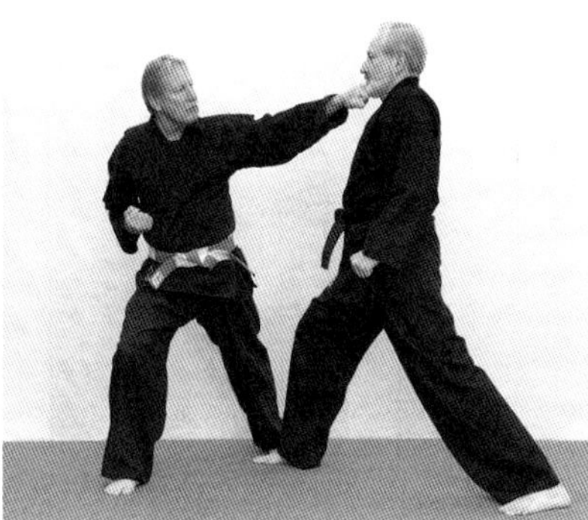

Foto 341

Foto 338: Tori greift mit *Kake uke* (offene Hand) um Uke.

Foto 339: Er drückt daraufhin Ukes Arm mit *Nagashi uke* nach rechts. Dabei dreht Tori sich in *Zenkutsu dachi* rechts ein.

Foto 340: Danach dreht er sich in *Zenkutsu dachi* links zurück und stößt einen *Gedan gyaku zuki* rechts zu Ukes Genitalien.

Foto 341: Abschließend dreht sich Tori zurück in *Zenkutsu dachi* rechts mit *Jodan gyaku zuki* links.

Die fünfte Blockform

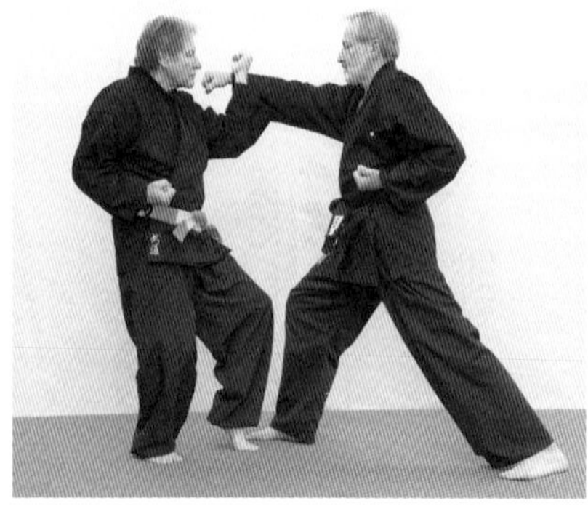
Foto 342

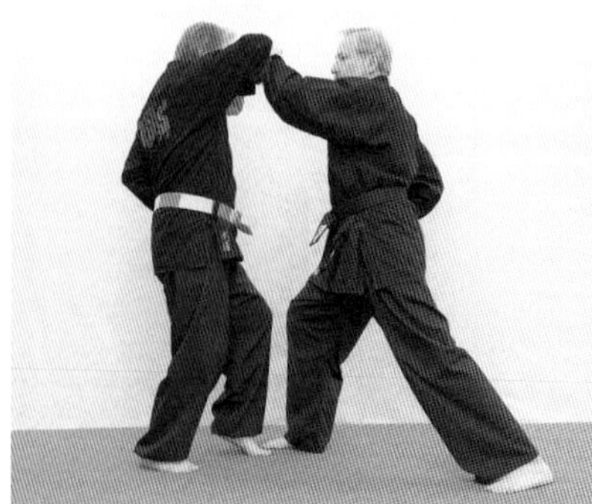
Foto 343

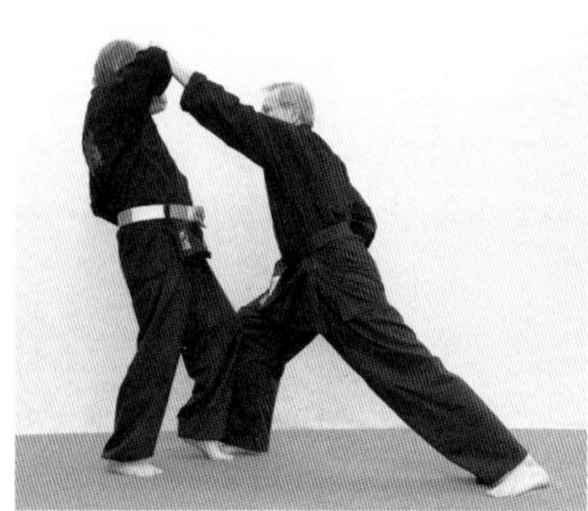
Foto 344

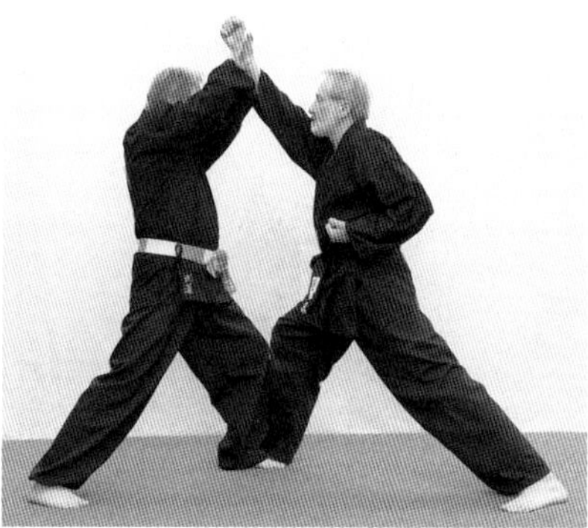
Foto 345

Foto 342: Uke geht mit *Jodan oi zuki* rechts in *Zenkutsu dachi* rechts nach vorn. Tori bleibt in *Nekoashi dachi* links stehen und blockt Ukes Faustangriff mit *Uchi uke* links.

Foto 343: Danach greift Tori mit *Jodan gyaku mawashi empi uchi* rechts an. Uke blockt den *Empi uchi* mit *Jodan gyaku shuto uke* links.

Foto 344: Uke drückt seinen Gegner von sich. Dabei gleitet er mit dem rechten Fuß nach vorn in einen tiefen *Zenkutsu dachi* rechts.

Foto 345: Im Anschluss schlägt Uke einen *Jodan tettsui uchi* rechts. Tori setzt den rechten Fuß in *Zenkutsu dachi* links zurück. Er blockt den *Tettsui uchi* mit *Jodan shuto juji uke.*

Die fünfte Blockform – Fortsetzung

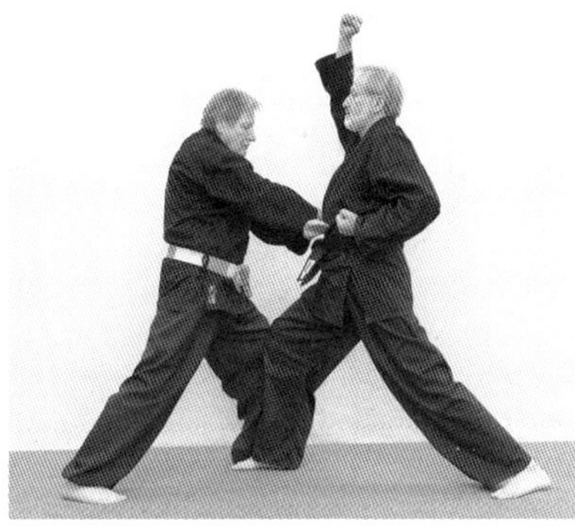

Foto 346

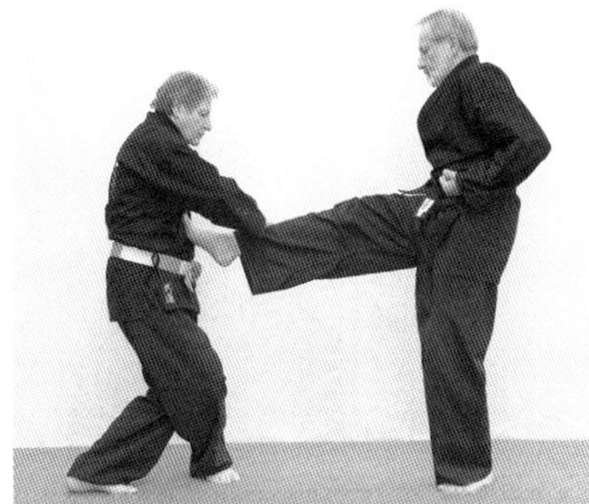

Foto 347

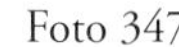

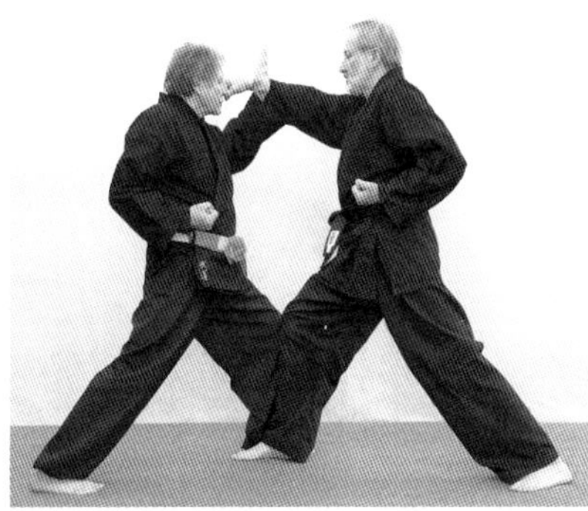

Foto 348

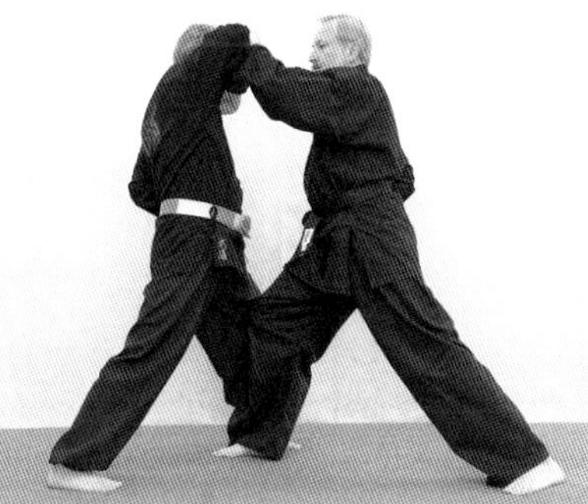

Foto 349

Foto 346: Danach drückt Tori mit den gekreuzten Unterarmen Ukes rechten Arm nach oben und schlägt einen *Chudan shuto juji uchi*.

Foto 347: Uke zieht den rechten Fuß in *Nekoashi dachi* rechts zurück. Er kontert danach mit einem *Chudan mae geri* rechts. Tori setzt den linken Fuß zurück in *Kake dachi* rechts und blockt den Fußstoß mit *Gedan shotei uke* rechts.

Foto 348: Uke setzt den rechten Fuß nach vorn in *Zenkutsu dachi* rechts ab. Währenddessen stößt er einen *Jodan oi zuki* rechts. Tori geht in *Zenkutsu dachi* links nach vorn und blockt mit *Jodan shuto uke* links.

Foto 349: Tori kontert mit *Jodan gyaku mawashi empi uchi* rechts. Uke blockt den *Empi uchi* mit *Jodan shuto uke* links.

Die fünfte Blockform – Fortsetzung

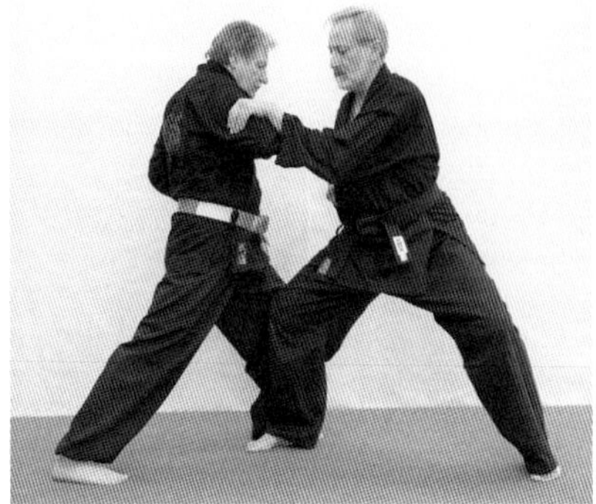

Foto 350

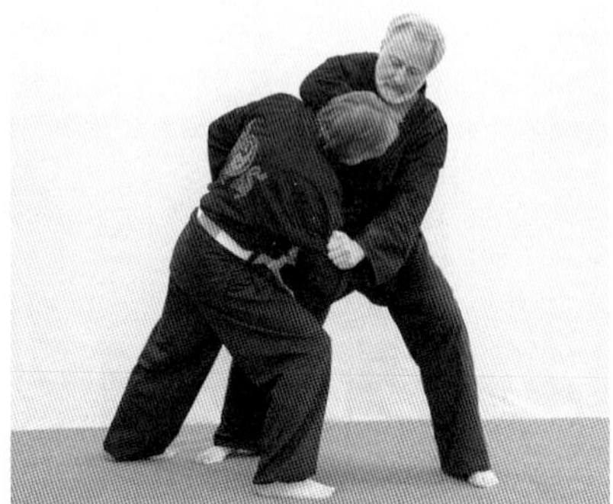

Foto 351

Foto 350: Uke fasst den Unterarm mit *Kake uke* links. Er leitet den Arm nach links unten weiter und dreht sich dabei um 45° nach links in *Kiba dachi* ein.

Foto 351: Zum Abschluss schlägt Uke einen *Jodan mawashi empi uchi* rechts zu Toris Kopf. Durch Uke gezogen, setzt Tori sein rechtes Bein nach vorn in *Zenkutsu dachi* rechts.

Die sechste Blockform

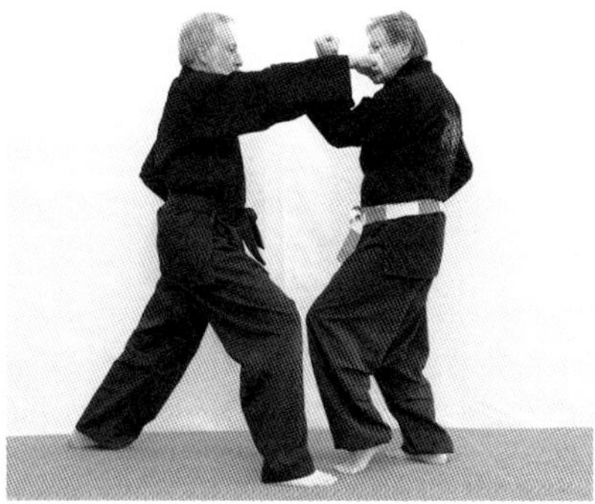

Foto 352

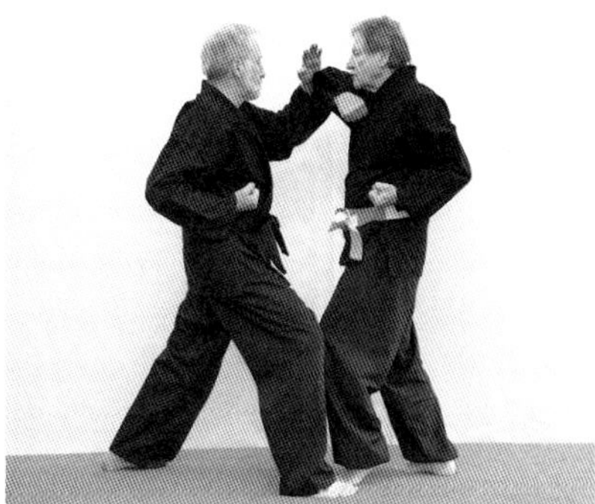

Foto 353

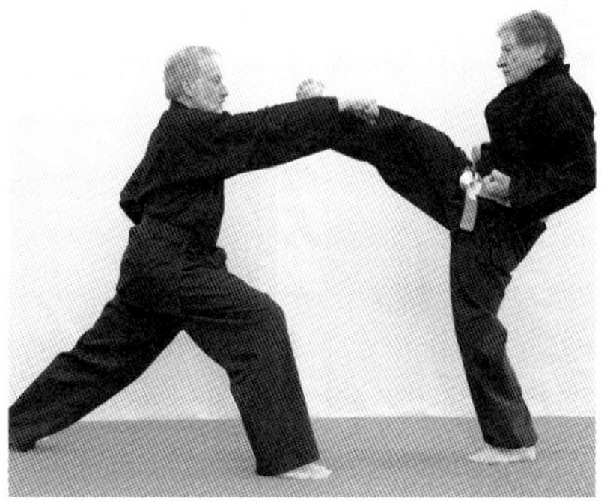

Foto 354

Foto 352: Uke geht mit *Jodan oi zuki* rechts in *Zenkutsu dachi* rechts nach vorn. Tori wehrt aus *Nekoashi dachi* links den Faustangriff mit *Uchi uke* links ab.

Foto 353: Danach kontert Tori mit einem *Jodan gyaku mawashi empi uchi* rechts. Uke blockt den *Empi uchi* mit *Jodan gyaku shuto uke* links und drückt seinen Gegner von sich.

Foto 354: Uke gleitet mit dem rechten Fuß nach vorn in einen tiefen *Zenkutsu dachi* rechts. Anschließend stößt er einen *Jodan oi zuki no tsukomi* rechts. Tori weicht mit Hilfe eines Ausgleichsschrittes mit dem rechten Fuß nach hinten aus. Daraufhin schließt er mit dem linken Fuß wieder zu *Nekoashi dachi* links an. Er wehrt Ukes Fauststoß mit einem *Mikatsuki geri uke* rechts ab.

Die sechste Blockform – Fortsetzung

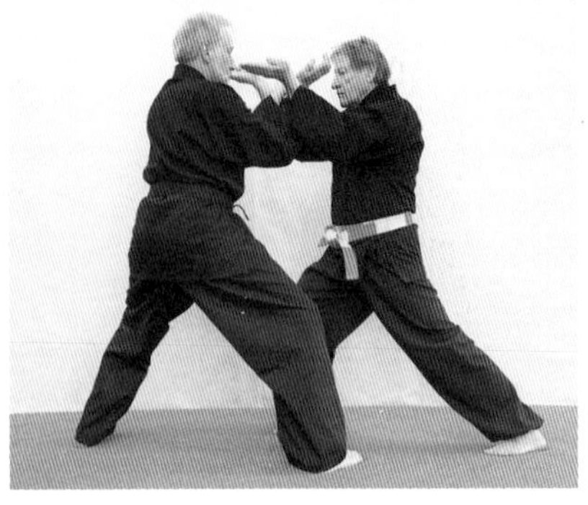

Foto 355

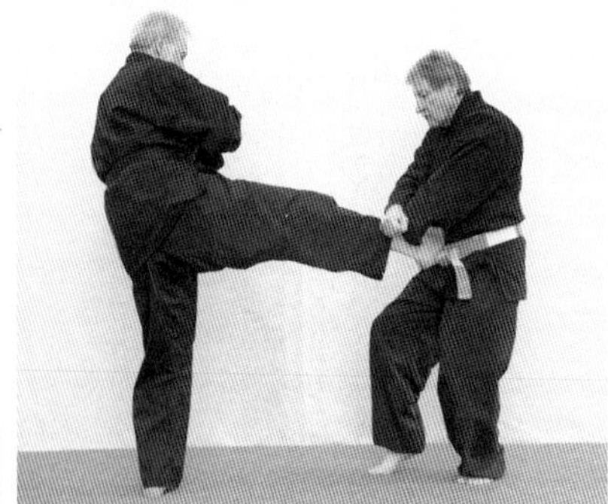

Foto 356

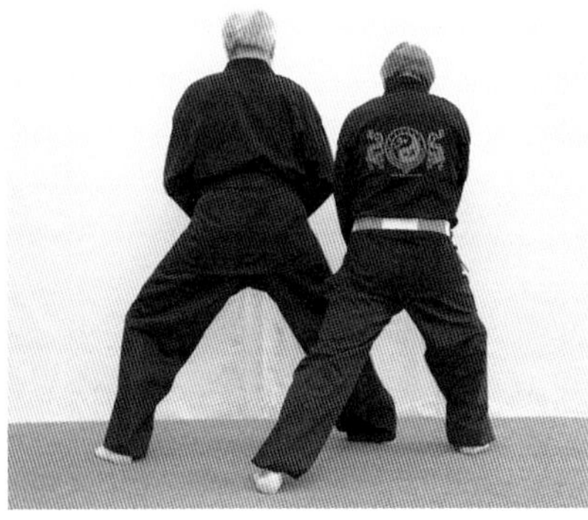

Foto 357

Foto 355: Den rechten Fuß setzt Tori nach vorn in *Zenkutsu dachi* rechts. Mit einem *Jodan morote shuto ganmen uchi* kontert er. Uke dreht auf der Stelle aus *Zenkutsu dachi* rechts in *Kiba dachi* ein und blockt mit *Morote haito uchi uke.*

Foto 356: Daraufhin kontert Uke mit *Chudan yoko geri* rechts. Tori zieht den rechten Fuß zu *Nekoashi dachi* rechts (Zwischenschritt) zurück. Dabei blockt er den angesetzten *Yoko geri* mit *Gedan juji uke.*

Foto 357: Tori fasst den Fuß Ukes. Er setzt seinen rechten Fuß zurück und dreht sich dann um 90° in *Zenkutsu dachi* rechts ein, wobei er Ukes Fuß nach rechts weiterleitet. Uke setzt seinen rechten Fuß nach vorn in *Kiba dachi* ab.

Die sechste Blockform – Fortsetzung

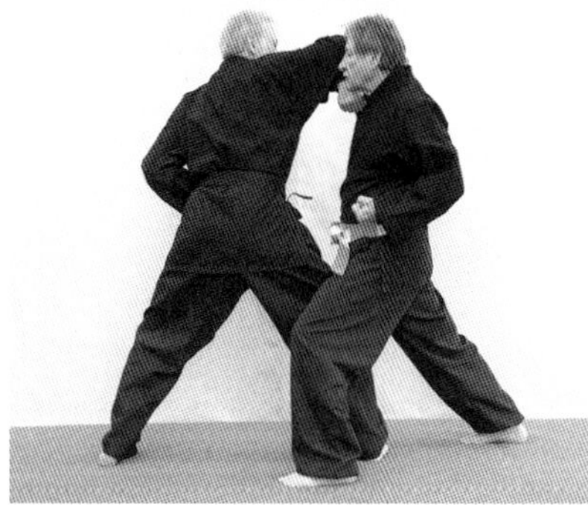
Foto 358

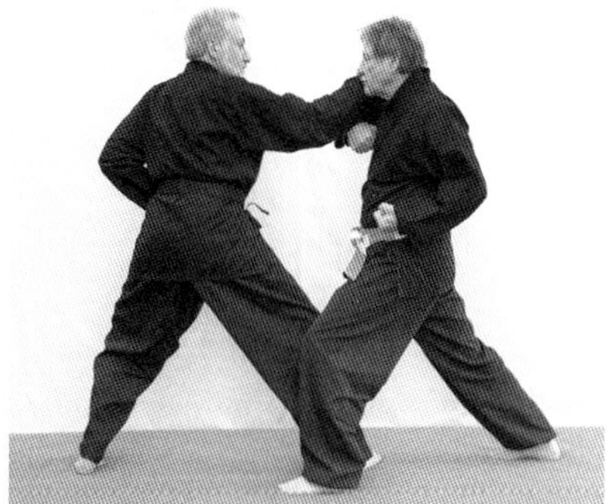
Foto 359

Foto 358: Tori dreht zurück in *Zenkutsu dachi* links und greift mit einem *Jodan gyaku mawashi empi uchi* rechts an. Uke blockt den *Empi uchi* mit einem *Jodan mawashi empi uke* rechts.

Foto 359: Schließlich schlägt Uke über Toris rechten Unterarm einen *Jodan uraken uchi* zu seiner Schläfe.

Die siebte Blockform

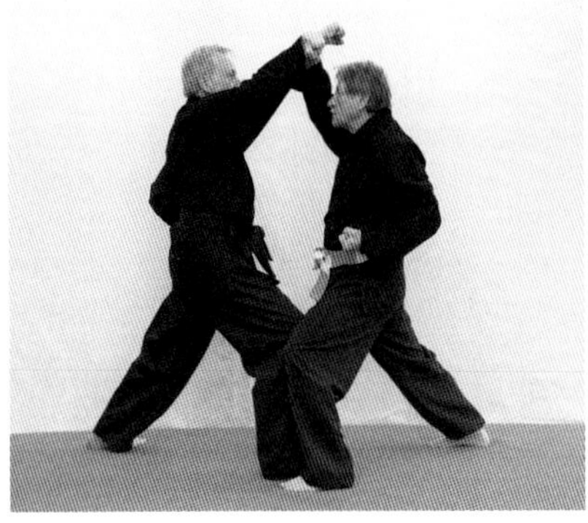

Foto 360

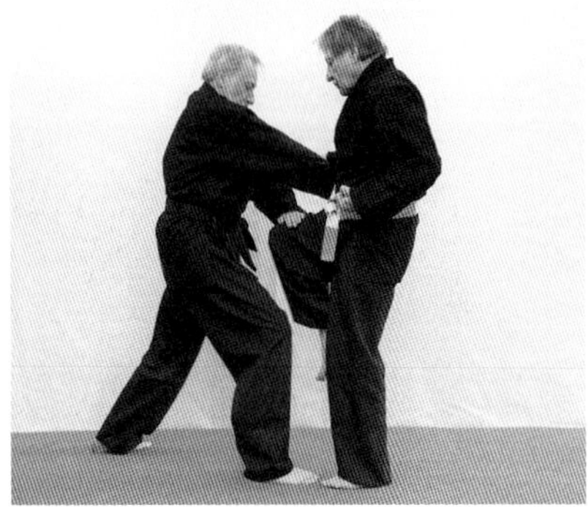

Foto 361

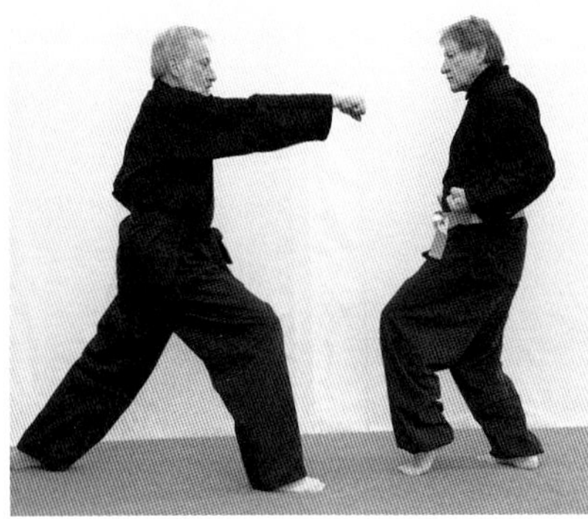

Foto 362

Foto 360: Uke geht mit *Jodan oi zuki* rechts nach vorn in *Zenkutsu dachi* rechts. Tori weicht mit dem linken Fuß nach vorn in *Zenkutsu dachi* links aus. Gleichzeitig blockt er Ukes Arm mit *Gyaku age uke* rechts.

Foto 361: Tori fasst den Arm mit *Kake uke* (offene Hand) und zieht Uke in einen *Chudan mawashi hiza geri* rechts. Uke blockt den *Hiza geri* am Oberschenkel mit *Gyaku shotei uke* links. Aus dieser Stellung heraus, schiebt er das Angriffsbein von sich weg.

Foto 362: Tori setzt den rechten Fuß weit nach hinten ab und schließt den linken Fuß zu *Nekoashi dachi* links an. Uke gleitet mit dem rechten Fuß nach vorn in einen tiefen *Zenkutsu dachi* rechts. Zugleich greift er mit *Jodan oi zuki no tsukomi* rechts an.

Die siebte Blockform – Fortsetzung

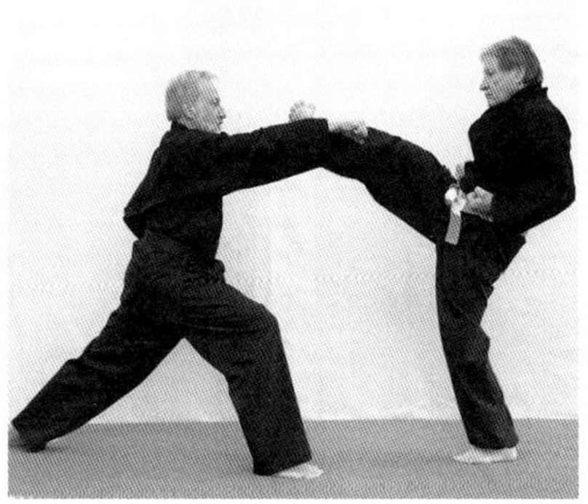

Foto 363

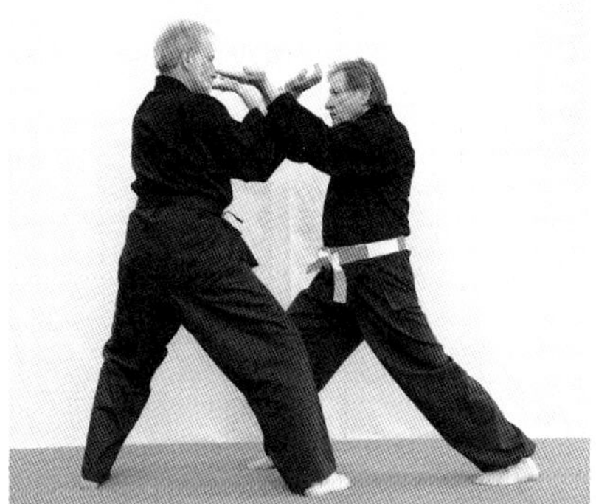

Foto 364

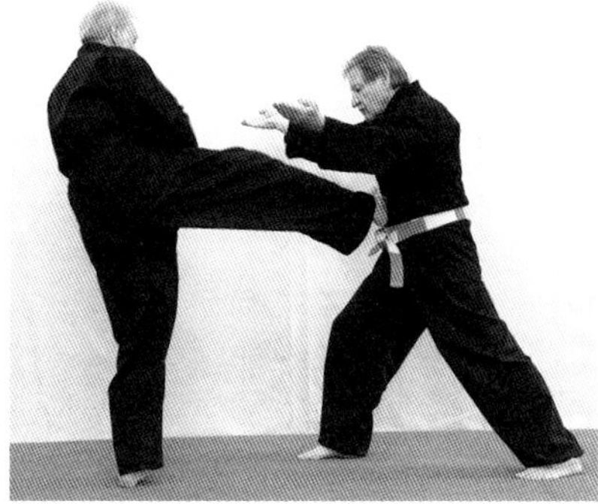

Foto 365

Foto 363: Tori wehrt den Faustangriff mit *Jodan mikatsuki geri uke* rechts ab.

Foto 364: Daraufhin setzt er den rechten Fuß nach vorn in *Zenkutsu dachi* rechts ab. Er greift mit einem *Jodan morote shuto ganmen uchi* an. Uke dreht auf der Stelle aus *Zenkutsu dachi* rechts in *Kiba dachi* ein und blockt mit *Morote haito uchi uke*.

Foto 365: Abschließend kontert Uke mit *Chudan yoko geri* rechts.

Die achte Blockform

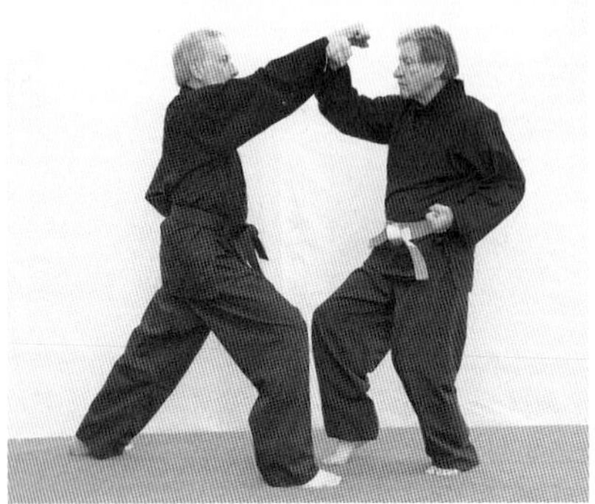

Foto 366

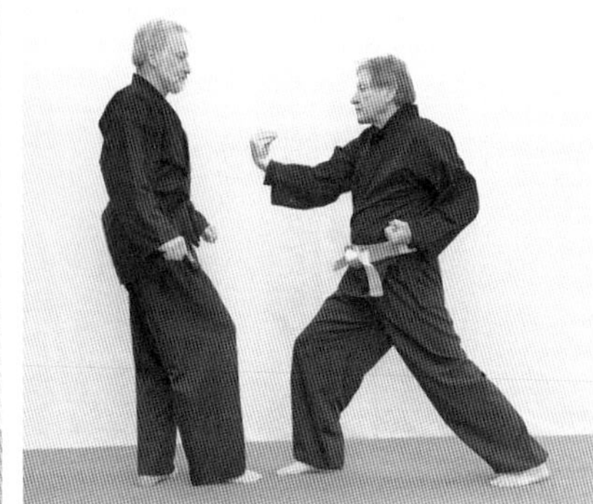

Foto 367

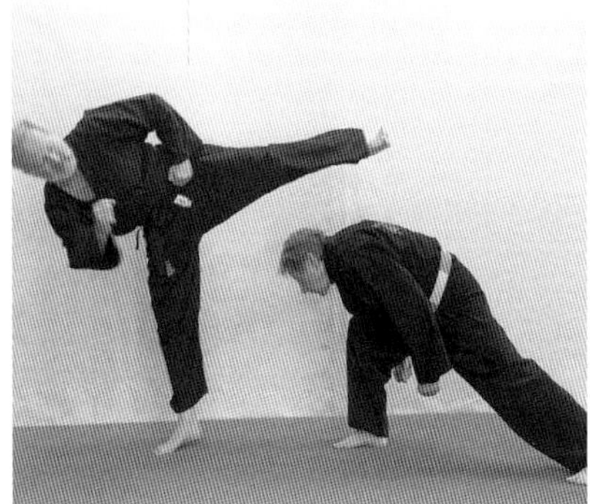

Foto 368

Foto 366: Tori steht am Anfang dieser Blockform in *Nekoashi dachi* rechts. Uke geht mit *Jodan oi zuki* rechts in *Zenkutsu dachi* rechts nach vorn. Tori wehrt den Faustangriff aus *Nekoashi dachi* rechts mit *Jodan koken uke* rechts ab.

Foto 367: Daraufhin geht Tori mit dem rechten Fuß in *Zenkutsu dachi* rechts vor und kontert mit einem *Jodan koken uchi* rechts. Der Angriff wird von oben ausgeführt und bis auf *Chudan*-Höhe weitergezogen. Uke weicht dem Gegner aus, indem er den rechten Fuß in *Nekoashi dachi* rechts zurückzieht.

Foto 368: Danach tritt Uke einen *Jodan mawashi geri* links. Tori versetzt den rechten Fuß in einen tieferen *Zenkutsu dachi* rechts und duckt sich mit seinem Oberkörper ab.

Die achte Blockform – Fortsetzung

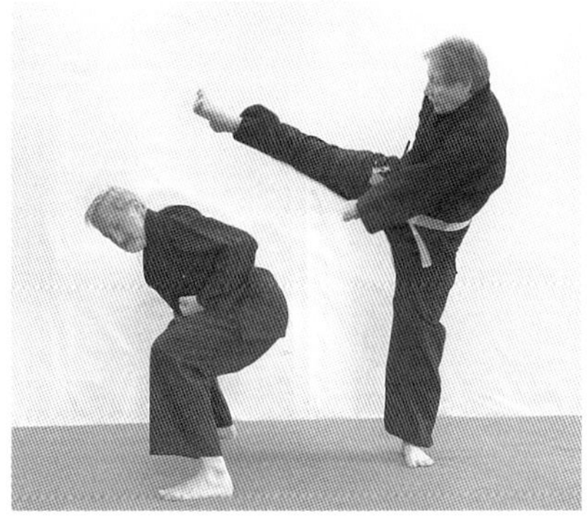

Foto 369

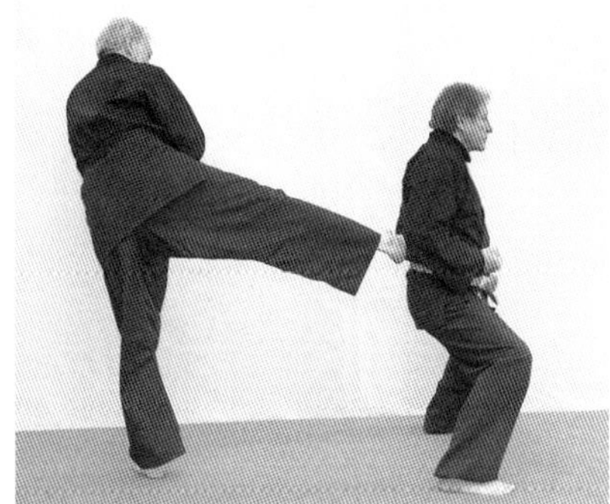

Foto 370

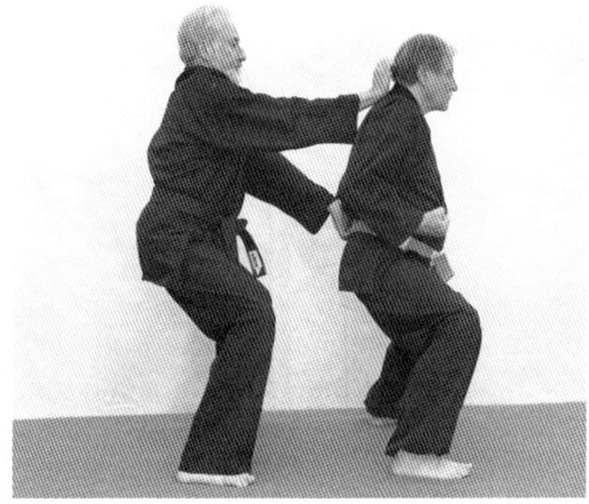

Foto 371

Foto 369: Uke dreht sich auf dem rechten Bein um 180° nach rechts. Dabei setzt er seinen linken Fuß in *Kiba dachi* ab (Uke steht nun nahezu mit dem Rücken zu Tori). Tori tritt einen *Jodan mawashi geri* rechts. Um sich zu schützen, duckt sich Uke mit seinem Oberkörper ab.

Foto 370: Uke dreht sich anschließend wieder auf dem rechten Bein um 180° nach links zurück und setzt seinen linken Fuß in *Kiba dachi* ab. Im Gegenzug dazu setzt Tori den rechten Fuß um 180° nach links in *Kiba dachi* ab. Uke tritt einen *Chudan yoko geri* rechts (bei Bedarf Ausgleichsschritt).

Foto 371: Uke springt parallel zu Toris Rücken in *Kiba dachi*. Er kontert mit einem *Yama shotei zuki* (rechts zum Nacken, links zum Rücken von Tori).

Die neunte Blockform

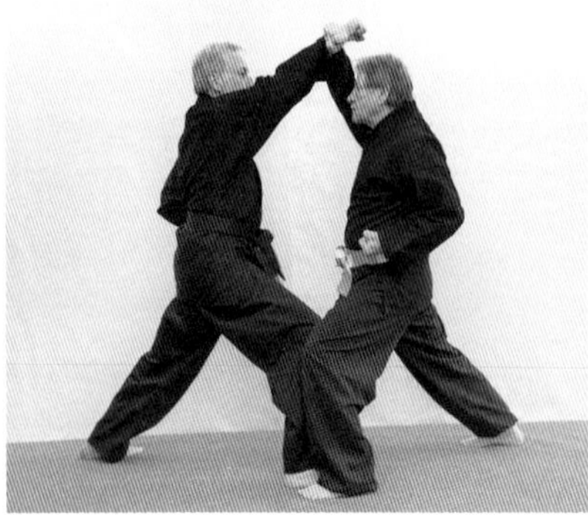
Foto 372

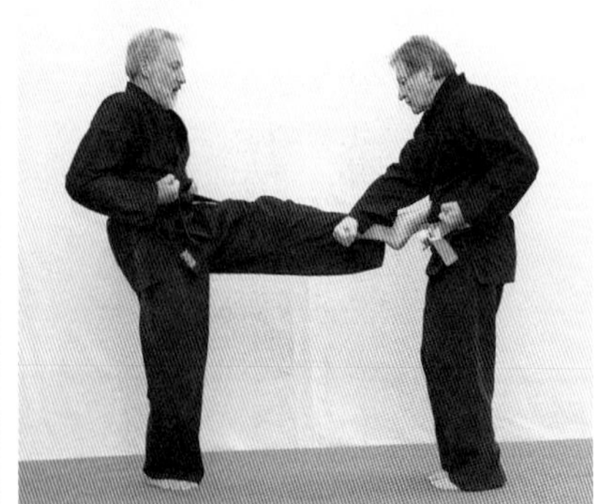
Foto 373

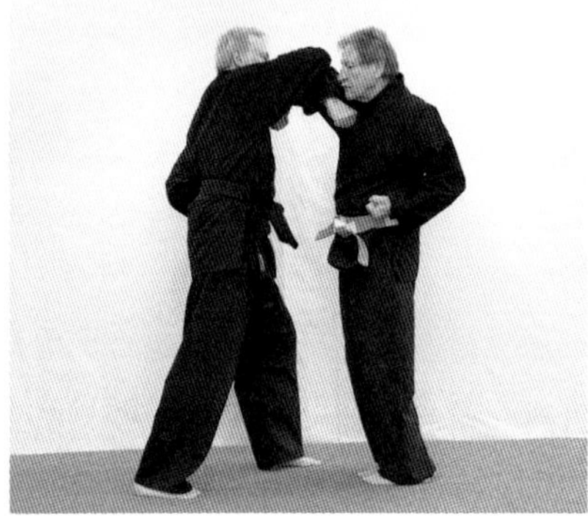
Foto 374

Foto 372: Uke geht mit *Jodan oi zuki* rechts nach vorn in *Zenkutsu dachi* rechts. Tori weicht nach links vorn in *Zenkutsu dachi* links aus. Er blockt den Faustangriff mit *Gyaku age uke* rechts.

Foto 373: Daraufhin tritt Uke einen *Chudan mae geri* links. Tori schließt mit dem rechten Fuß an den linken an (*Heisoku dachi*) und blockt Ukes Fußtritt mit *Gedan barai* rechts.

Foto 374: Uke setzt den linken Fuß in einen kurzen *Zenkutsu dachi* links nach vorn ab. Anschließend greift er mit *Jodan gyaku mawashi empi uchi* rechts an. Tori fängt den Angriff mit einem *Jodan mawashi empi uke* rechts ab.

Die neunte Blockform – Fortsetzung

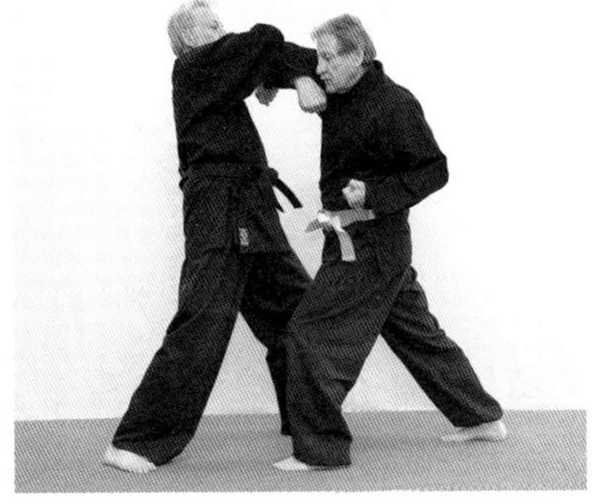

Foto 375

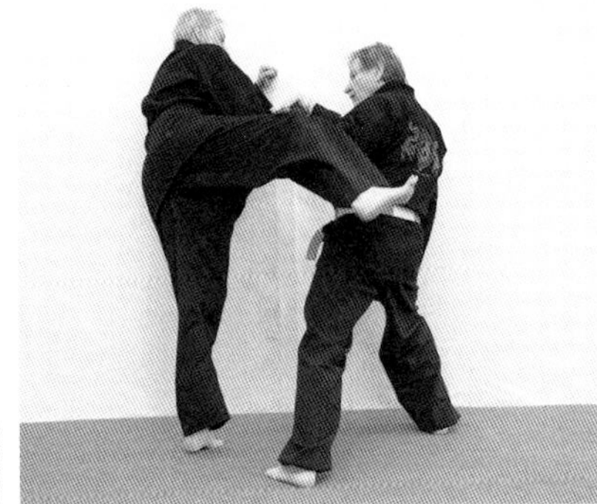

Foto 376

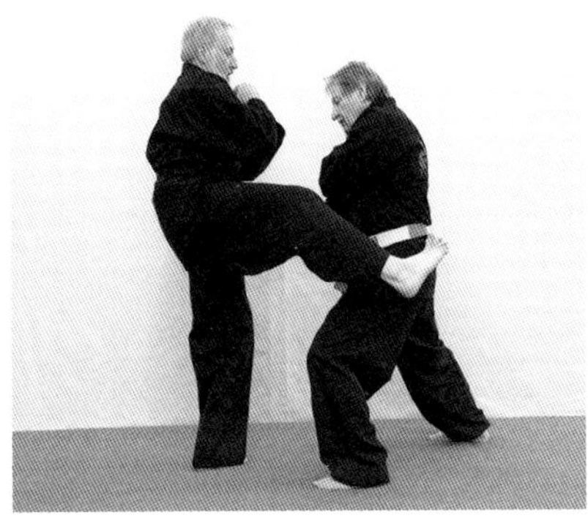

Foto 377

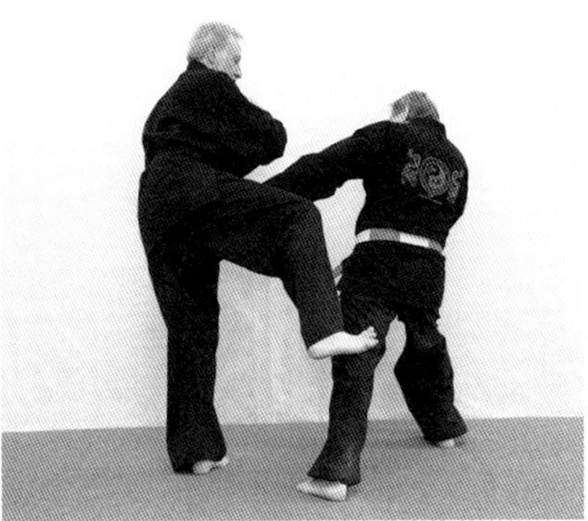

Foto 378

Foto 375: Mit dem linken Fuß geht Tori nach vorn in *Zenkutsu dachi* links, wobei er Uke nach hinten schiebt. Durch das Zurückdrängen gleitet Uke nach hinten in *Zenkutsu dachi* links.

Foto 376: Uke kontert mit einem *Jodan mawashi geri* rechts. Tori dreht sich in *Shorin zenkutsu dachi* rechts ein und blockt den *Mawashi geri* in Kniehöhe mit *Gyaku kake uke* (offene Hand) links ab.

Foto 377: Danach dreht Tori sich mit einem *Tora mae ashi* rechts in *Zenkutsu dachi* links zurück.

Foto 378: Des Weiteren schlägt Tori einen *Shuto uchi* links. Die rechte Faust wird dabei zur Hüfte zurückgezogen. Schließlich dreht er sich in *Shorin zenkutsu dachi* rechts zurück.

Die zehnte Blockform

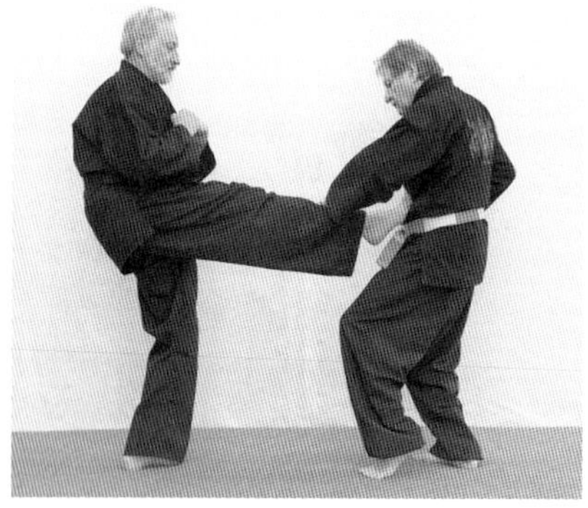

Foto 379

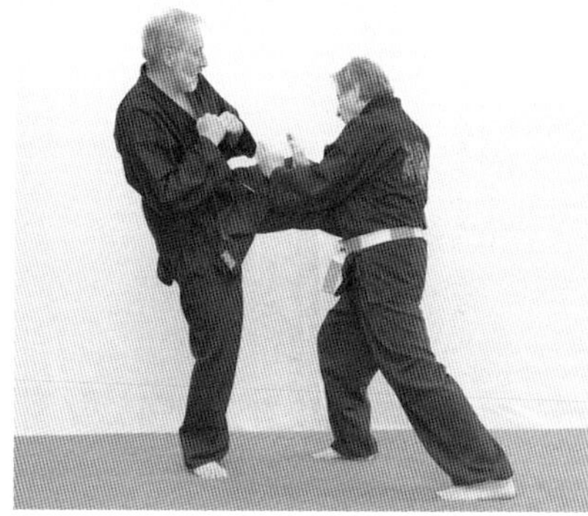

Foto 380

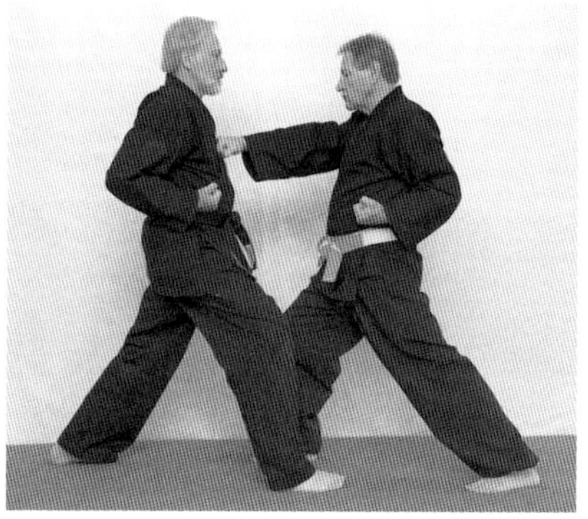

Foto 381

Foto 379: Uke greift mit *Chudan mae geri* rechts an. Tori gleitet mit dem rechten Fuß nach hinten. Er schließt mit dem linken Fuß wieder zu *Nekoashi dachi* links an und blockt den Fußtritt mit einem *Gedan shotei uke* links.

Foto 380: Daraufhin setzt Uke den rechten Fuß in *Zenkutsu dachi* rechts ab und tritt einen *Chudan mawashi geri* links. Tori erkennt Ukes Absicht und setzt daraufhin den rechten Fuß um 45° nach rechts vorn zur Seite in *Zenkutsu dachi* rechts ab. Dabei blockt er den Fußtritt mit *Morote shuto uke* am Oberschenkel und schiebt das Bein nach hinten.

Foto 381: Im Gegenzug dazu bewegt Uke den linken Fuß nach hinten und positioniert ihn in *Zenkutsu dachi* rechts. Tori folgt und schiebt den rechten Fuß nach vorn (auf Uke zu) in *Zenkutsu dachi* rechts. Zugleich stößt er einen *Chudan oi zuki* rechts.

Die zehnte Blockform – Fortsetzung

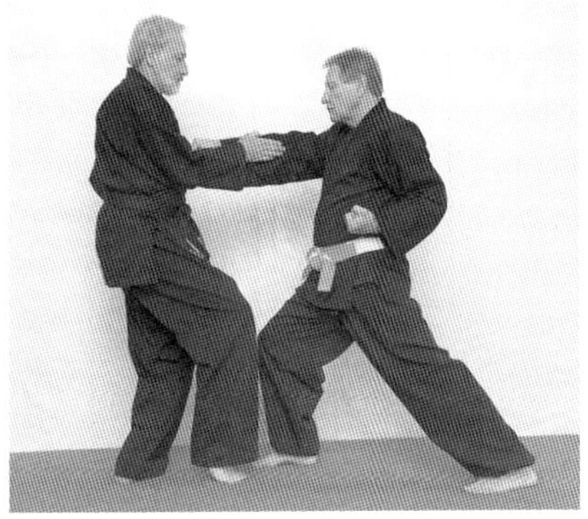

Foto 382

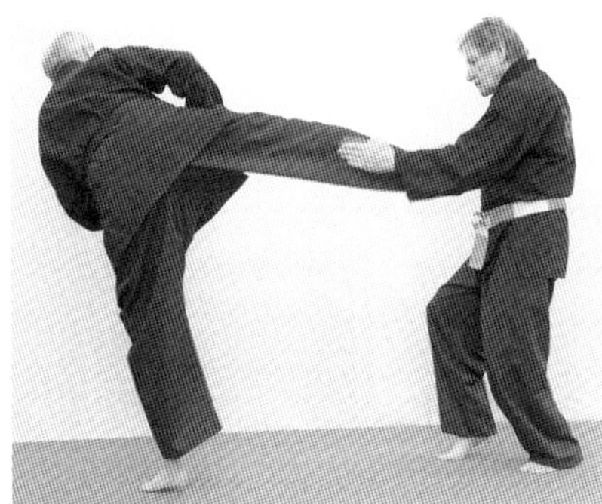

Foto 383

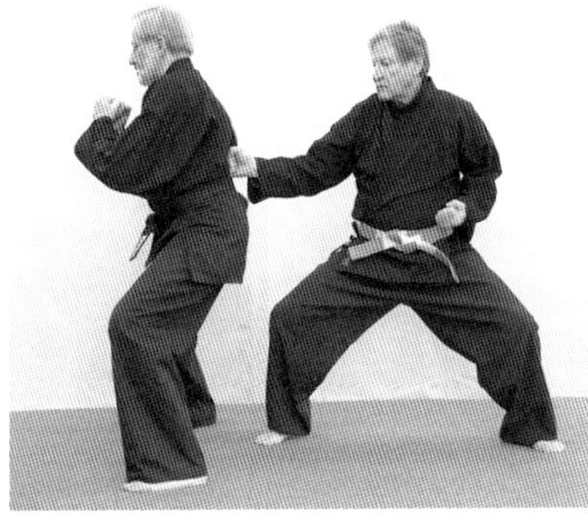

Foto 384

Foto 382: Uke zieht den rechten Fuß zu *Nekoashi dachi* rechts heran. Währenddessen wehrt er den Faustangriff mit *Chudan shotei uke* rechts zur Seite ab.

Foto 383: Uke kontert mit einem *Chudan mawashi geri* rechts. Tori weicht dem Fußtritt aus, indem er den rechten Fuß an den linken zu *Nekoashi dachi* rechts anschließt. Daraufhin leitet er Ukes *Mawashi geri* mit *Chudan gyaku shotei uke* links zur Seite weiter.

Foto 384: Abschließend dreht sich Uke auf dem linken Bein um 90° nach links und setzt den rechten Fuß in *Kiba dachi* ab (Uke steht jetzt mit dem Rücken zu Tori). Tori geht mit dem rechten Fuß nach vorn auf Uke zu und setzt diesen ebenfalls in *Kiba dachi* ab. Dabei stößt er einen *Chudan yoko tate zuki* rechts zu Ukes Rücken.

IV

Selbstverteidigung

Praxisbezug und Trainingsvorschläge

Außerhalb der Trainingsräume nehmen körperliche Auseinandersetzungen grundsätzlich einen anderen Verlauf als im von klaren Regeln bestimmten Umfeld eines Dojo. Um auf einen derartigen Angriff vorbereitet zu sein, ist die Selbstverteidigung ein notwendiges Mittel. Wie bei allen Kampfsportarten ist es auch bei der Selbstverteidigung erforderlich, sie zu trainieren. Um Bewegungsabläufe besser beherrschen zu können, sollten die jeweiligen Techniken mit wechselnden, verschiedenen Partnern eingeübt werden. Des Weiteren ist auch ein Rollenwechsel nötig, damit man lernt, wie man als Opfer handelt, aber ebenso, wie der Gegner vielleicht reagieren könnte. Aus diesen Gründen sollten verschiedene Vorgehensweisen und Möglichkeiten nachgestellt werden, um auch auf unverhoffte Angriffe vorbereitet zu sein. Für die jeweiligen Angriffe im Training ist es wichtig, dass man fähig ist, seine Kraft und den Krafteinsatz gut einschätzen zu können, insbesondere bei Techniken wie Hebeln. Denn so, wie man im Training seinen Partner nicht verletzen will, ist es auch bei realen Angriffen von Vorteil, wenn man beurteilen kann, ob und wie sehr man den Gegner verletzen kann oder muss.

Bei derartigen Situationen ist nicht nur der Gegner, sondern auch das Umfeld bedeutend. Die Umgebung sollte immer wieder beobachtet werden – vor dem Kampf, während des Kampfes und nach dem Kampf. Durch aufmerksame Wahrnehmung kann ein Kampf gegebenenfalls sogar vermieden werden. Sollte es dennoch dazu kommen, spielt auch das Äußere des Angreifers eine wichtige Rolle. Gerade, wenn der Angreifer fliehen kann, sollte man in der Lage sein, ihn zu beschreiben. Wichtige Anhaltspunkte können die Haare, die Kleidung, aber auch gewisse körperliche Merkmale (auffallende Nasenform, Narben, etc.) oder die Stimme sein.

Um auf plötzliche Angriffe vorbereitet zu sein, sollte man immer wissen, welche Mittel man selbst zur Verfügung hat, um sich zu wehren. Hat man vielleicht irgendetwas am Körper oder in seinen Taschen, das bei einer körperlichen Auseinandersetzung eine Hilfe sein kann?

Trotz allem gilt es, Konfrontationen grundsätzlich aus dem Weg zu gehen und sich nicht provozieren zu lassen. Auch wenn man im Kampfsport und in der Selbstverteidigung Erfahrungen besitzt, sollte man dies nur dann nutzen, wenn ein Kampf wirklich unvermeidlich ist.

Angriff mit einer Waffe

Bei dem Angriff mit einer Waffe ist immer besondere Vorsicht geboten, insbesondere dann, wenn es sich um ein Messer oder eine Schusswaffe handelt. Dient die Schusswaffe meist zur Bedrohung, ist es bei einem Messerangriff schon wesentlich gefährlicher. Hier steht oft ein unmittelbarer Angriff bevor. Wer in diesem Fall die Möglichkeit hat, den Kampf zu vermeiden, der sollte das tun. Lieber weglaufen, als lebensgefährlich verletzt zu werden, wenn nicht sogar zu sterben. Geht es aber nicht anders, so muss der Angreifer die Konsequenzen seines Handelns selbst verantworten. In diesem Kampf gibt es keine Regeln, keine Skrupel. Die Bereitschaft zur eigenen Kompromisslosigkeit sollte mindestens so stark wie bei dem Angreifer sein. Schließlich geht es um unser Leben, das es zu verteidigen gilt.

Sollte man sich in einer solchen gefährlichen Lage befinden, hat die Abwehr und das Abnehmen der jeweiligen Waffe oberste Priorität. Die Waffe sollte also nie aus den Augen verloren werden. Aus diesem Grund ist es wichtig, die Abwehr und das Abnehmen der Waffe immer wieder aus den unterschiedlichsten Situationen heraus zu trainieren. Während bei der Abwehr einer Schusswaffe die Ausweichbewegung unbedingt von der Schusswaffe weg erfolgen muss, sollte die Waffe stets so der Hand des Gegners entnommen werden, dass es nicht möglich ist, dass sie wieder auf einen selbst gerichtet wird. Die Augen sollten in erster Linie auf die Waffe gerichtet sein, nicht auf den Täter.

Es kann auch geschehen, dass durch verbale Einschüchterungsversuche ein Kampf provoziert oder auch schon im Vorfeld entschieden wird. In einer solchen Situation ist es wichtig, die Ruhe zu bewahren und den Überblick und die Kontrolle nicht zu verlieren. Man darf sich nicht in die Rolle des Opfers treiben lassen. Es kann von Vorteil sein, die Bereitschaft und Entschlossenheit, sich zu verteidigen, offen zu zeigen. Grundsätzlich sollte man dem Angreifer jedoch nicht zu erkennen geben, dass man etwas von der Materie versteht und sich mit Angriff und Verteidigung schon intensiv beschäftigt hat. Zunächst ist es zu vermeiden, sich in eine offensichtliche Verteidigungspose zu begeben oder ähnliches. Wenn möglich, sollte man auf Distanz bleiben. Falls es dann zum Kampf kommt, kann man sich die Überraschung des Gegners zunutze machen, der nicht mit gekonnter Gegenwehr rechnet.

Von einer eigenen Bewaffnung können wir nur abraten, sei es eine Schusswaffe oder auch »nur« Pfefferspray. Unerlaubter Waffenbesitz ist strafbar, gerade, wenn es sich bei dem Gebrauch um Vorsatz handelt. Bei Pfefferspray besteht die Gefahr, durch unsachgemäße Verwendung selbst Schaden davonzutragen (ungünstige Windrichtung usw.). Eine gute und wirksame Alternative sind akustische Alarmgeber. Die gibt es in jedem Baumarkt, um Fenster oder Türen abzusichern. Sie sind handlich und passen in jede Hosentasche. Einmal durch den kleinen integrierten Schalter ausgelöst, ertönt ein lautes, ohrenbetäubendes Geräusch, das große Aufmerksamkeit erzeugt und so manchen Angreifer in die Flucht schlägt. Am Anfang dieses Buches haben wir auf rechtliche Konsequenzen von Körperverletzungen hingewiesen. Gerade wenn man Kampfsport betreibt, aber auch wenn man diverse Waffen mit sich führt, sollte man sich immer der jeweiligen Gefahren und Folgen bewusst sein!

Techniken der Selbstverteidigung

Hinweis: *Die im Folgenden benutzte Gliederung entspricht in ihrer Systematik den Anforderungen der Danprüfungen, wie sie ab Seite 216 aufgeführt sind.*

Selbstverteidigung bis zum 1. Dan (waffenlos)

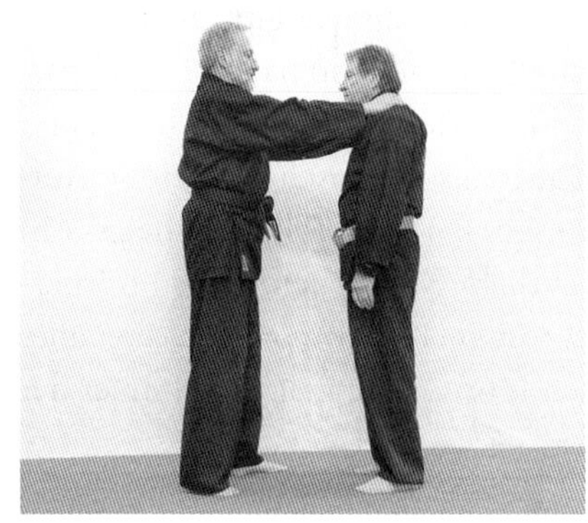

Foto 385

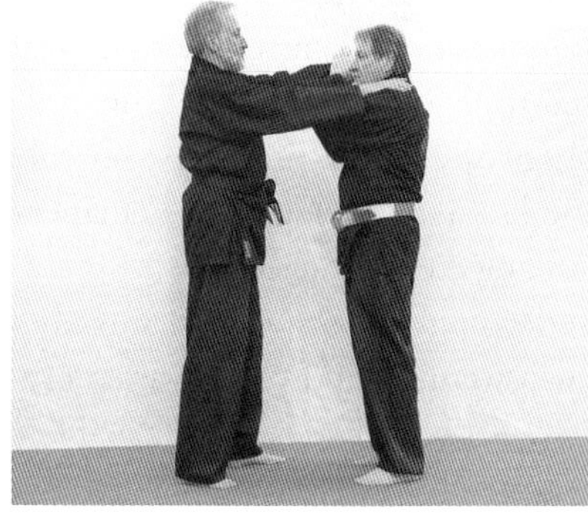

Foto 386

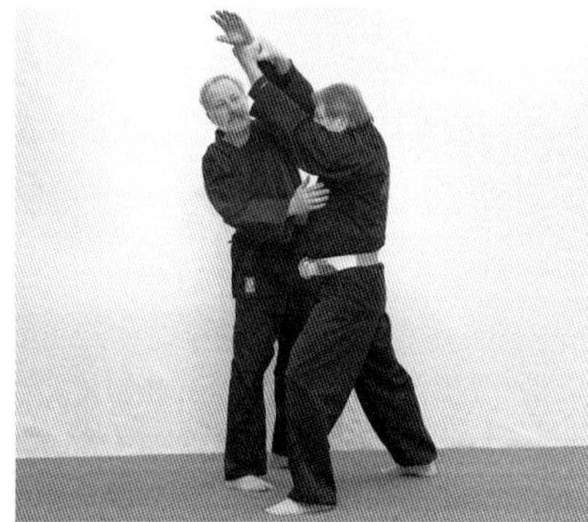

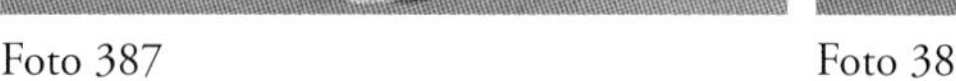

Foto 387

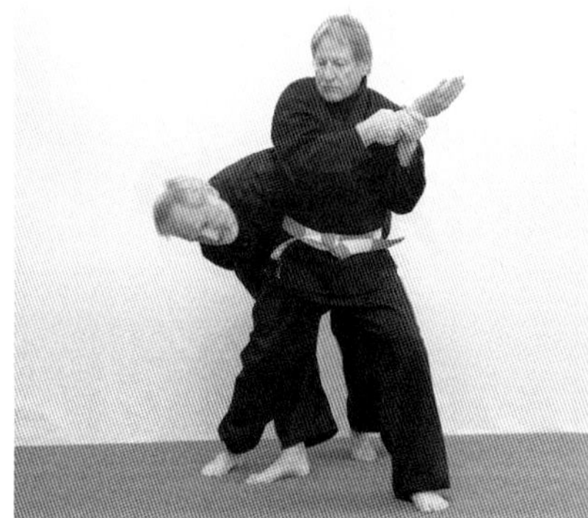

Foto 388

1.1.1. Fotos 385 bis 392: Würgen aus dem Stand – beidhändig von vorn

Erste Variante: Foto 385 zeigt die Ausgangssituation. Beide Hände greifen nun von unten den linken Angriffsarm am Handgelenk (Foto 386). Danach die Arme strecken und mit dem linken Fuß nach vorn gehen (Foto 387). Der rechte Fuß wird vor die Füße des Angreifers gestellt. Anschließend wird ein Armstreckhebel ausgeführt (Foto 388).

Selbstverteidigung bis zum 1. Dan (waffenlos) – Fortsetzung

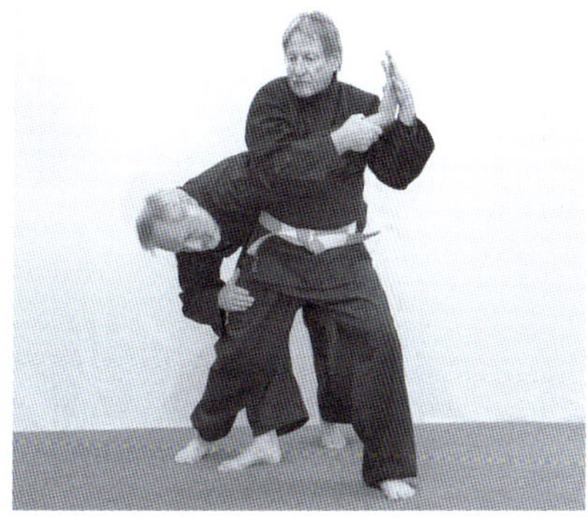

Foto 389

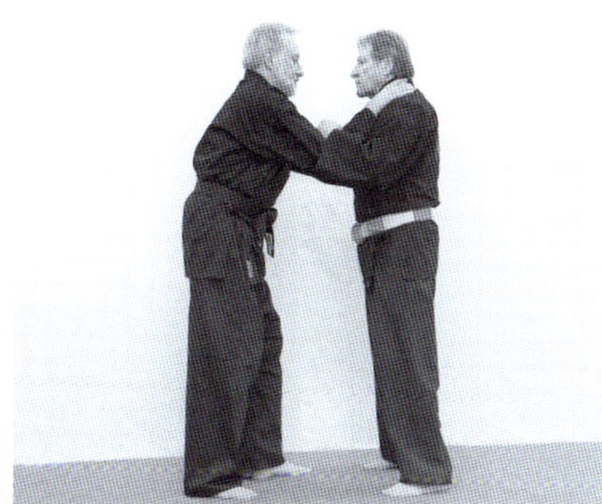

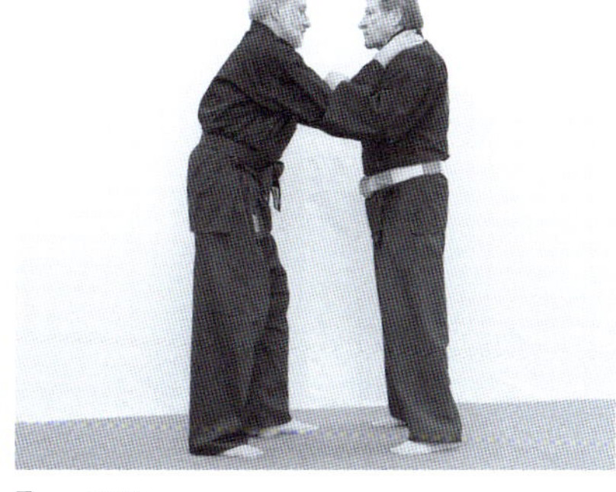

Foto 390

Foto 391

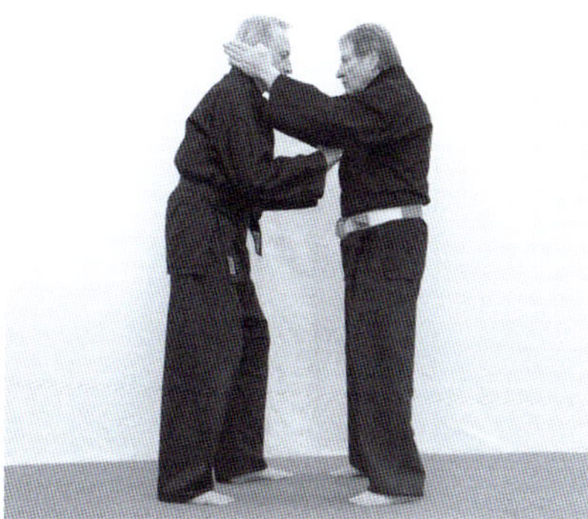

Foto 392

Alternativ dazu ist auch ein Kipphandhebel möglich (Foto 389).

Zweite Variante: Ausgangssituation wie Foto 385. Beide Arme schlagen in die Ellbogenbeuge (Foto 390). Es folgt ein Kopfstoß (Foto 391). Alternativ kann auch ein Pressluftschlag auf die Ohren ausgeführt werden (Foto 392).

Selbstverteidigung bis zum 1. Dan (waffenlos) – Fortsetzung

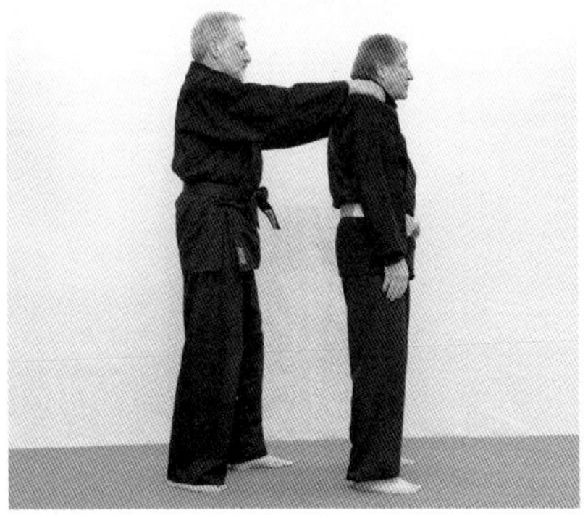

Foto 393

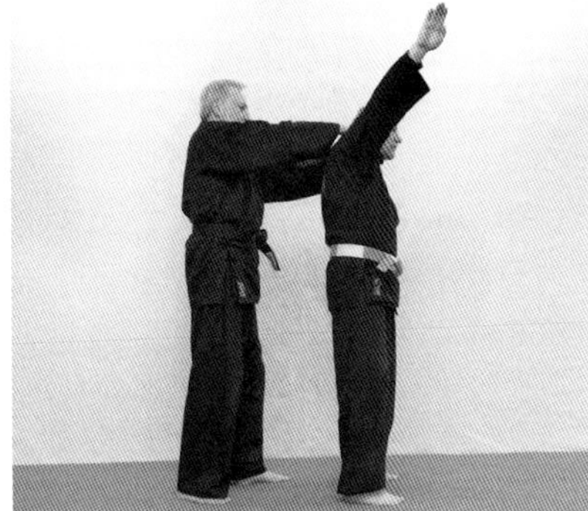

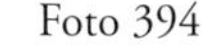

Foto 394

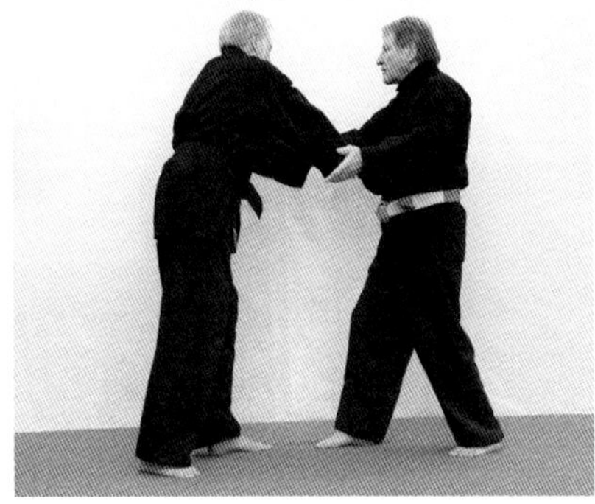

Foto 395

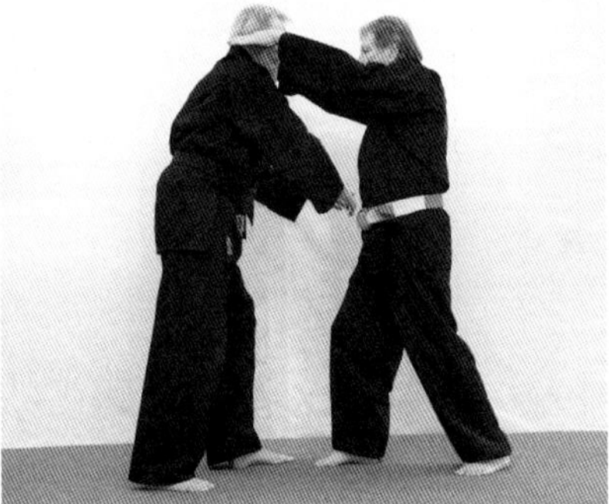

Foto 396

1.1.2. Fotos 393 bis 397: Würgen aus dem Stand – beidhändig von hinten

Foto 393 zeigt die Ausgangssituation. Bei dieser Verteidigung wird der rechte Arm zuerst gestreckt (Foto 394). Der rechte Fuß wird daraufhin mit einer Drehung nach außen versetzt (Foto 395). Somit kann ein *Morote haito uchi* zu den Schläfen oder Ohren des Angreifers ausgeführt werden (Foto 396). Abschließend folgt ein *Hiza geri* links (Foto 397, siehe Seite 165).

Selbstverteidigung bis zum 1. Dan (waffenlos) – Fortsetzung

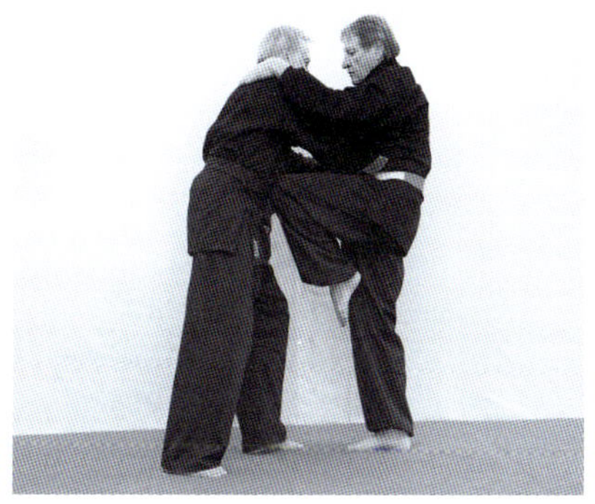

Foto 397

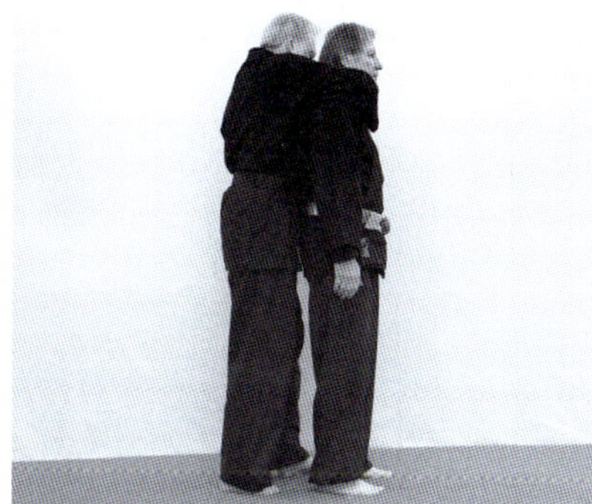

Foto 398

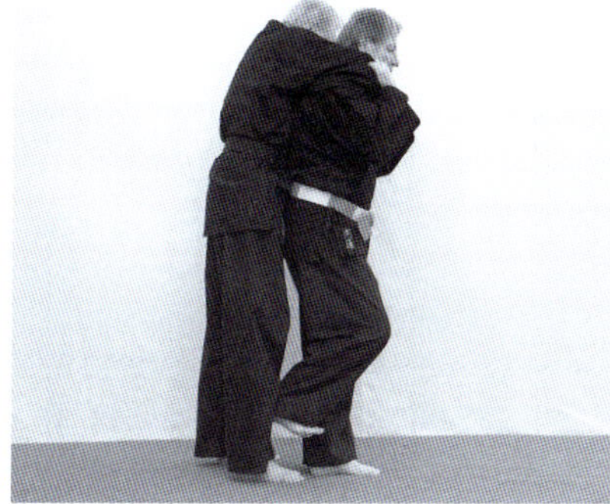

Foto 399

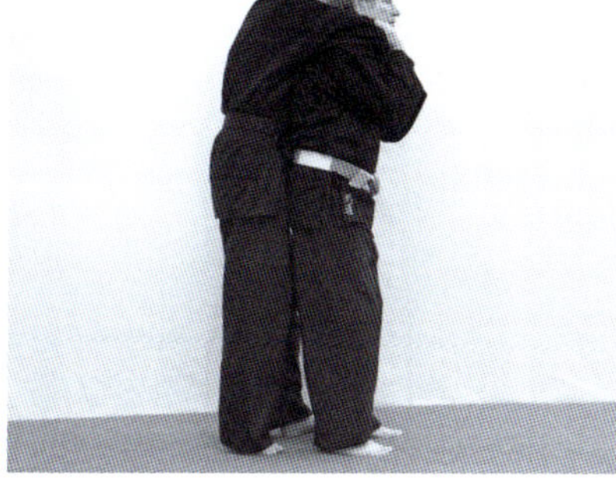

Foto 400

1.1.3. Fotos 398 bis 402: Würgen aus dem Stand – mit dem Unterarm von hinten

Foto 398 zeigt die Ausgangssituation. Die Verteidigung beginnt, indem mit der Hacke ein Tritt zum Schienbein des Angreifers ausgeführt wird (Foto 399). Die Hände greifen danach den Unterarm (Foto 400). Es wird zum Wurf angesetzt (Foto 401 auf Seite 166). Nach dem Wurf tritt die Ferse zum Brustbein (Foto 402 auf Seite 166).

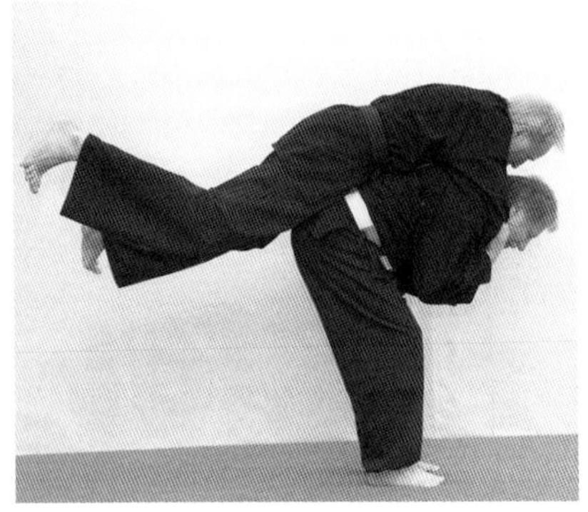

Foto 401

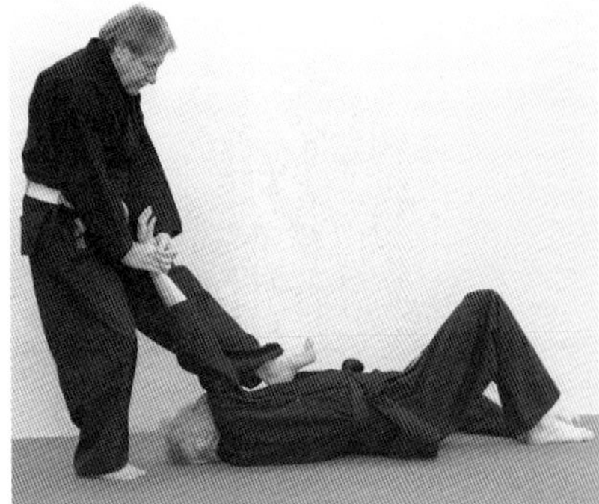

Foto 402

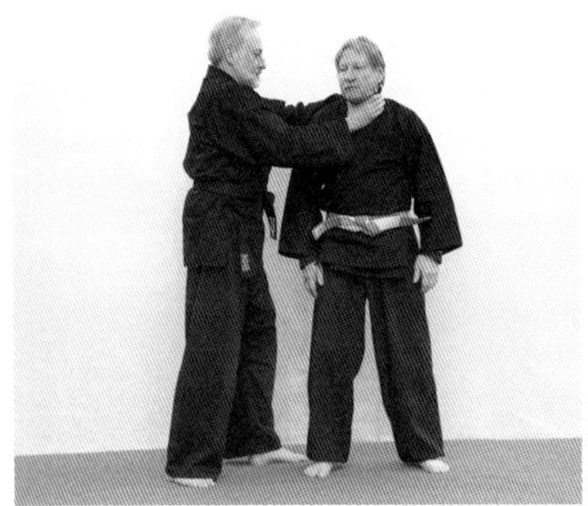

Foto 403

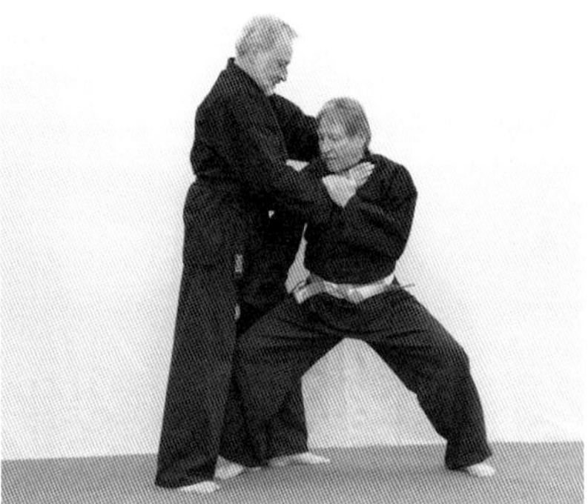

Foto 404

1.1.4. Fotos 403 bis 407: Würgen aus dem Stand – beidhändig von der Seite

Foto 403 zeigt die Ausgangssituation. Der rechte Fuß beginnt und geht zur rechten Seite. Gleichzeitig löst die linke Hand den Griff der rechten Hand des Gegners am Hals. Der rechte Handrücken schlägt in den Unterleib (Foto 404).

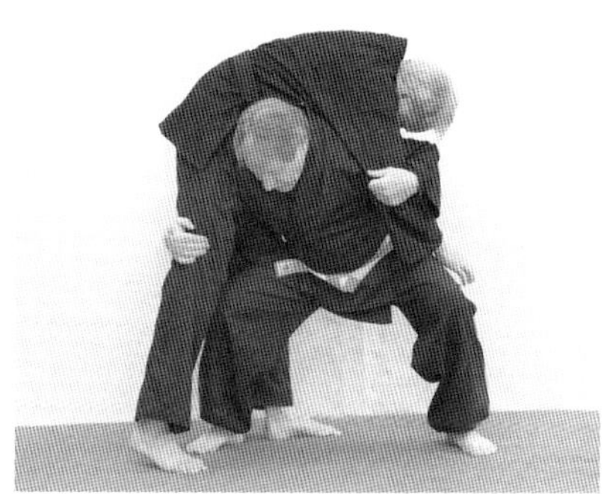

Foto 405

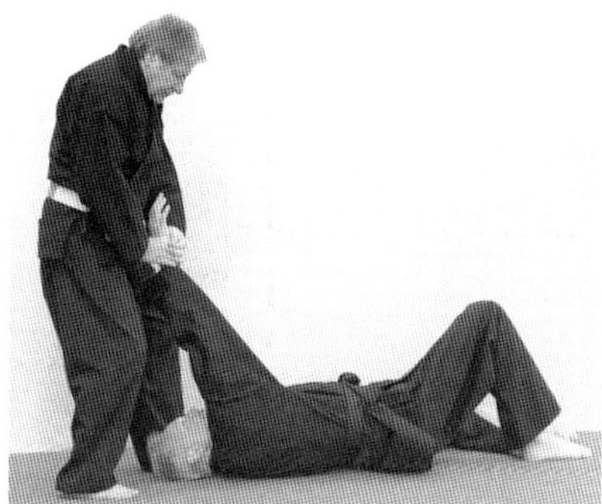

Foto 406

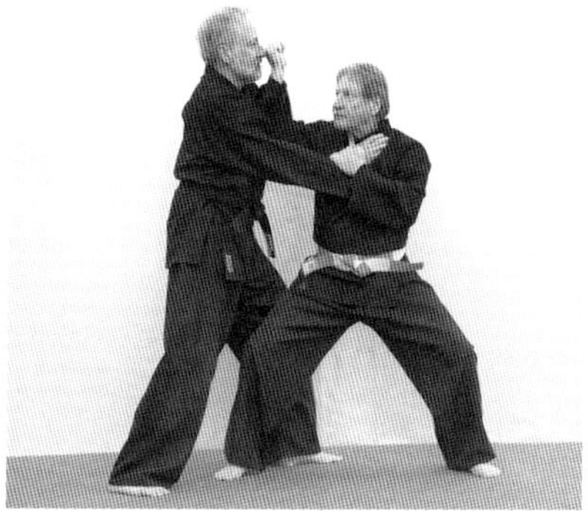

Foto 407

Unmittelbar danach wird ein *Kata guruma* ausgeführt (Foto 405). Das Foto 406 zeigt die Ansicht nach dem Wurf. Statt des *Kata guruma* kann auch ein *Uraken uchi* zur Nase des Angreifers geschlagen werden (Foto 407 nach Foto 404).

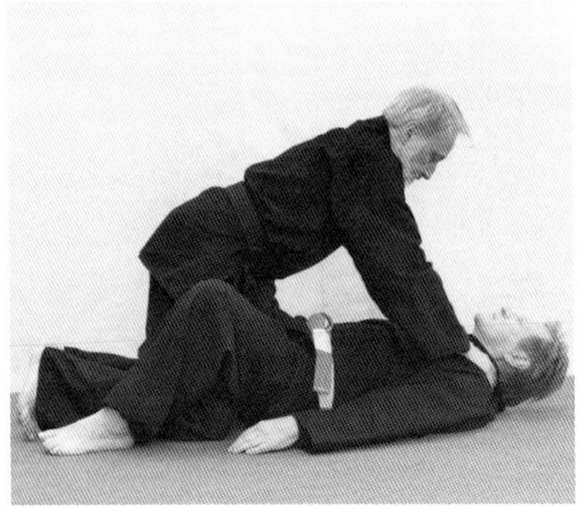

Foto 408

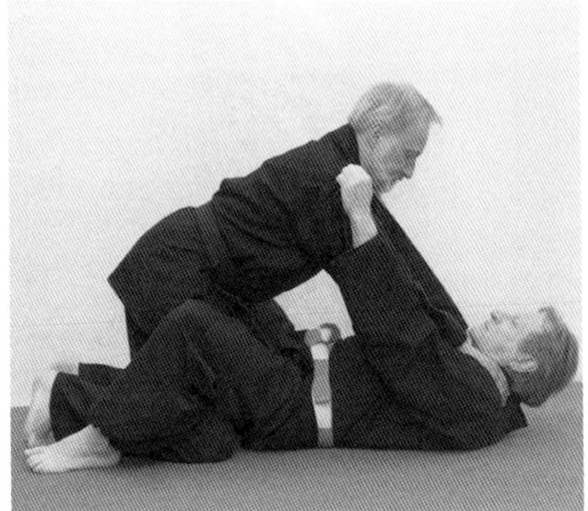

Foto 409

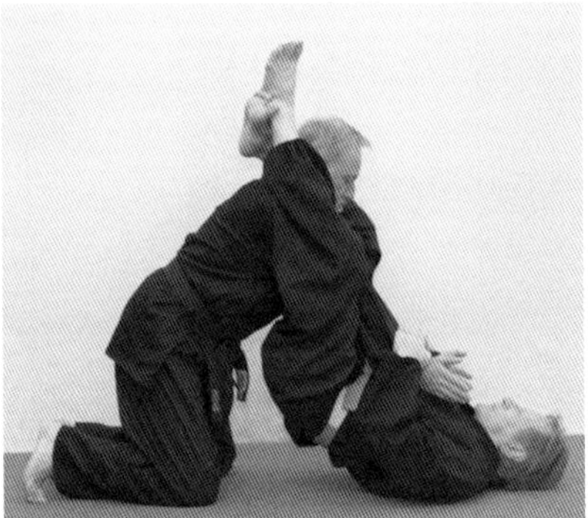

Foto 410

1.2.1. Fotos 408 bis 410: Beidhändiges Würgen auf dem Boden – Verteidiger in Rückenlage, Angreifer zwischen den Beinen des Verteidigers

Foto 408 zeigt die Ausgangssituation. Um sich aus dem Würgegriff zu befreien, greifen beide Hände an die Schultern des Angreifers (Foto 409). Daraufhin wird die Halsschere am Gegner angewendet. Gleichzeitig gleiten die Hände an den Armen des Angreifers herunter und drücken die Unterarme nach außen, so dass schließlich ein Hebel entsteht (Foto 410).

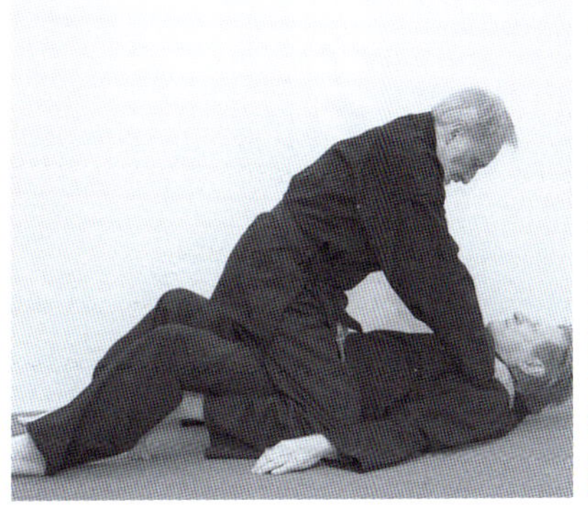
Foto 411

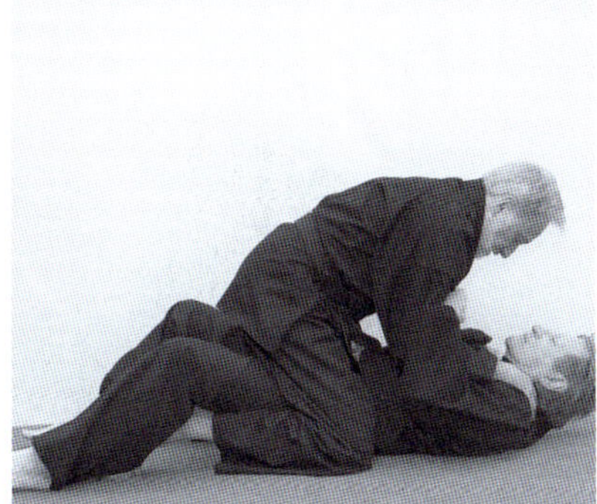
Foto 412

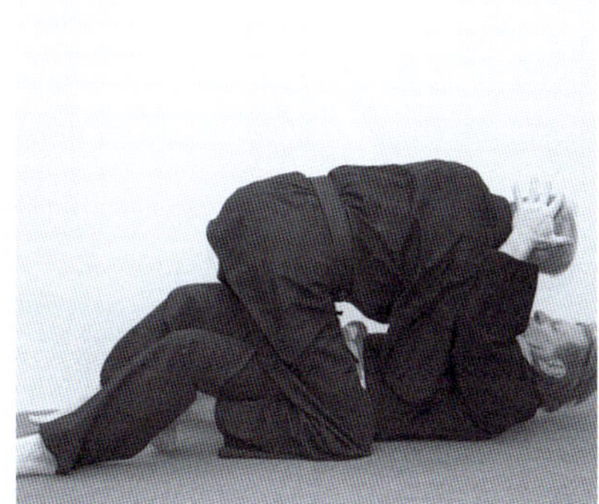
Foto 413

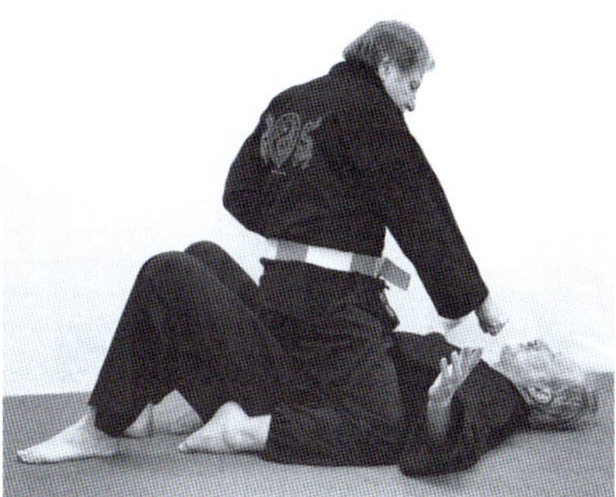
Foto 414

1.2.2. Fotos 411 bis 414: Beidhändiges Würgen auf dem Boden – Verteidiger in Rückenlage, Angreifer im Reitersitz

Foto 411 zeigt die Ausgangssituation. Mit beiden Armen wird ein Schlag in die Ellbogenbeuge des Gegners ausgeführt (Foto 412). Anschließend wird der Angreifer durch einen Genickhebel zur Seite auf den Rücken gebracht (Foto 413). Somit ist es möglich, einen Fauststoß zum Kopf des Gegners auszuführen (Foto 414).

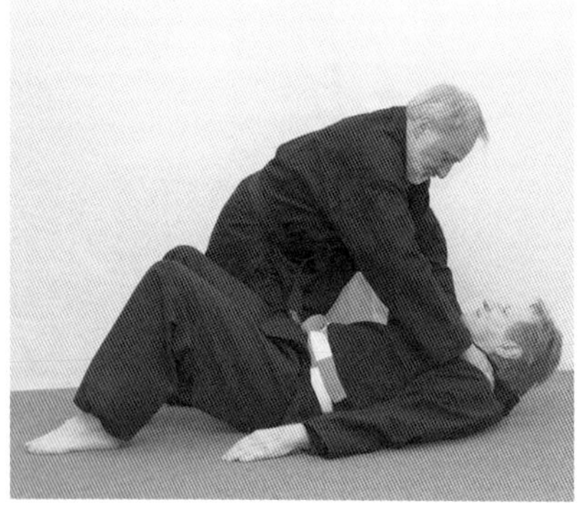

Foto 415

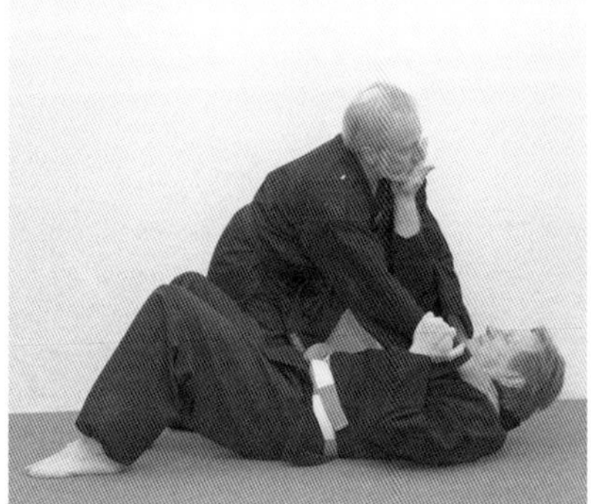

Foto 416

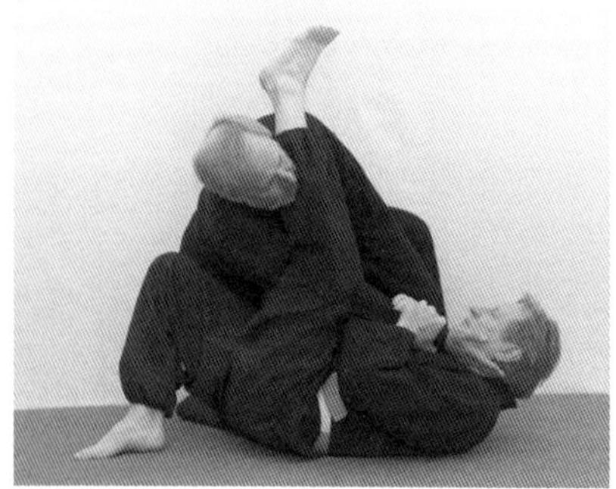

Foto 417

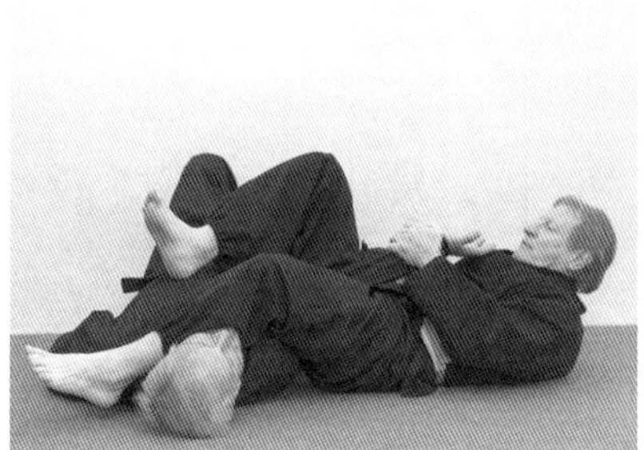

Foto 418

1.2.3. Fotos 415 bis 419: Beidhändiges Würgen auf dem Boden – Verteidiger in Rückenlage, Angreifer von der Seite

Foto 415 zeigt die Ausgangssituation. Zuerst fixiert die linke Hand das rechte Handgelenk des Angreifers. Dabei wird die rechte Hand auf die linke Wange des Angreifers gelegt (Foto 416). Anschließend wird das linke Bein auf die Hand an der linken Wange des Gegner gelegt. Des Weiteren gleitet die rechte Hand zum rechten Handgelenk des Angreifers (417). Während der Gegner nach hinten gedrückt wird, ist der rechte Fuß hervorzuziehen. Sobald der Angreifer auf dem Rücken liegt, wird ein Fersenstoß mit rechts zum Brustkorb des Angreifers vollführt (Foto 418). Schließlich fixieren beide Beine den Oberkörper. Dabei erfolgt ein Armstreckhebel am rechten Arm des Angreifers (Foto 419).

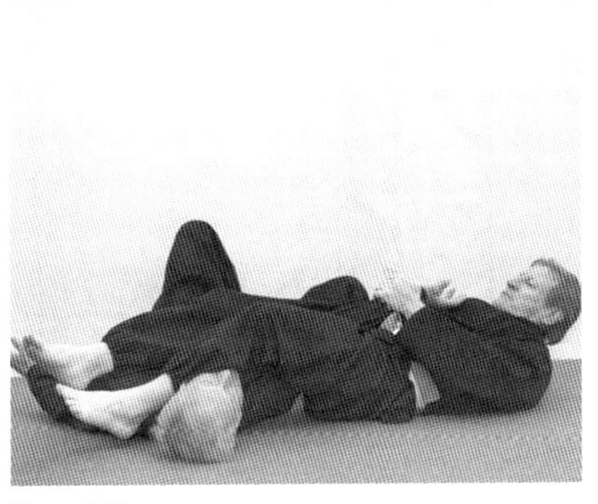

Foto 419

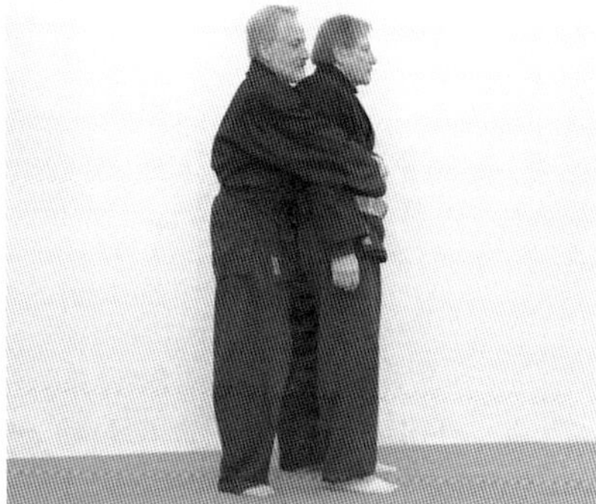

Foto 420

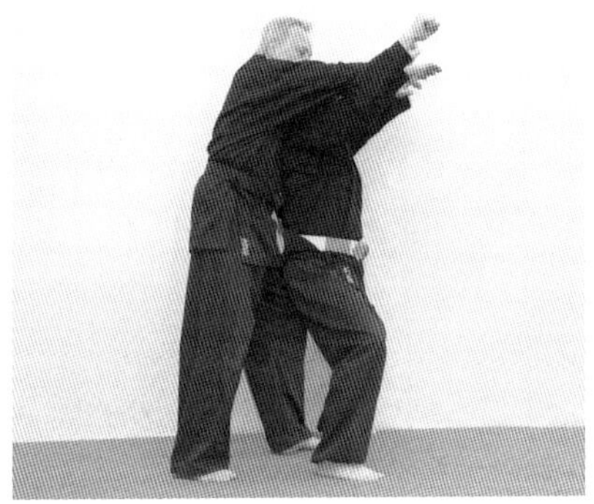

Foto 421

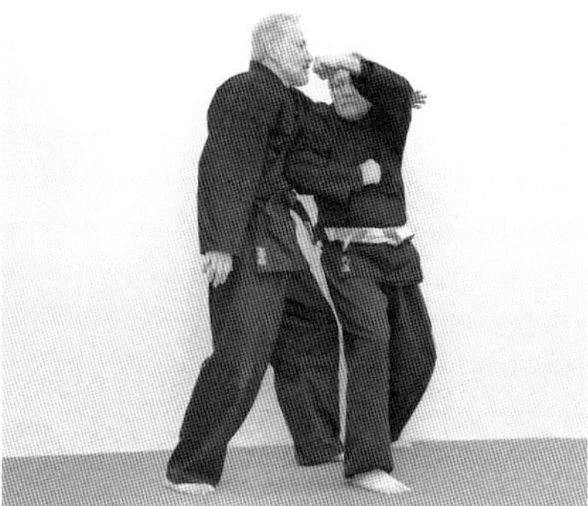

Foto 422

2.1. Fotos 420 bis 422: Körperumklammerung – von hinten über den Armen

Foto 420 zeigt die Ausgangsstellung. Um sich aus der Umklammerung des Gegners zu befreien, lässt man den Körper nach unten sinken, der linke Fuß wird für einen festen Stand versetzt und gleichzeitig werden beide Arme nach oben gerissen (Foto 421). Im Anschluss wird mit einer Rechtsdrehung ein *Empi uchi* rechts zum Solarplexus geschlagen. Mit links folgt ein Fauststoß zum Kinn (Foto 422).

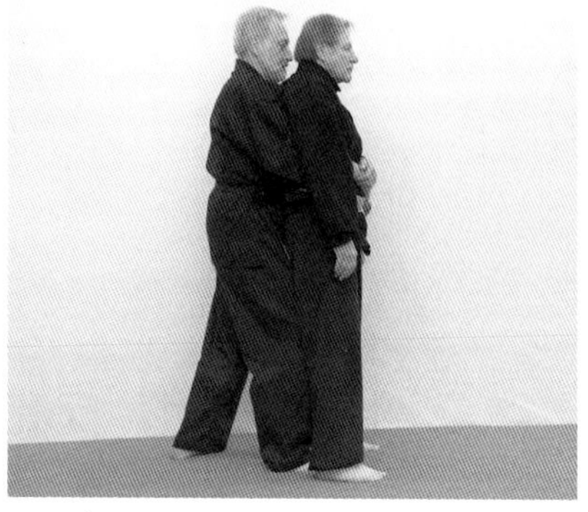

Foto 423

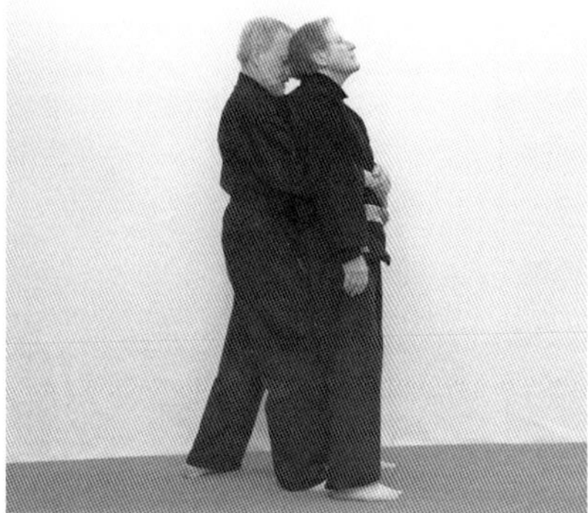

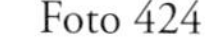

Foto 424

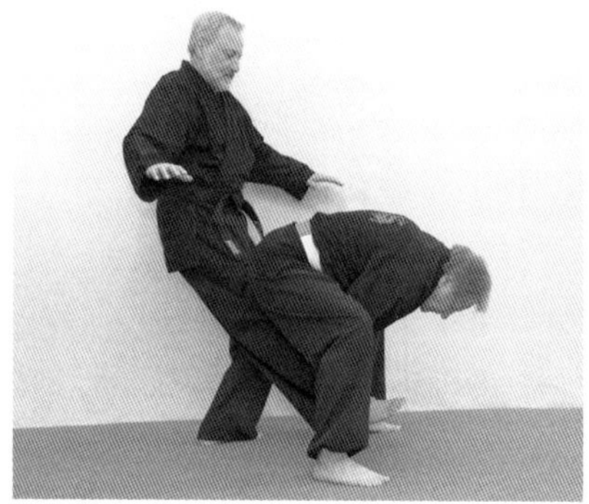

Foto 425

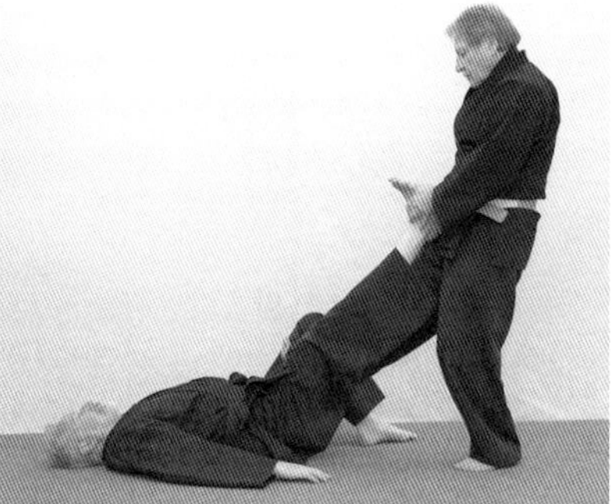

Foto 426

2.2. Fotos 423 bis 426: Körperumklammerung – von hinten unter den Armen

Foto 423 zeigt die Ausgangssituation. Als erstes wird ein Kopfstoß nach hinten ausgeführt (Foto 424). Der rechte Fuß geht einen kleinen Schritt zur Seite. Der Gegner wird zu Fall gebracht, indem sein rechter Fuß gegriffen und nach vorn oben gezogen wird (Foto 425). Anschließend wird ein *Kagato geri* zu dem Unterleib des Angreifers ausgeführt (Foto 426).

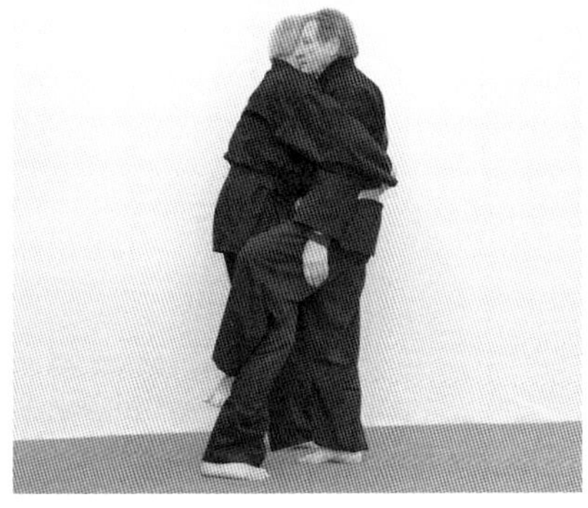
Foto 427

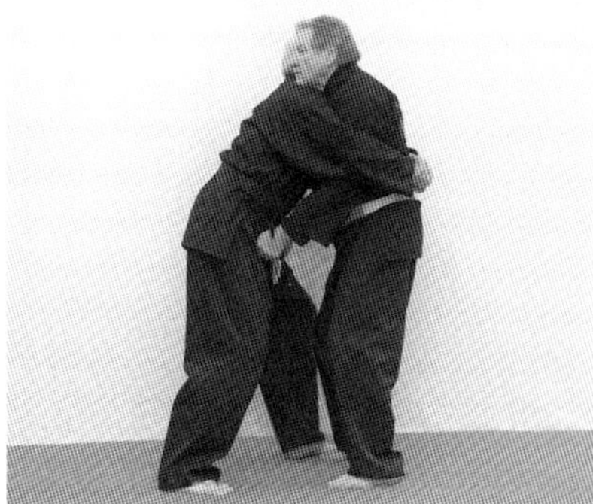
Foto 428

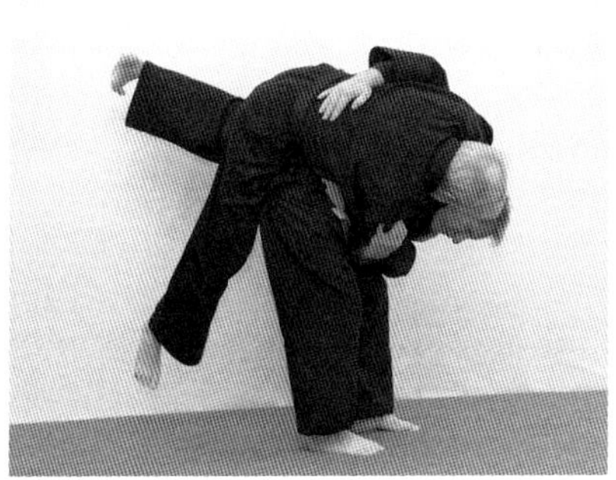
Foto 429

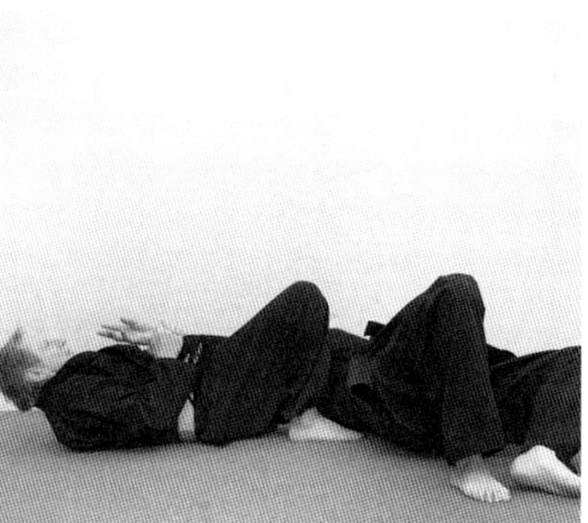
Foto 430

2.3. Fotos 427 bis 430: Körperumklammerung – von vorn über den Armen

Foto 427 zeigt die Ausgangssituation. Das linke Bein wird bei dem Gegner eingeklinkt, um einen Überkopfwurf von ihm zu verhindern. Es folgt ein Daumenstich in die Leisten (Foto 428). Der Gegner wird umklammert, und man dreht sich ein, um ihn nach vorn zu werfen (Foto 429). Schließlich liegt der Angreifer auf dem Boden. Der linke Fuß wird über seinen Hals gehoben. Der rechte Fuß wird gegen den Oberkörper des Angreifers gestemmt, um einen Armstreckhebel ausführen zu können (Foto 430).

Selbstverteidigung bis zum 1. Dan (waffenlos) – Fortsetzung

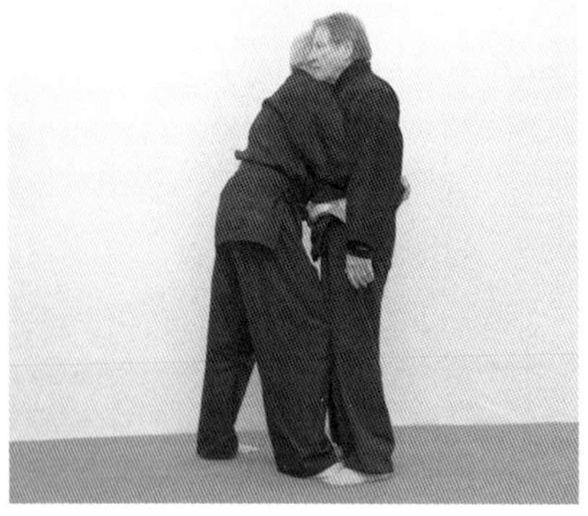

Foto 431

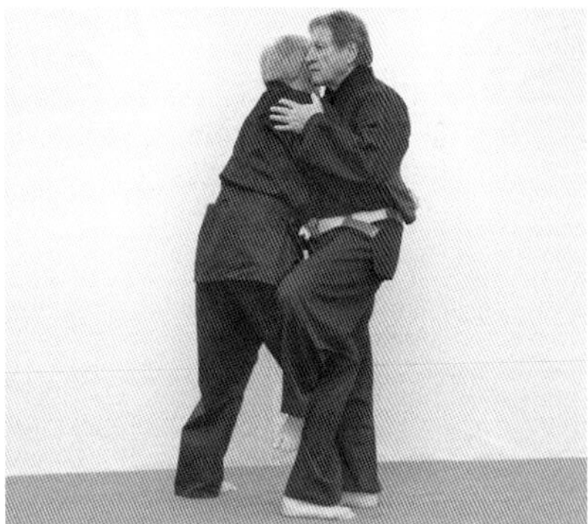

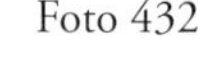

Foto 432

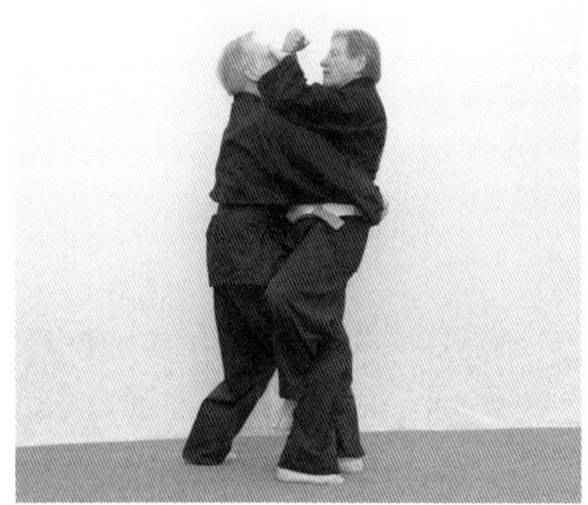

Foto 433

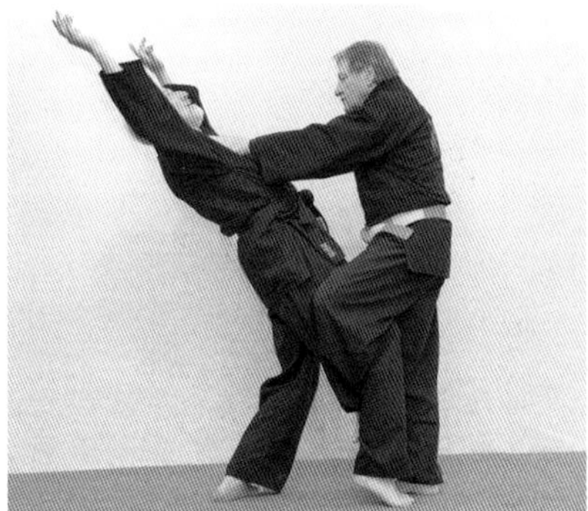

Foto 434

2.4. Fotos 431 bis 434: Körperumklammerung – von vorn unter den Armen

Foto 431 zeigt die Ausgangsstellung. Das linke Bein wird bei dem Gegner eingeklinkt, um einen Überkopfwurf von ihm zu verhindern (Foto 432). Danach wird die linke Hand auf die Nase des Angreifers gelegt und mit der rechten Hand auf die linke Hand geschlagen (Foto 433). Anschließend wird der Angreifer weggedrückt, während der linke Fuß auf den Boden abgesetzt wird (Foto 434).

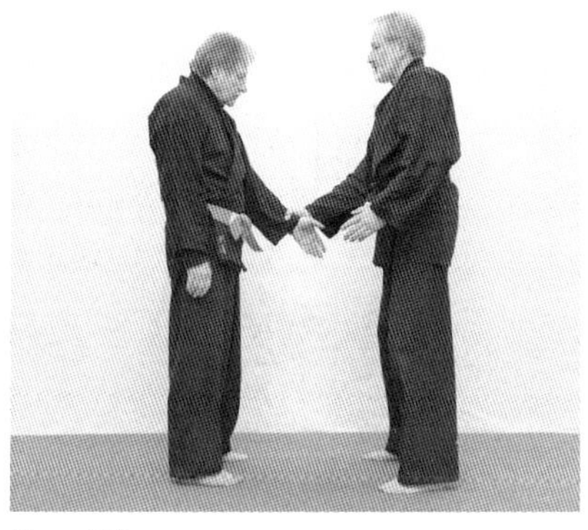
Foto 435

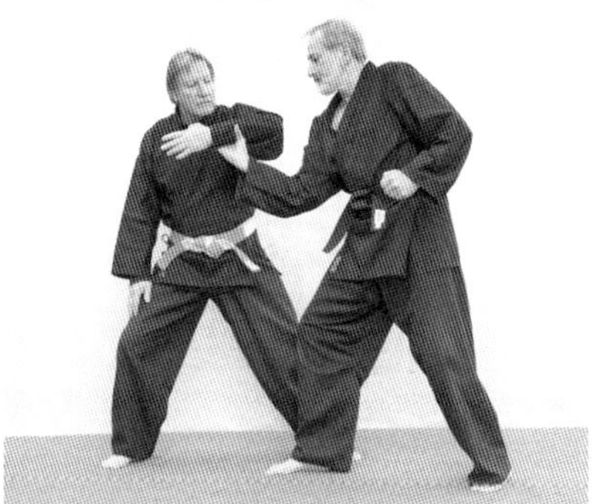
Foto 436

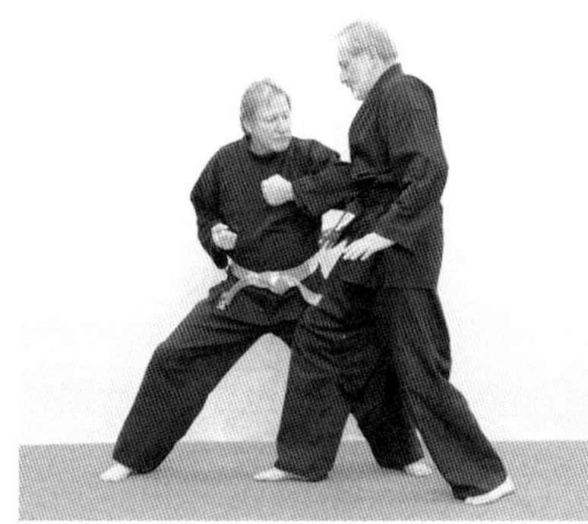
Foto 437

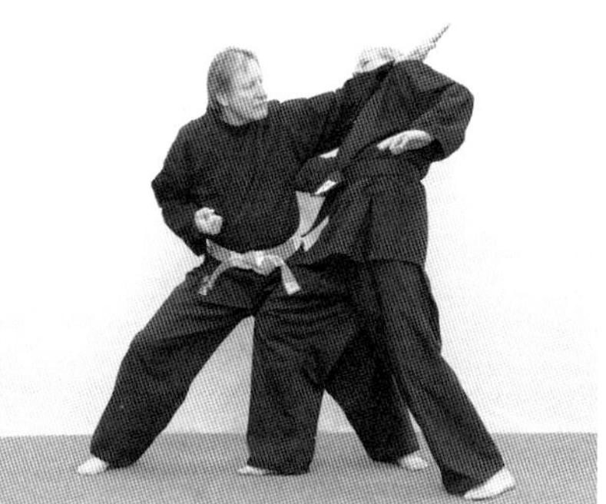
Foto 438

3.1. Fotos 435 bis 438: Festhalten am Handgelenk – einhändiges Greifen des gegenüberliegenden Handgelenks von vorn

Foto 435 zeigt die Ausgangssituation. Der rechte Fuß geht im Uhrzeigersinn zurück, so dass die linke Schulter zum Angreifer zeigt. Das festgehaltene Handgelenk wird in die gleiche Richtung gezogen, um den Arm zu befreien (Foto 436). Daraufhin bewegt sich der linke Fuß zum Angreifer. Es folgt ein *Chudan empi uchi* links zum Solarplexus des Angreifers (Foto 437). Abschließend drückt der ausgestreckte linke Arm den Angreifer nach hinten, so dass er über das linke, hinten stehende Bein des Verteidigers fällt (Foto 438).

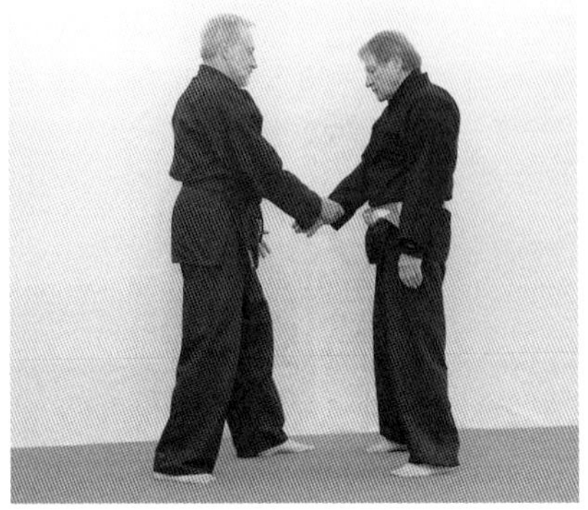

Foto 439

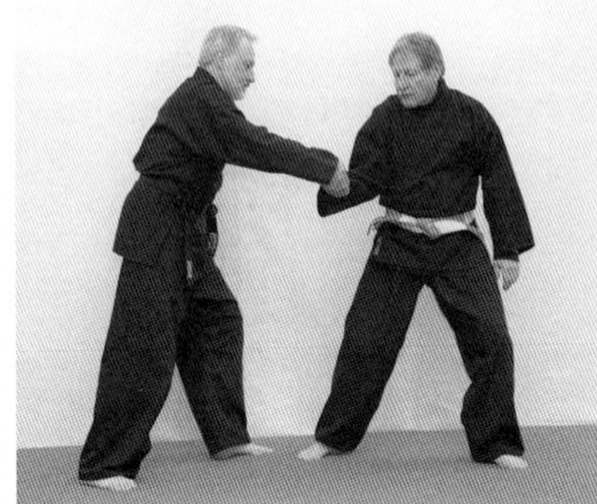

Foto 440

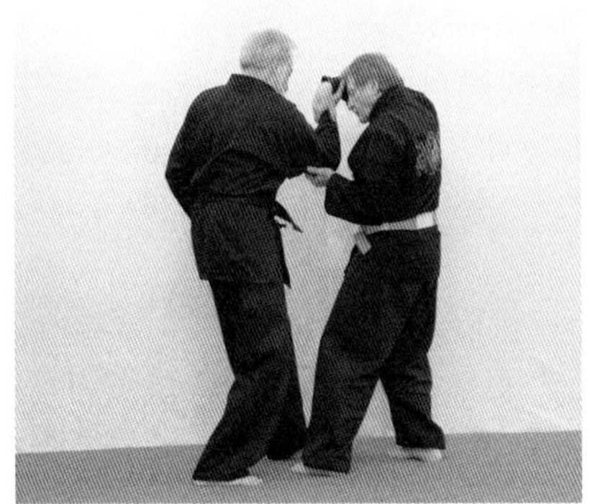

Foto 441

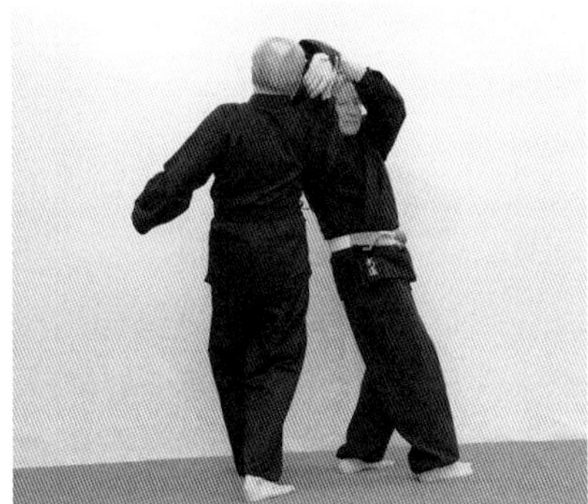

Foto 442

3.2. Fotos 439 bis 443: Festhalten am Handgelenk – einhändiges Greifen des diagonal gegenüberliegenden Handgelenks von vorn

Foto 439 zeigt die Ausgangssituation. Der linke Fuß geht zur linken Seite heraus. Dabei wird das Handgelenk des Gegners umfasst, um ihn mitzuziehen (Foto 440). Anschließend stellt man den linken Fuß nach vorn, damit sich der Arm des Angreifers beugt. Die linke Hand fasst den Ellenbogen von außen (Foto 441). Mit einer 180°-Drehung nach rechts fällt der Gegner auf den Rücken (Foto 442). Im Anschluss folgt ein *Kagato geri* zum Kinn (Foto 443).

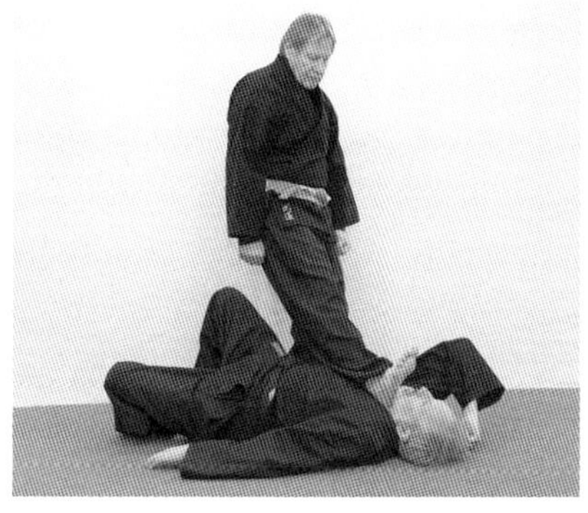
Foto 443

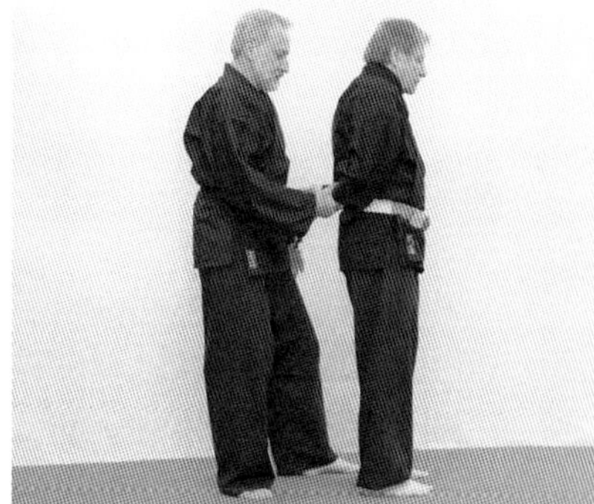
Foto 444

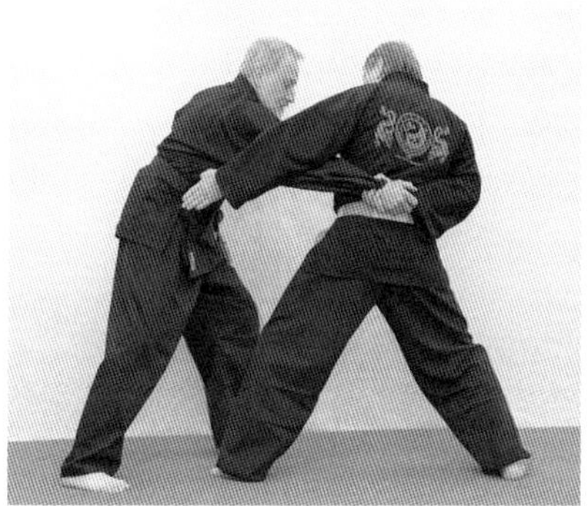
Foto 445

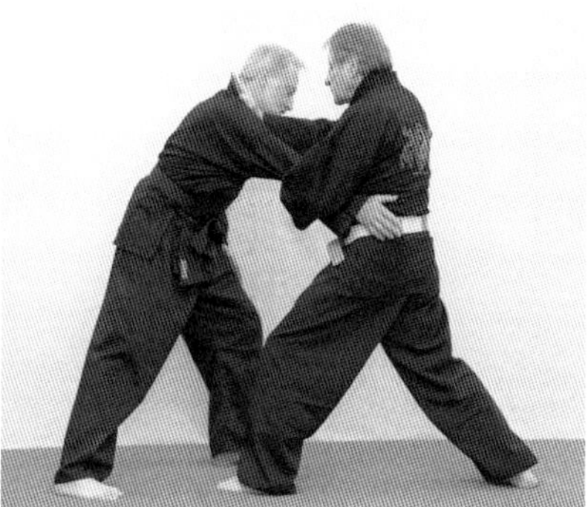
Foto 446

3.3. Fotos 444 bis 447: Festhalten am Handgelenk – einhändiges Greifen des gleichseitigen Handgelenks von hinten

Foto 444 zeigt die Ausgangssituation. Mit Versetzen des rechten Fußes erfolgt eine 90°-Drehung nach links, wodurch der Angriffsarm gestreckt wird. Der linke gestreckte Arm schlägt von hinten auf den Ellenbogen des Angreifers. Somit wird der Handgelenkgriff gelöst (Foto 445). Es folgt eine 90°-Drehung nach links mit *Shuto uchi* rechts zum Hals (Foto 446). Abschließend wird ein *Hiza geri* rechts ausgeführt (Foto 447 auf Seite 178).

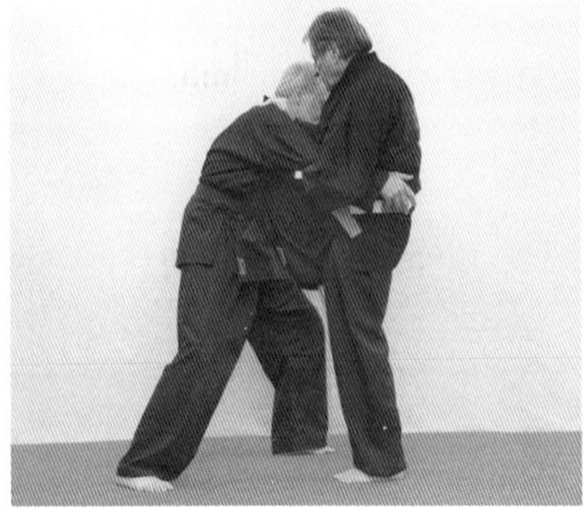

Foto 447

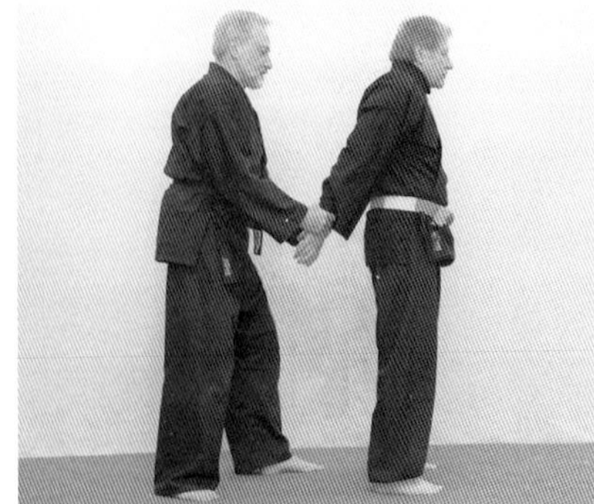

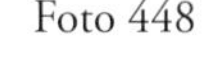

Foto 448

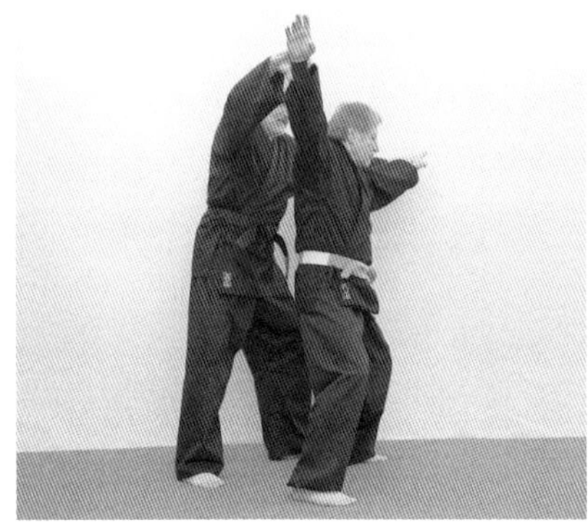

Foto 449

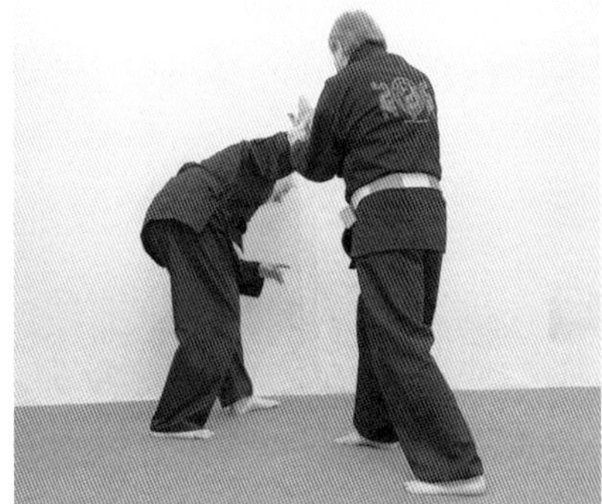

Foto 450

3.4. Fotos 448 bis 451: Festhalten am Handgelenk – beidhändiges Greifen der Handgelenke von hinten

Foto 448 zeigt die Ausgangssituation. Am Anfang stellt sich der rechte Fuß nach rechts außen, während die Arme nach oben geführt werden (Foto 449). Daraufhin wird die rechte Hand des Angreifers genommen und der linke Fuß wird nach hinten gesetzt. Somit kann ein Handgelenkhebel ausgeführt werden (Foto 450). Sollte der Angreifer das Vorhaben bemerken, kann der linke Fuß alternativ hinter den Gegner geschoben werden. Mit dem rechten gestreckten Arm wird der Gegner nun von vorn über das linke Bein zu Fall gebracht (Foto 451).

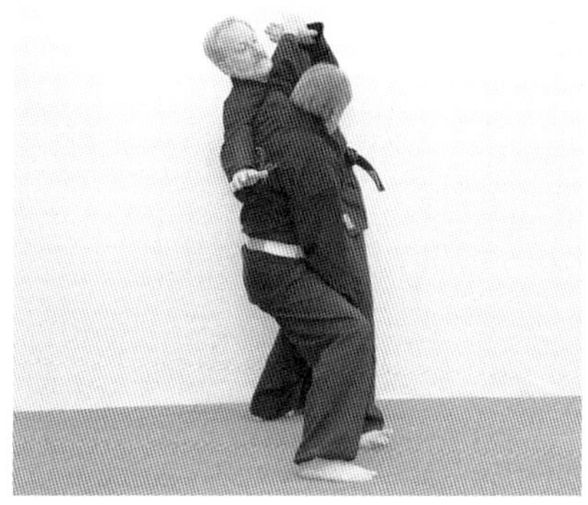

Foto 451

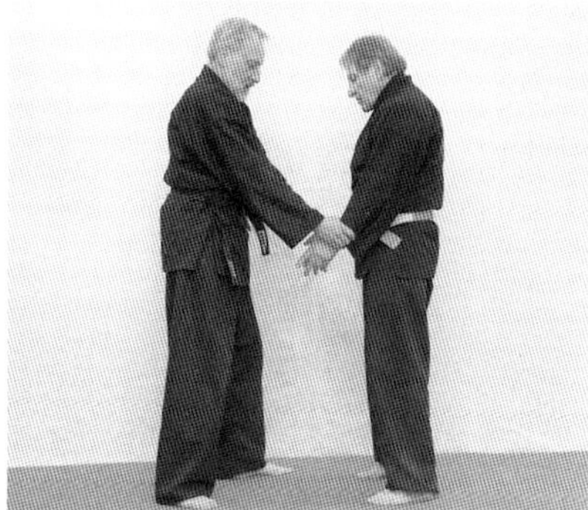

Foto 452

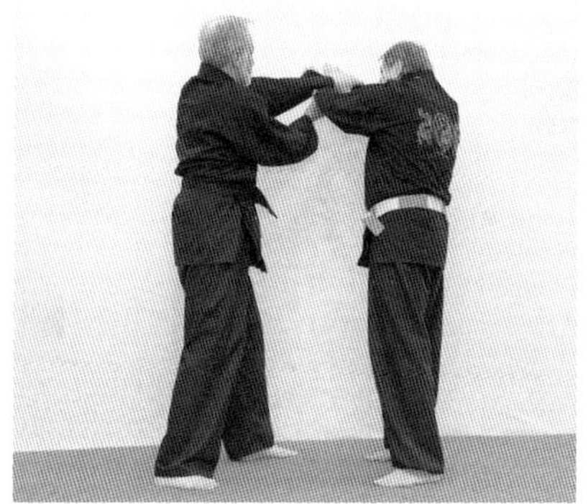

Foto 453

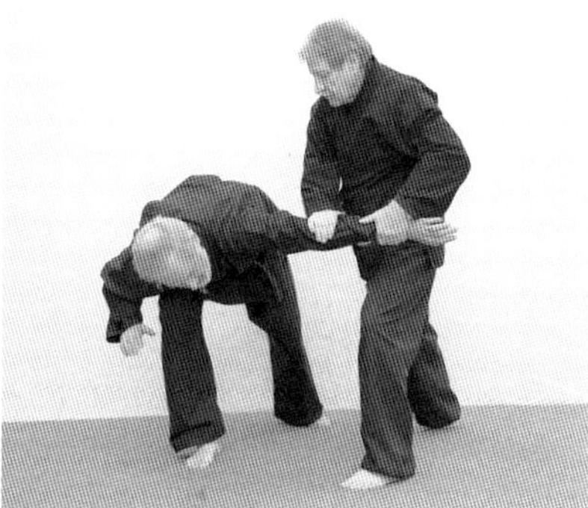

Foto 454

3.5. Fotos 452 bis 454: Festhalten am Handgelenk – beidhändiges Greifen der Handgelenke von vorn (Variante 1)

Foto 452 zeigt die Ausgangssituation. Beide Händen werden gehoben, so dass sie das Handgelenk des Gegners greifen können (Foto 453). Im Anschluss stellt man den linken Fuß nach außen, um einen Armstreckhebel auszuführen (Foto 454).

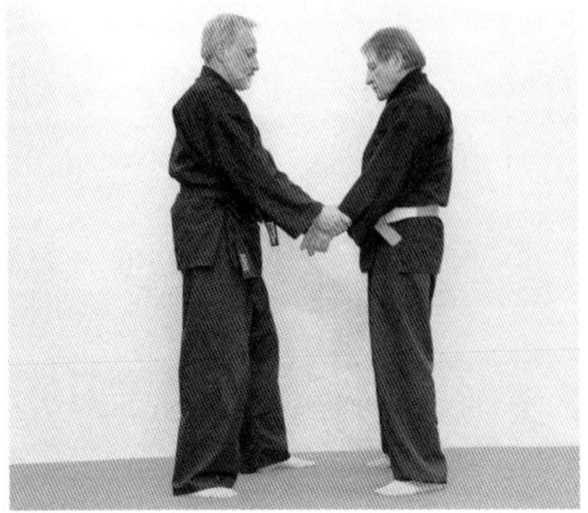
Foto 455

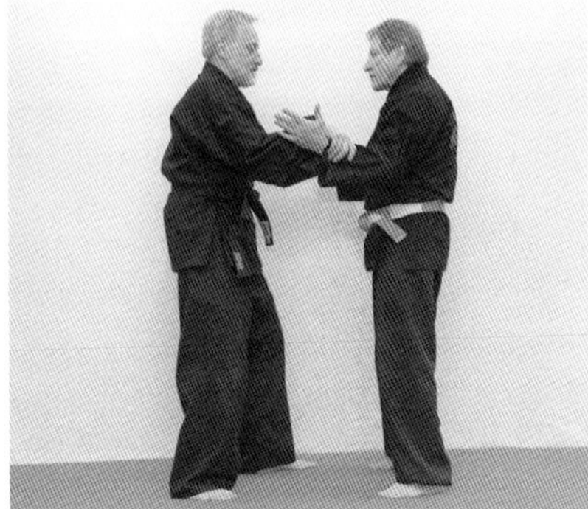
Foto 456

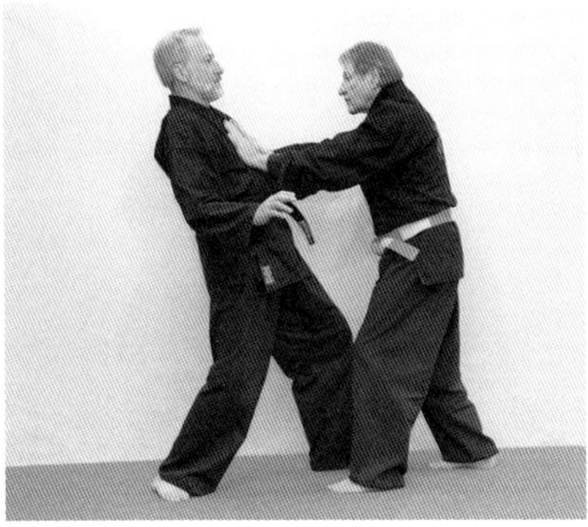
Foto 457

3.6. Fotos 455 bis 457: Festhalten am Handgelenk – beidhändiges Greifen der Handgelenke von vorn (Variante 2)

Foto 455 zeigt die Ausgangssituation. Damit der Griff des Angreifers gelöst werden kann, drehen sich beide Hände nach oben außen (Foto 456). Der linke Fuß geht nach vorn. Zugleich drücken beide Handballen den Angreifer nach hinten (Foto 457).

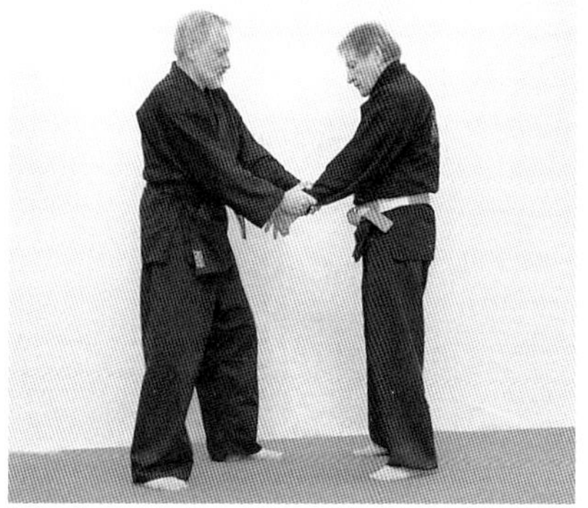
Foto 458

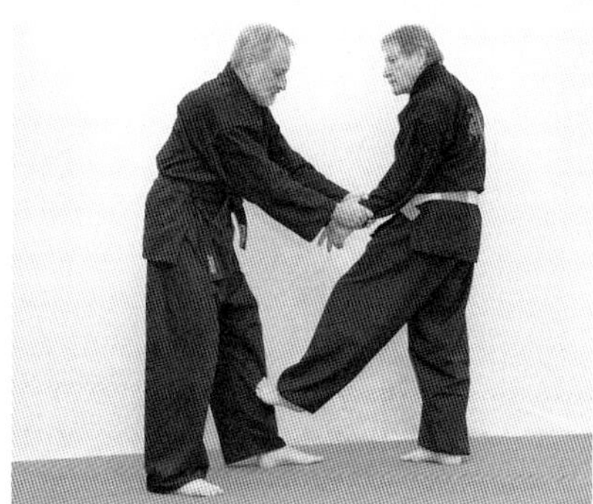
Foto 459

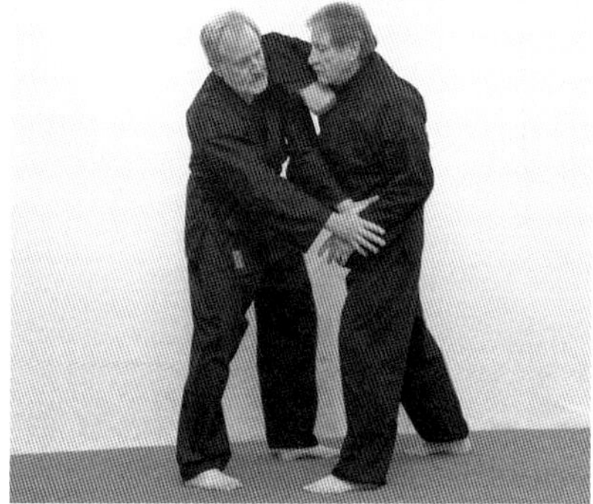
Foto 460

3.7. Fotos 458 bis 460: Festhalten am Handgelenk – beidhändiges Greifen eines Handgelenks von vorn.

Foto 458 zeigt die Ausgangssituation. Mit dem linken Fuß erfolgt ein Tritt zum linken Schienbein des Angreifers (Foto 459). Daraufhin wird der Fuß vorn abgesetzt. Abschließend wird ein *Mawashi empi uchi* zum Kopf des Gegners ausgeführt (Foto 460).

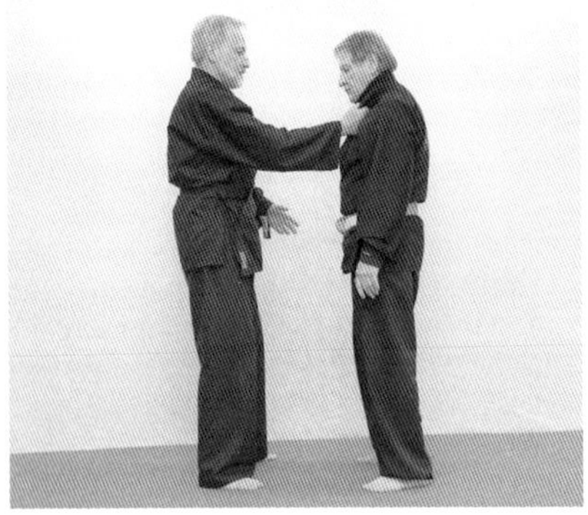

Foto 461

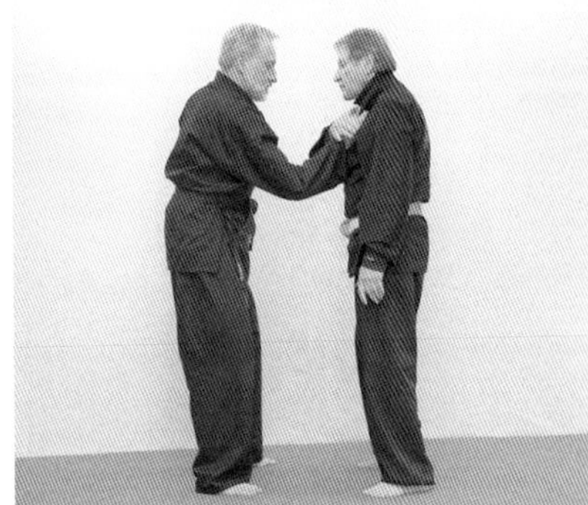

Foto 462

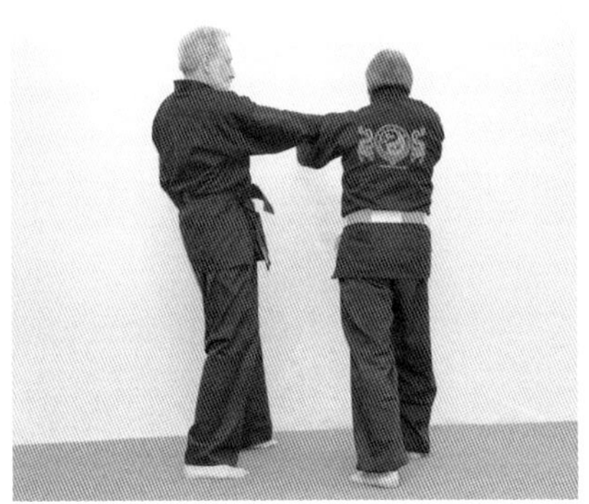

Foto 463

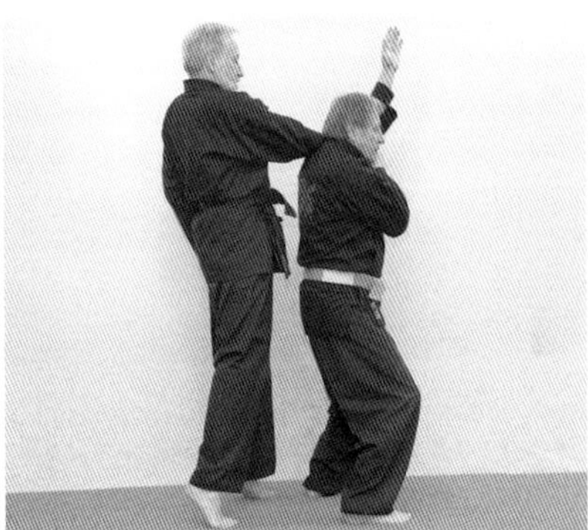

Foto 464

4.1. Fotos 461 bis 464: Festhalten am Kragen – einhändig von vorn

Foto 461 zeigt die Ausgangssituation. Die rechte Hand des Angreifers wird durch das Auflegen der rechten Hand fixiert (Foto 462). Daraufhin wird der rechte Fuß zur rechten Seite herausgesetzt. Der linke gestreckte Arm wird zugleich unter den Arm des Angreifers geführt (Foto 463). Der linke Fuß wird dabei so positioniert, dass der Gegner hinter einem steht. Dabei wird der linke Arm nach oben gestreckt und das Handgelenk des Angreifers über die linke Schulter gehebelt (Foto 464).

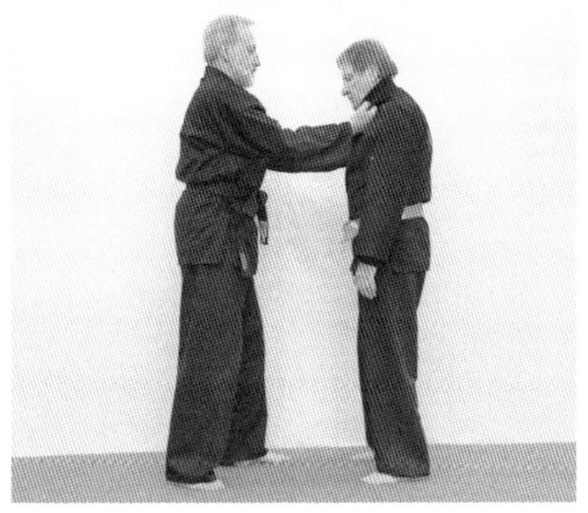
Foto 465

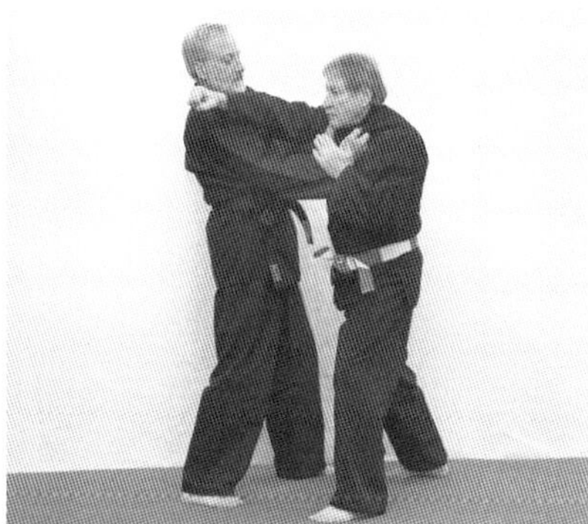
Foto 466

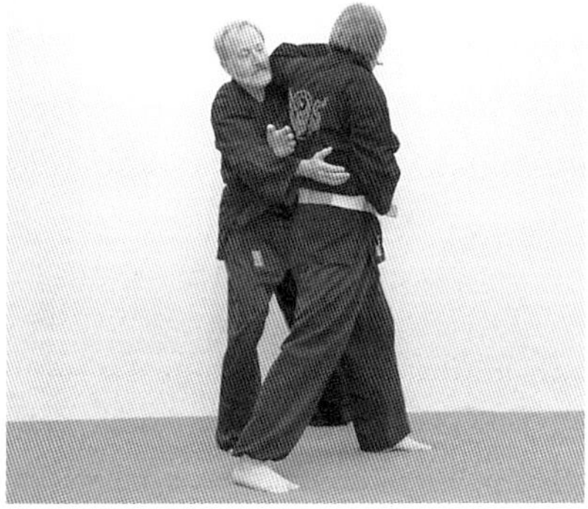
Foto 467

4.2. Fotos 465 bis 467: Festhalten am Kragen – beidhändig von vorn

Foto 465 zeigt die Ausgangssituation. Das rechte Handgelenk des Angreifers wird mit der linken Hand fixiert. Anschließend gleitet der linke Fuß nach vorn, und dabei schlägt die rechte Faust über beide Arme (Foto 466). Es folgt eine 180°-Drehung nach links, wobei der rechte Fuß nach vorn versetzt wird. Aus der Drehung heraus wird ein *Ushiro empi uchi* links zum Kopf des Angreifers ausgeführt (Foto 467).

Selbstverteidigung bis zum 1. Dan (waffenlos) – Fortsetzung

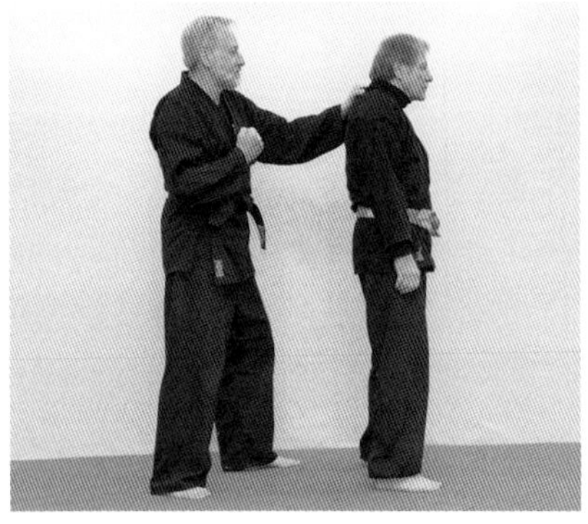

Foto 468

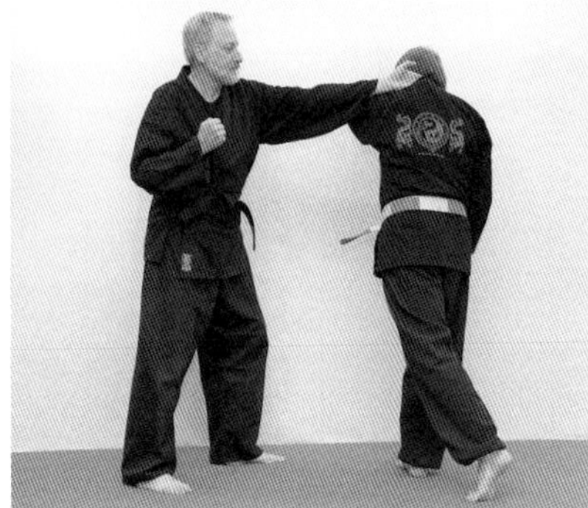

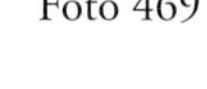

Foto 469

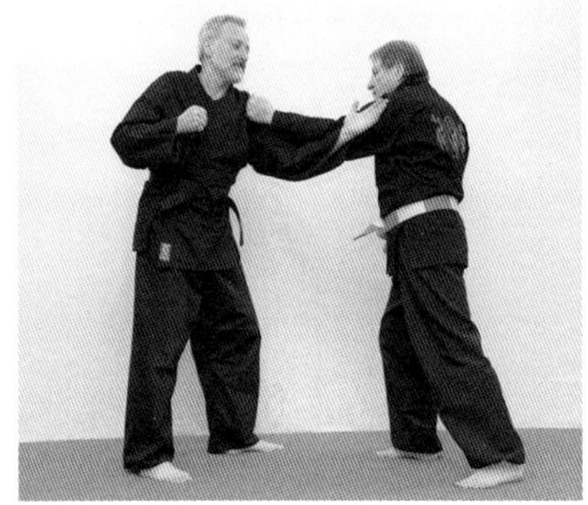

Foto 470

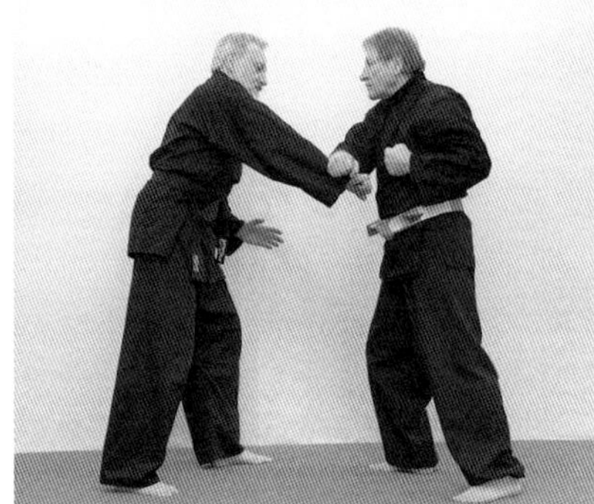

Foto 471

4.3. Fotos 468 bis 472: Festhalten am Kragen – einhändig von hinten

Foto 468 zeigt die Ausgangssituation. Der linke Fuß wird nach hinten links versetzt, verbunden mit einer Drehung (Foto 469). Man führt die begonnene Drehung weiter, und dabei schlägt der Arm den Angriffsarm herunter (Foto 470). Nach erfolgter Abwehr führt der Angreifer einen Faustangriff aus. Dieser wird mit dem rechten gestreckten Arm von oben nach unten abgewehrt (Foto 471). Abschließend folgt ein *Jodan uraken uchi* rechts (Foto 472).

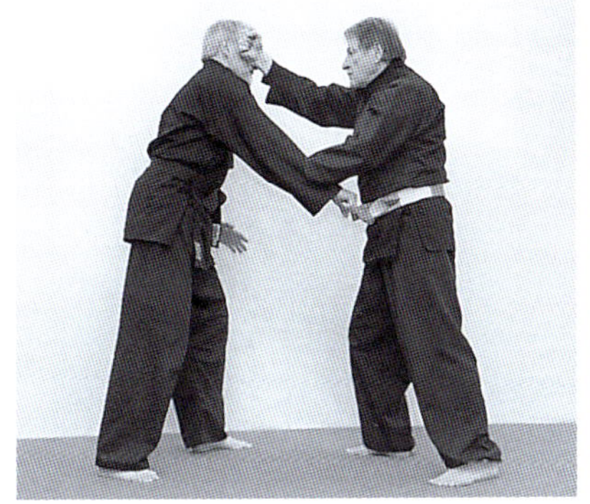
Foto 472

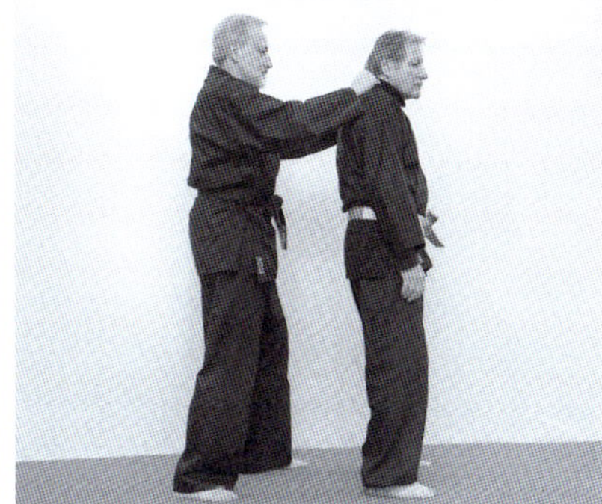
Foto 473

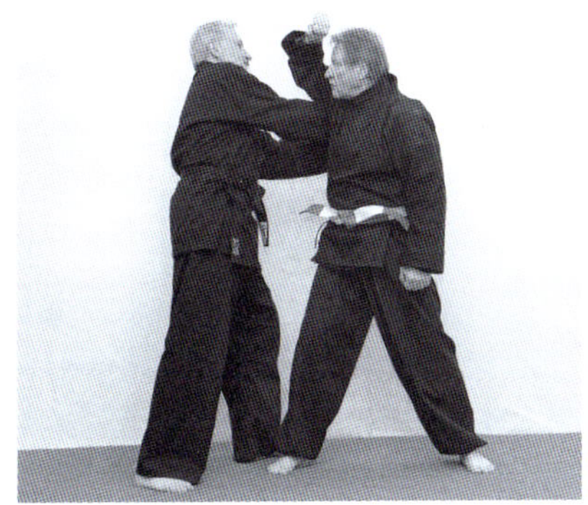
Foto 474

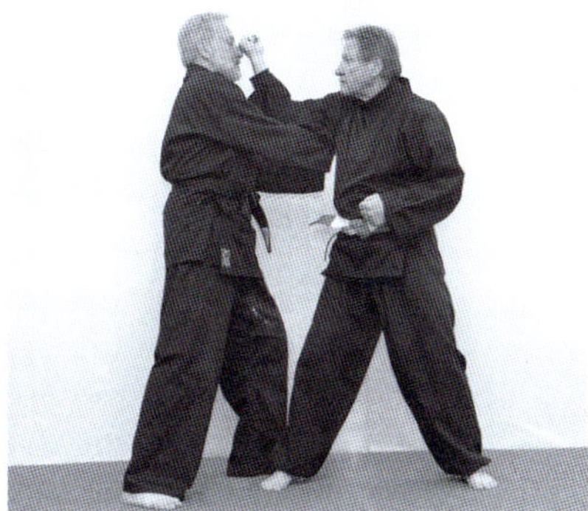
Foto 475

4.4. Fotos 473 bis 475: Festhalten am Kragen – beidhändig von hinten

Foto 473 zeigt die Ausgangssituation. Der rechte Fuß wird nach rechts zum Gegner hin abgesetzt. Dabei löst der rechte, angewinkelte Arm den Griff des Angreifers (Foto 474). Die Technik endet wieder mit einem *Jodan uraken uchi* (Foto 475).

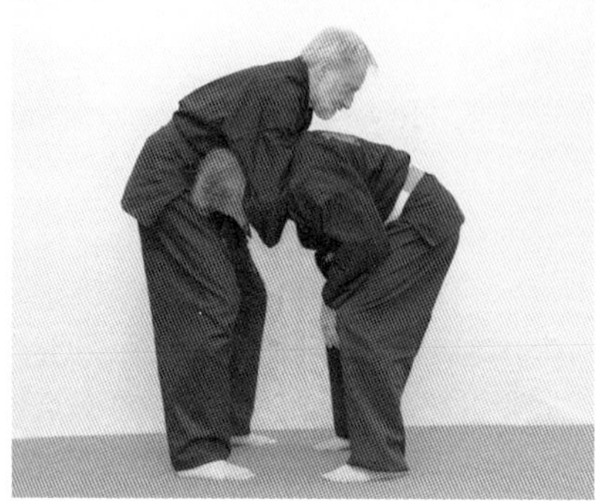
Foto 476

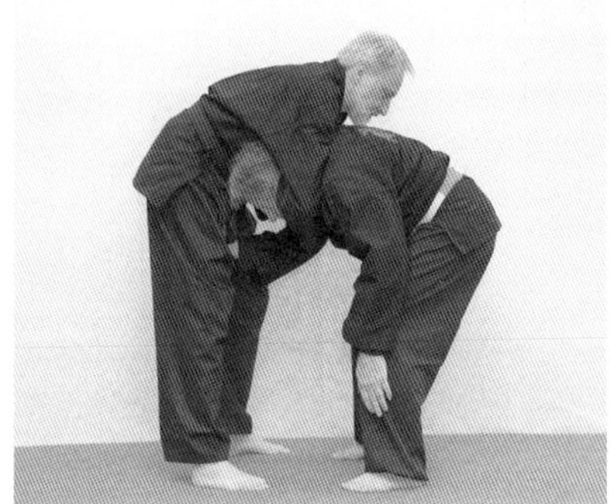
Foto 477

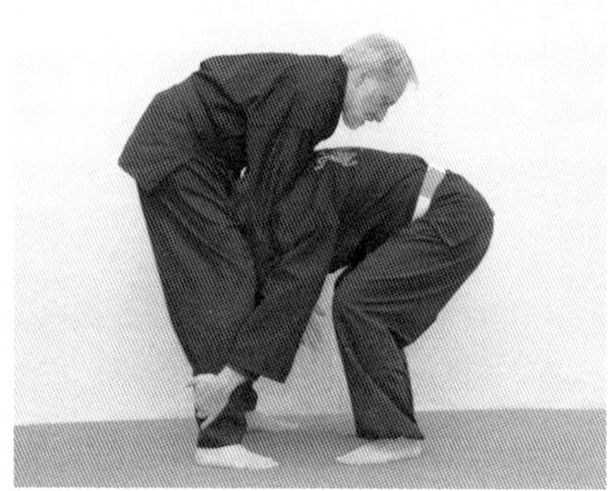
Foto 478

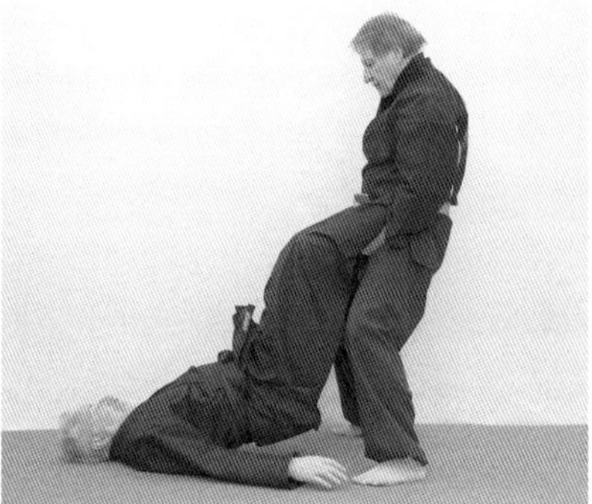
Foto 479

5.1. Fotos 476 bis 480: Schwitzkasten – von vorn

Foto 476 zeigt die Ausgangssituation. Mit rechts wird ein *Haito uchi* zum Unterleib ausgeführt, um den Griff zu lösen (Foto 477). Danach werden beide Hände nach unten geführt und die Beine des Gegners werden oberhalb der Fußgelenke gegriffen und zu sich gezogen (Foto 478). Dadurch wird der Angreifer zu Fall gebracht. Die Beine werden zur Hüfte gezogen und eingeklemmt, so dass ein Wadenhebel entsteht (Foto 479). Abschließend erfolgt eine 180°-Drehung, während ein Bein über den Gegner steigt. Dieser wird somit in die Bauchlage gezwungen. Durch die darauffolgende Sitzposition auf dem Oberschenkel entsteht ein Hebel (Foto 480).

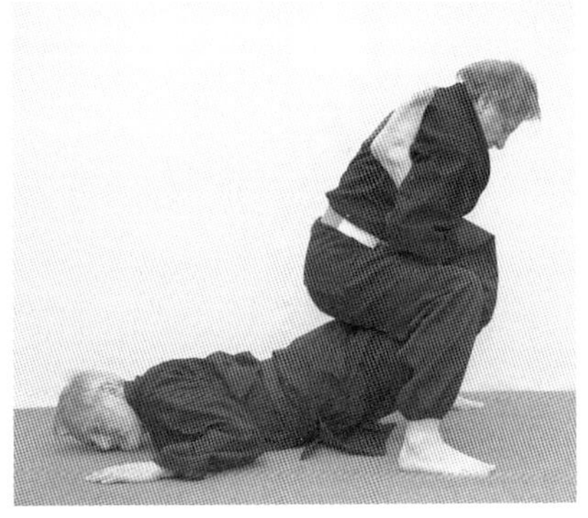

Foto 480

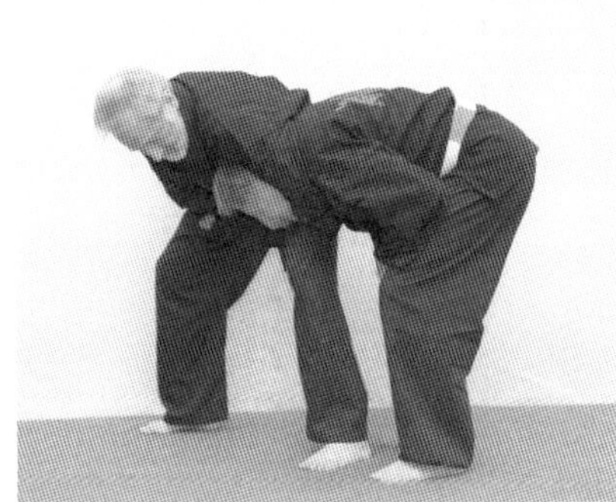

Foto 481

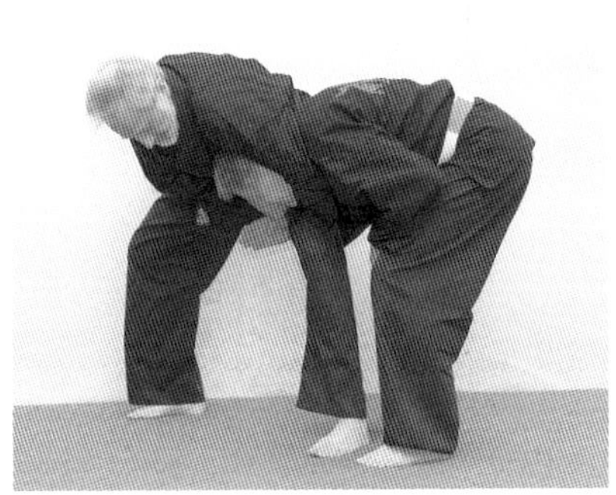

Foto 482

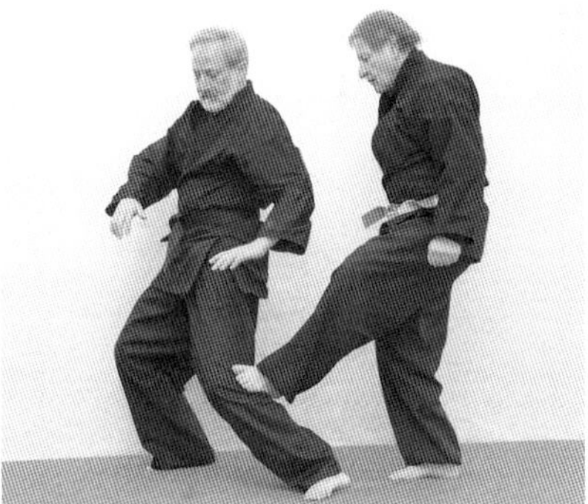

Foto 483

5.2. Fotos 481 bis 483: Schwitzkasten – von der Seite

Foto 481 zeigt die Ausgangssituation. Um sich aus der Umklammerung zu befreien, ist ein *Haito uchi* rechts zum Unterleib nötig (Foto 482). Im Anschluss wird der linke Fuß in die Kniekehle gesetzt. Durch den Druck nach vorn kann der Gegner weggedrückt werden (Foto 483).

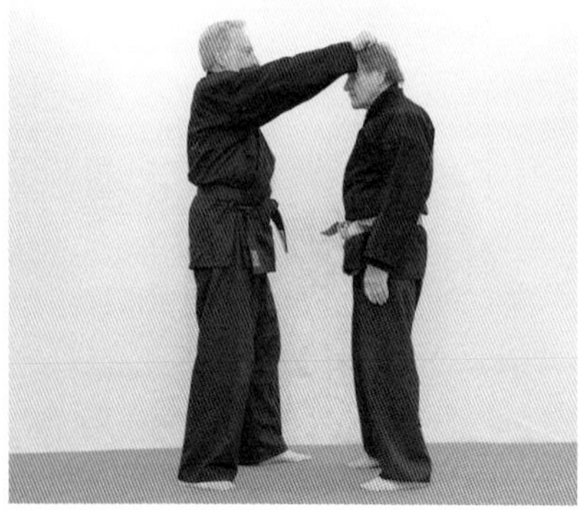

Foto 484

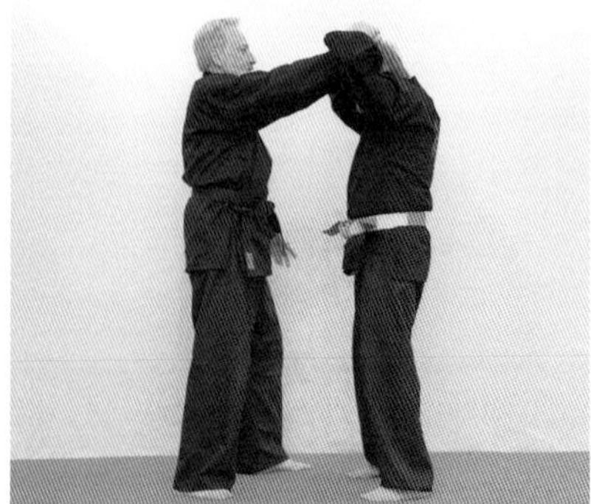

Foto 485

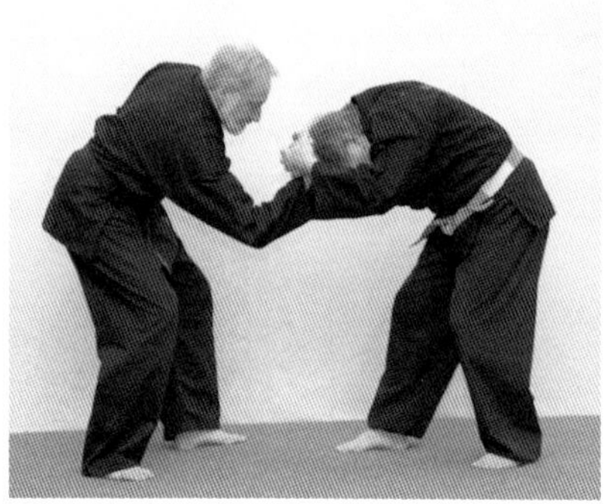

Foto 486

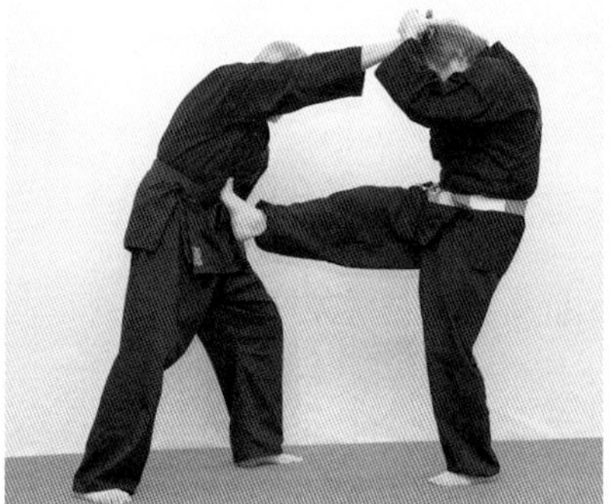

Foto 487

6.1. Fotos 484 bis 487: Ziehen an den Haaren – von vorn

Foto 484 zeigt die Ausgangssituation. Zuerst fixieren beide Hände den Handrücken des Gegners so nah wie möglich am Handgelenk der Griffhand (Foto 485). Danach geht der linke Fuß einen Schritt nach hinten. Dadurch kann sich der Oberkörper so weit nach vorn beugen bis ein Handgelenkhebel entsteht (Foto 486). Abschließend erfolgt ein *Mae geri* rechts (Foto 487).

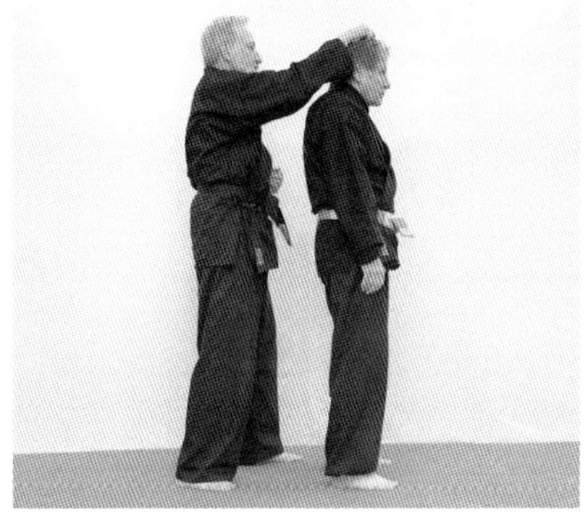

Foto 488

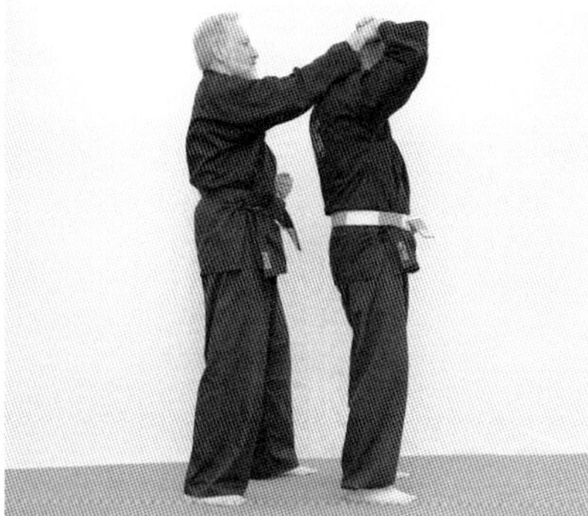

Foto 489

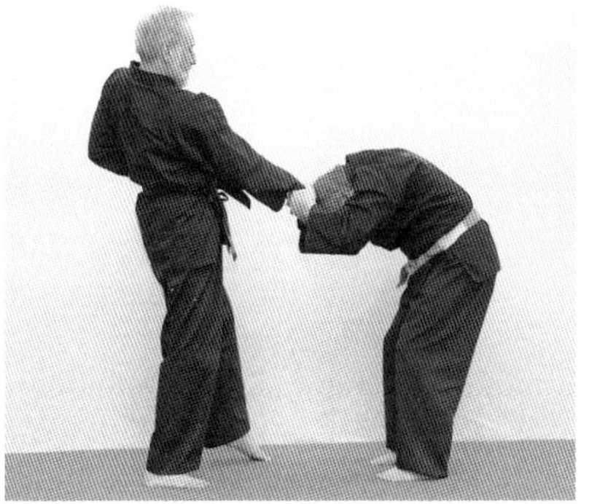

Foto 490

6.2. Fotos 488 bis 490: Ziehen an den Haaren – von hinten

Foto 488 zeigt die Ausgangssituation. Wie bei der vorherigen Technik fixieren beide Hände den Handrücken des Gegners. Dies sollte so nah wie möglich am Handgelenk der Griffhand erfolgen (Foto 489). Es folgt eine Drehung um 180°. Dabei wird der Oberkörper leicht gebeugt und anschließend wieder gehoben, bis ein Handgelenkhebel entsteht (Foto 490).

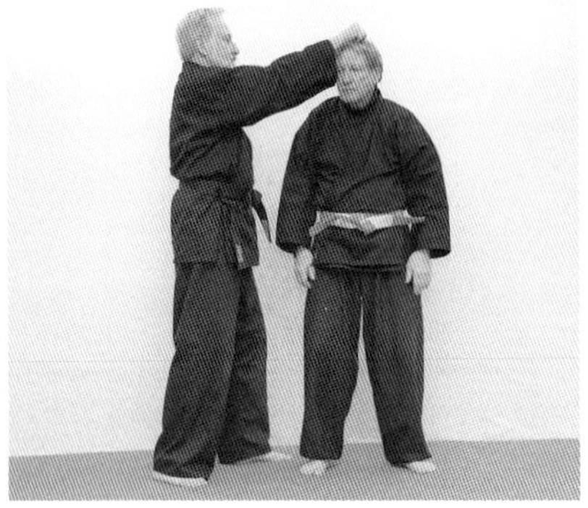
Foto 491

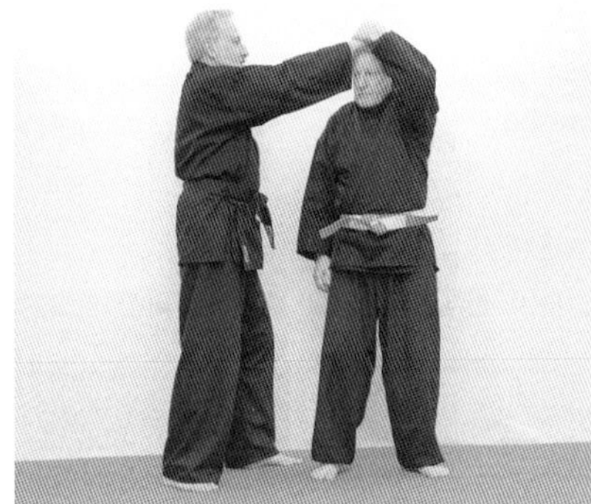
Foto 492

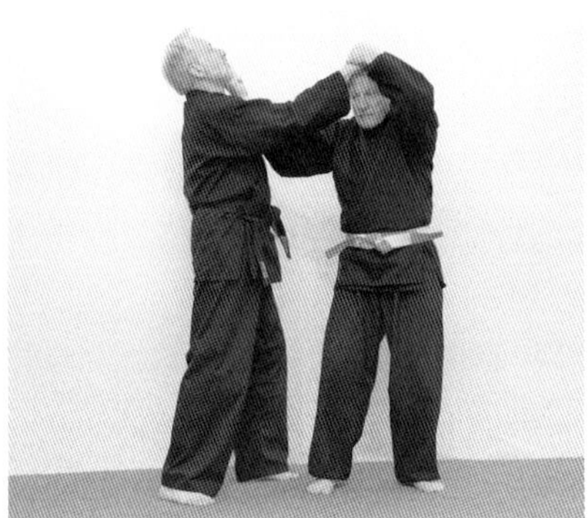
Foto 493

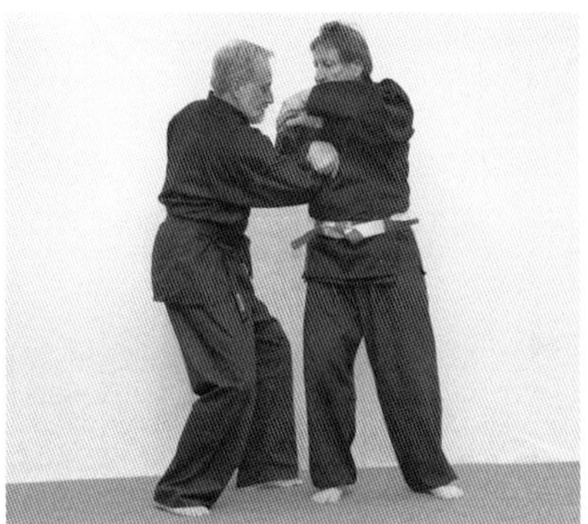
Foto 494

6.3. Fotos 491 bis 494: Ziehen an den Haaren – von der Seite

Foto 491 zeigt die Ausgangssituation. Mit der linken Hand wird die Angriffshand des Gegners fixiert (Foto 492). Danach wird ein Faustschlag mit der rechten Hand zum Kinn ausgeführt (Foto 493). Anschließend wird die Faust weiter nach oben durchgeführt. Sobald sie wieder gesenkt wird, schlägt sie in die Ellenbogenbeuge des Angriffsarms und es folgt ein Handgelenkhebel (Foto 494).

Selbstverteidigung ab dem 2. Dan (mit Waffen)

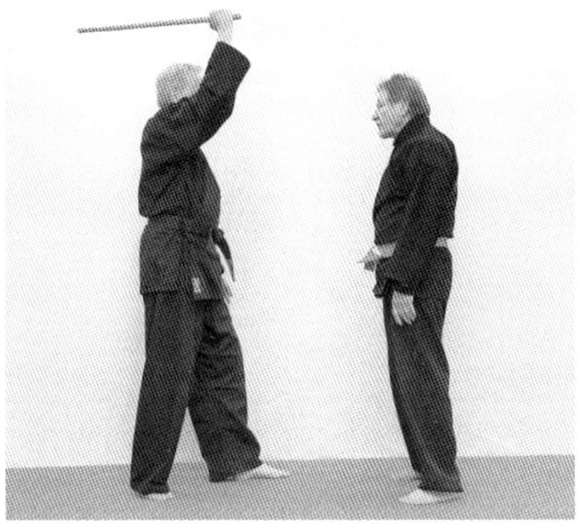

Foto 495

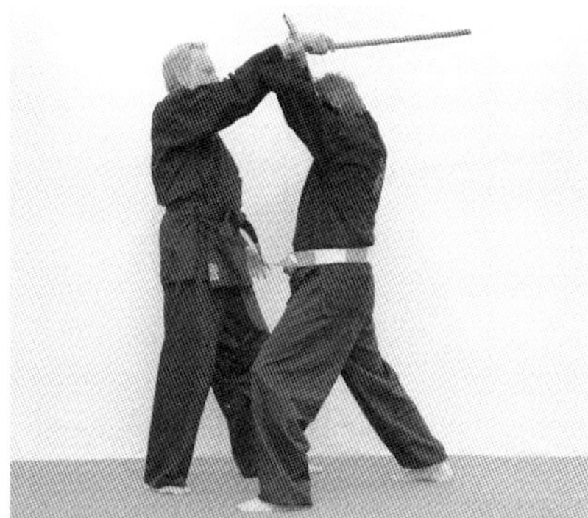

Foto 496

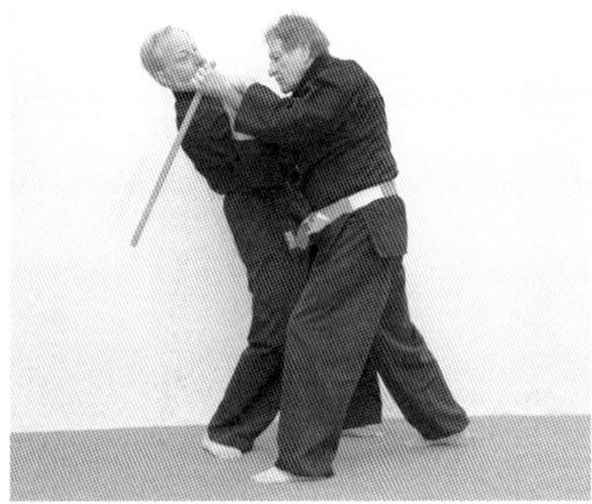

Foto 497

7.1. Fotos 495 bis 497: Stockangriff – von oben

Foto 495 zeigt die Ausgangssituation. Der linke Fuß wird nach vorn gesetzt. Gleichzeitig erfolgt ein *Jodan juji uke* (Foto 496). Die linke Hand wird auf das Angriffshandgelenk gelegt, während die rechte Hand unter den Angriffsarm greift. Die rechte Handfläche befindet sich auf dem Handrücken der linken Hand, so dass der Gegner schließlich zu Fall gebracht wird (Foto 497).

Selbstverteidigung ab dem 2. Dan (mit Waffen) – Fortsetzung

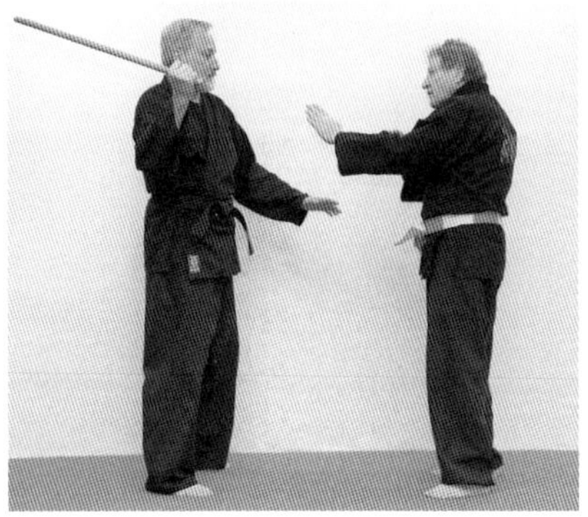

Foto 498

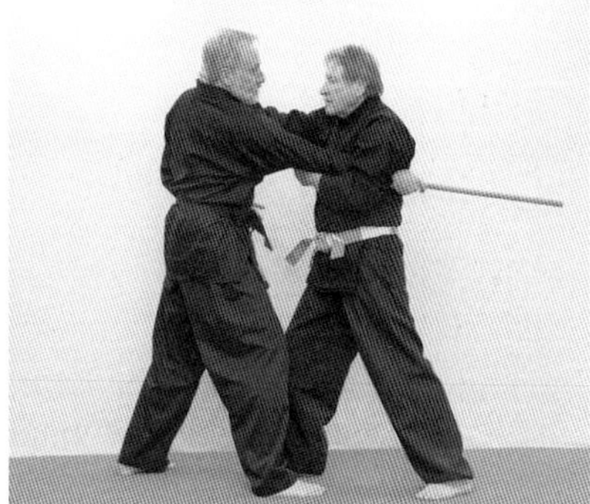

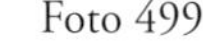

Foto 499

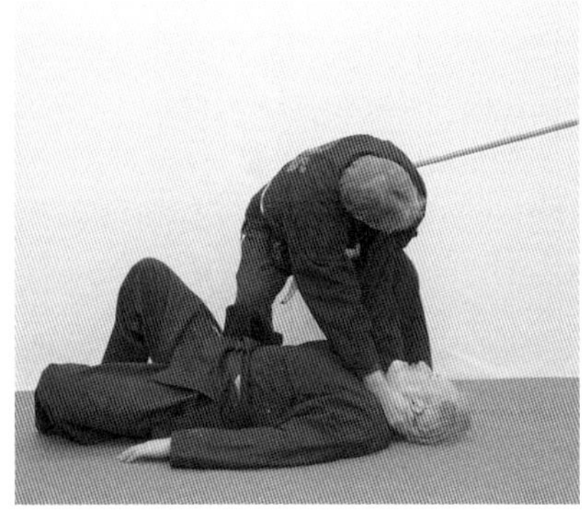

Foto 500

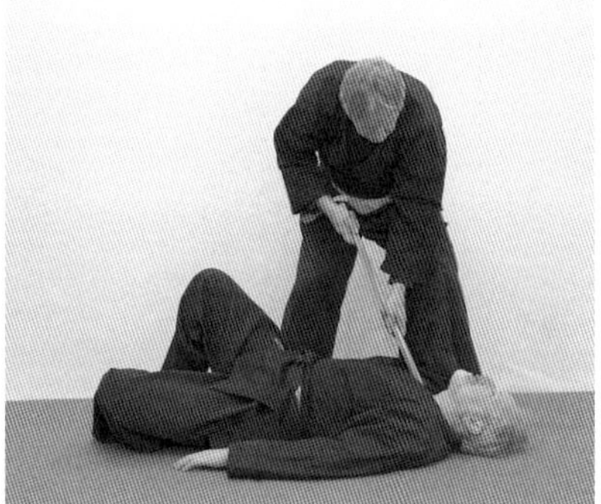

Foto 501

7.2. Fotos 498 bis 501: Stockangriff – seitlich von außen

Foto 498 zeigt die Ausgangssituation. Für die Ausführung der Technik geht der rechte Fuß zuerst nach vorn. Der linke Arm klemmt den Angriffsarm ein und die rechte Hand bewegt sich zum Kopf des Gegners (Foto 499). Durch das Weiterdrehen nach links wird der Angreifer zu Fall gebracht (Foto 500). Abschließend erfolgen Stockabnahme und Stockstich zum Hals des Angreifers (Foto 501).

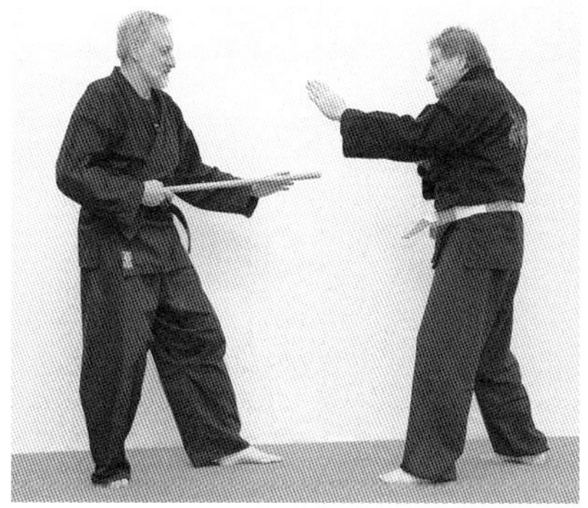
Foto 502

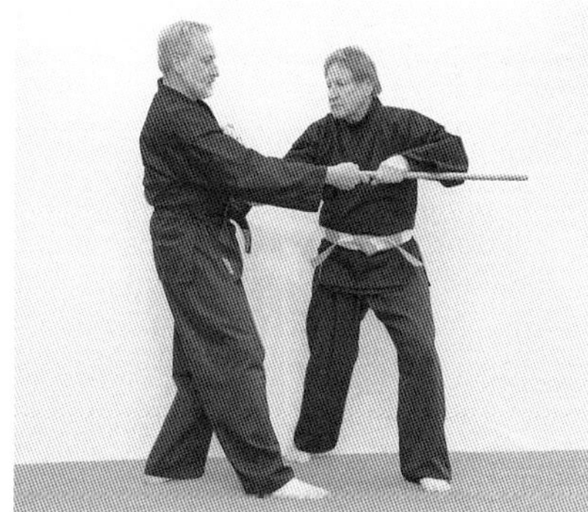
Foto 503

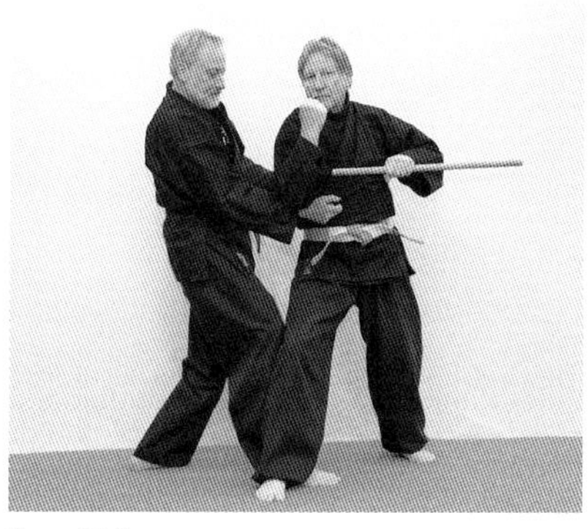
Foto 504

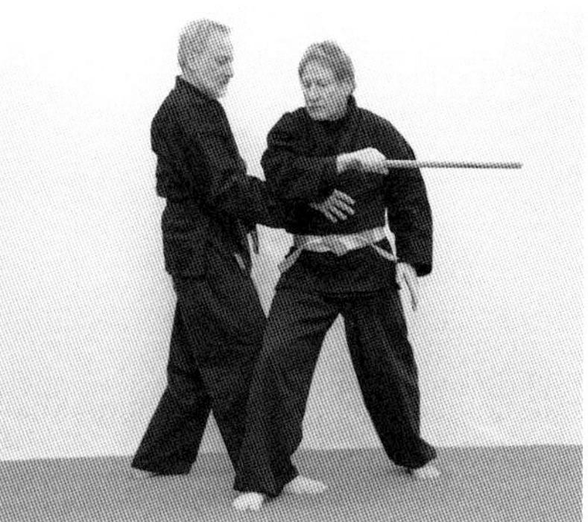
Foto 505

7.3. Fotos 502 bis 509: Stockstich

Foto 502 zeigt die Ausgangsposition. Mit Versetzen des rechten Fußes dreht man sich um 90° nach links, so dass der Stock mit der linken Hand weggenommen werden kann. Mit der rechten Hand wird ein *Uraken uchi* zum Oberarmmuskel geschlagen (Foto 503). Der rechte Fuß wird nach vorn gesetzt. Um die Hand des Gegners vom Stock zu lösen, schlägt der rechte Arm einen *Oroshi empi uchi* auf dessen Angriffsarm. (Foto 504). Mit der rechten Hand wird der Stock übernommen (Foto 505).

Selbstverteidigung ab dem 2. Dan (mit Waffen) – Fortsetzung

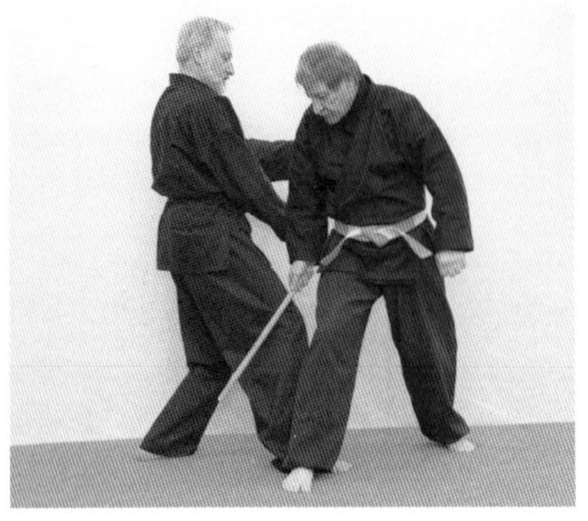

Foto 506

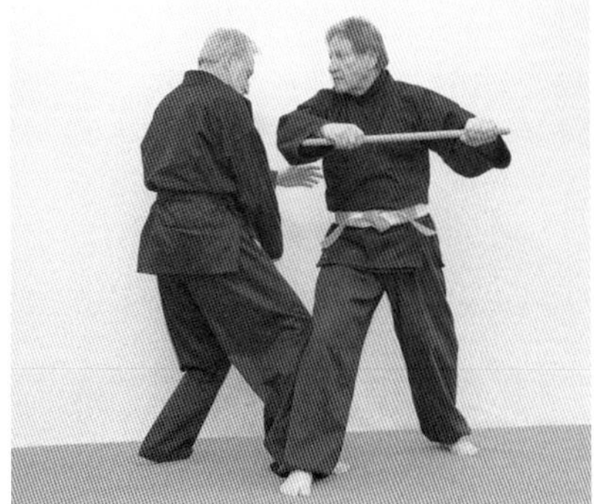

Foto 507

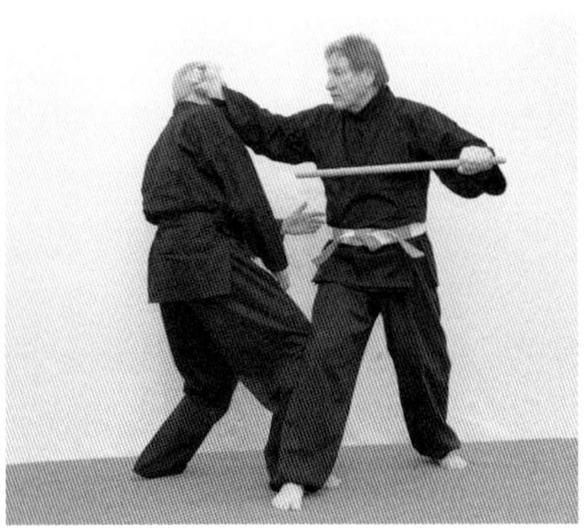

Foto 508

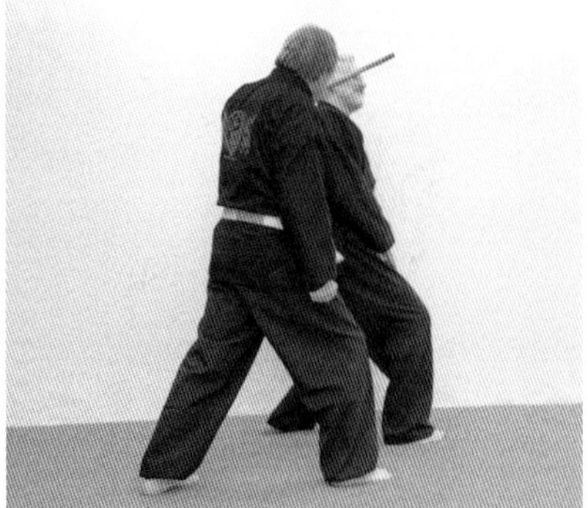

Foto 509

Es folgt ein Stockschlag zum Kniegelenk des Gegners (Foto 506). Daraufhin kommt es zu einem Wechsel und die linke Hand führt nun den Stock weiter (Foto 507). Mit der freien rechten Hand wird ein *Uraken uchi* ausgeführt (Foto 508). Mit dem Versetzen des linken Fußes wird eine 180°-Drehung vollzogen. Abschließend erfolgt mit der linken Hand ein Stockschlag zum Kopf des Angreifers (Foto 509).

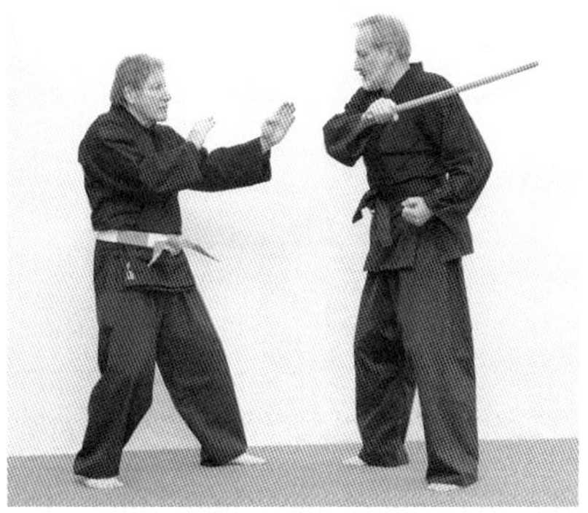
Foto 510

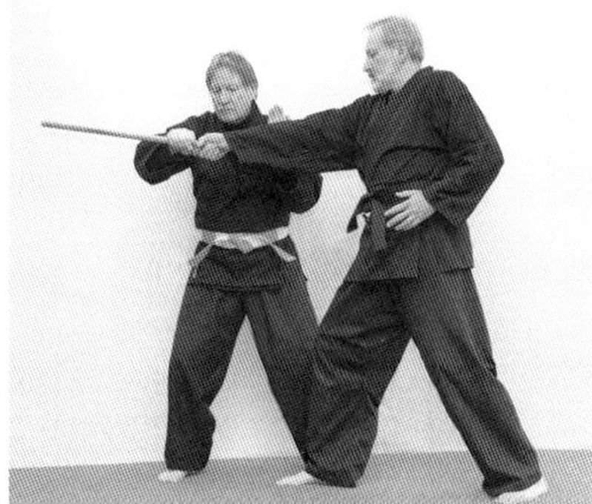
Foto 511

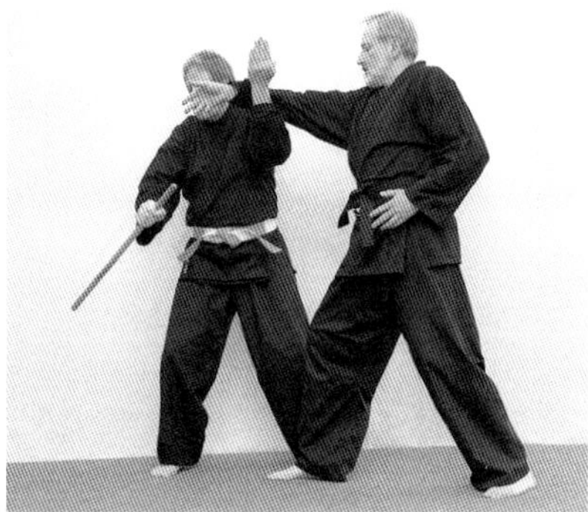
Foto 512

7.4. Fotos 510 bis 515: Stockangriff – seitlich von innen

Foto 510 zeigt die Ausgangsposition. Der rechte Fuß wird nach hinten gestellt. Die rechte Hand greift nach dem Stock, während mit der linken Hand ein *Shotei uchi* zum Ellenbogen des Angriffsarms geschlagen wird (Foto 511). Den linken Arm kraftvoll nach oben reißen. Damit wird der Griff gelöst. Die rechte Hand übernimmt den Stock (Foto 512).

Selbstverteidigung ab dem 2. Dan (mit Waffen) – Fortsetzung

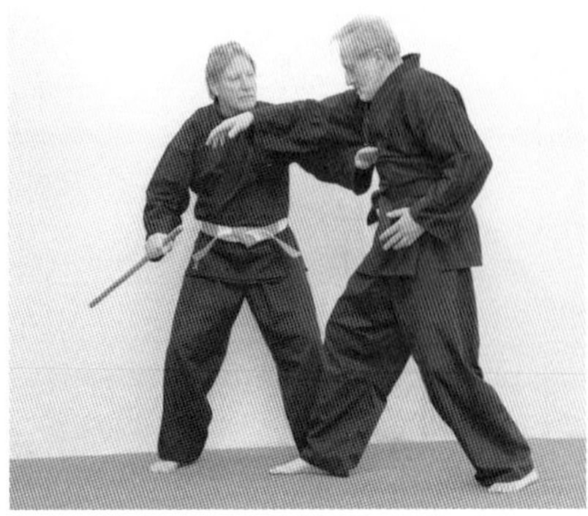

Foto 513

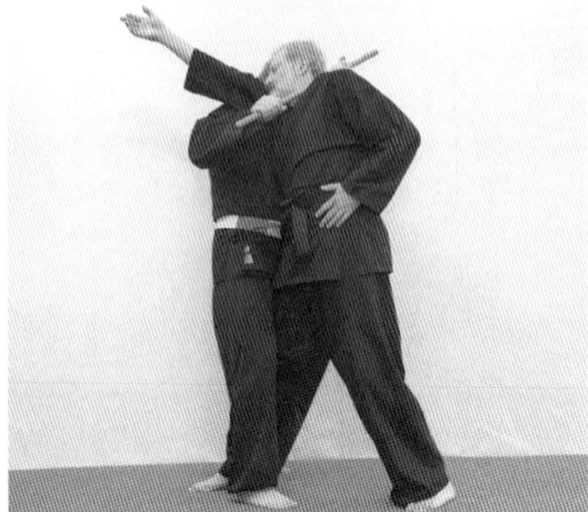

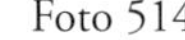

Foto 514

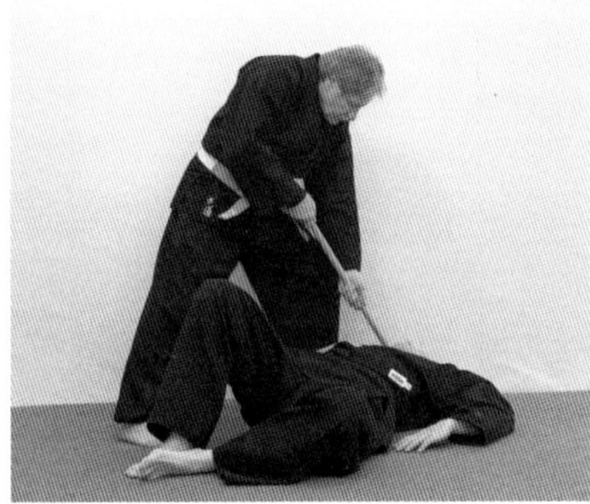

Foto 515

Es erfolgt ein *Shuto uchi* zum Oberkörper des Gegners (Foto 513). Danach bewegt sich der rechte Fuß auf den Gegner zu. Der Stock wird dabei zum Hals des Gegners geführt und bringt ihn schließlich zu Fall (Foto 514). Abschließend wird mit der Waffe ein Stockstich zum Hals des Gegners ausgeführt (Foto 515).

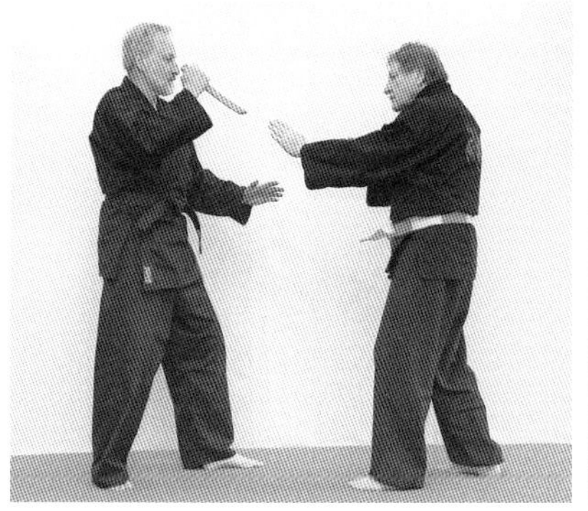

Foto 516

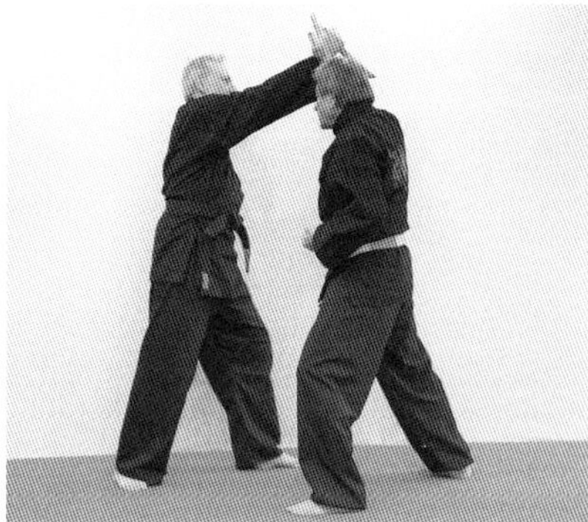

Foto 517

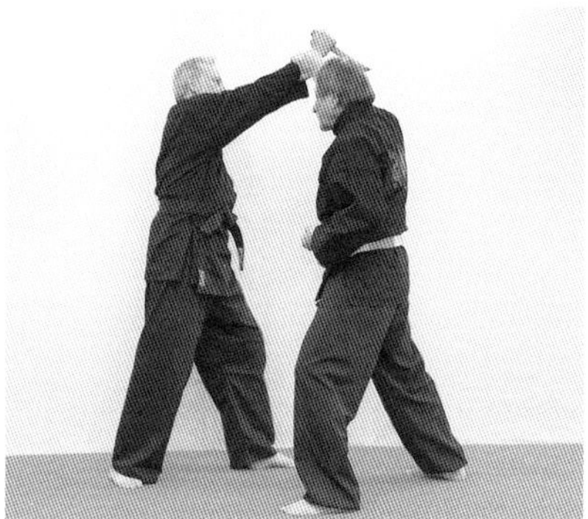

Foto 518

8.1. Fotos 516 bis 521: Messerangriff – von oben

Foto 516 zeigt die Ausgangssituation. Der linke Fuß weicht zur Seite aus. Mit der rechten Handkante wird der Angriffsarm des Gegners geblockt (Foto 517). Unmittelbar danach kann das Handgelenk der Angriffshand von der rechten Hand von oben gefasst werden (Foto 518).

Selbstverteidigung ab dem 2. Dan (mit Waffen) – Fortsetzung

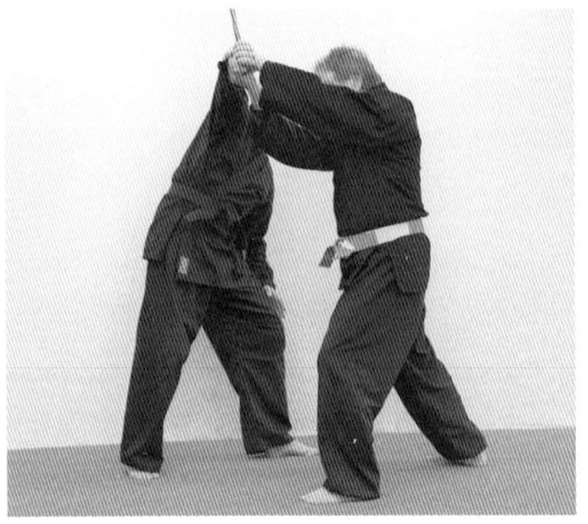
Foto 519

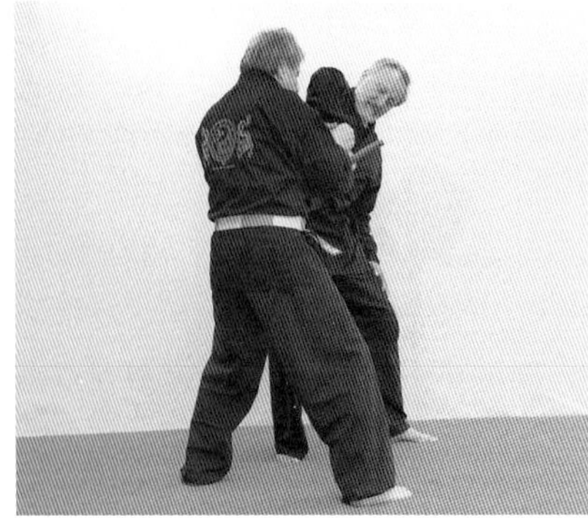
Foto 520

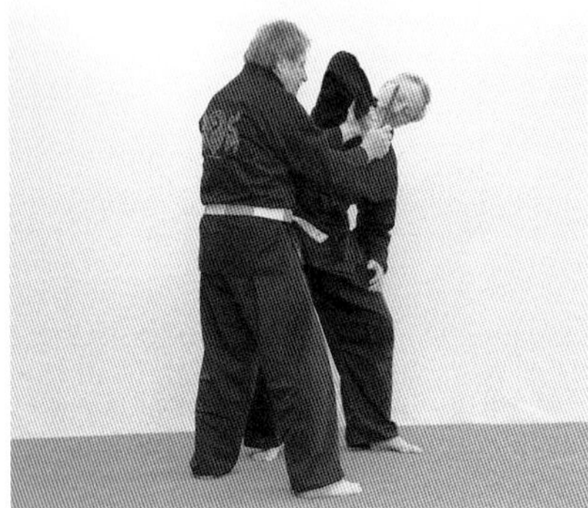
Foto 521

Die linke Hand greift das Handgelenk von unten. Der gestreckte Arm wird nach links im Bogen nach oben geführt (Foto 519). Daraufhin wird der rechte Fuß weit nach vorn abgesetzt, so dass man unter dem gegnerischen Arm hindurchgeht. Der linke Fuß wird, verbunden mit einer Drehung zum Angreifer, neben den rechten gestellt. Während der gesamten Bewegung lässt man das Angriffshandgelenk zwischen den Händen gleiten. Dann wird es fest gepackt und nach links verdreht (Foto 520). Ist das Messer nicht bereits auf den Boden gefallen, wird es dem Gegner jetzt abgenommen (Foto 521).

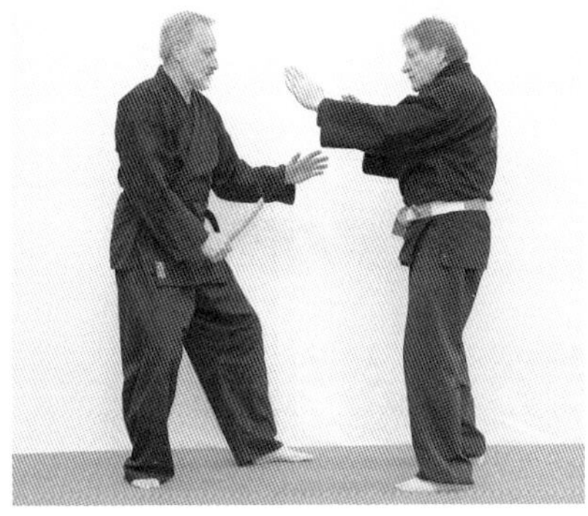

Foto 522

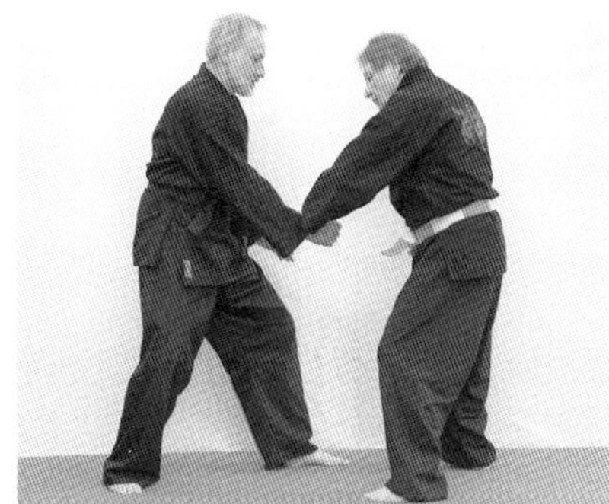

Foto 523

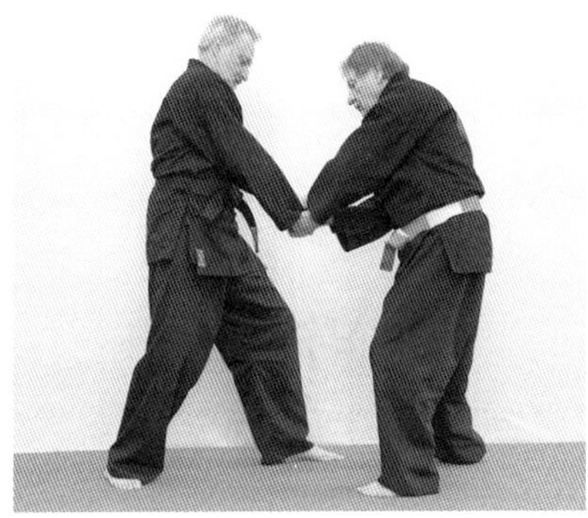

Foto 524

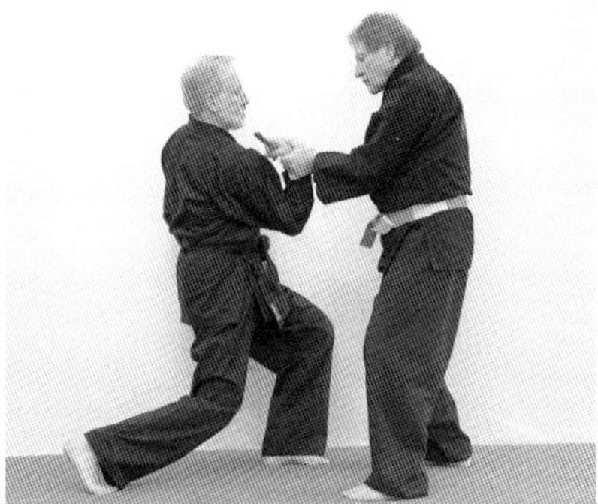

Foto 525

8.2. Fotos 522 bis 526: Messerangriff – von unten

Foto 522 zeigt die Ausgangssituation. Der Messerangriff des Gegners wird verhindert, indem seine Attacke mit der linken Hand von oben nach unten geblockt wird (Foto 523). Dadurch hat der Angegriffene die Möglichkeit, mit der linken Hand das Handgelenk des Gegners von oben und mit der rechten Hand von unten zu greifen (Foto 524). Durch diesen Griff wird der Arm des Gegners gestreckt. Im weiteren Verlauf wird dieser gestreckte Arm gehoben, wodurch es möglich ist, einen Kipphandhebel in Richtung des Gegners auszuführen (Foto 525). Alternativ kann auch der linke Fuß nach hinten abgesetzt und somit ein Kipphandhebel zur Seite vollzogen werden (Foto 526 auf Seite 200).

Selbstverteidigung ab dem 2. Dan (mit Waffen) – Fortsetzung

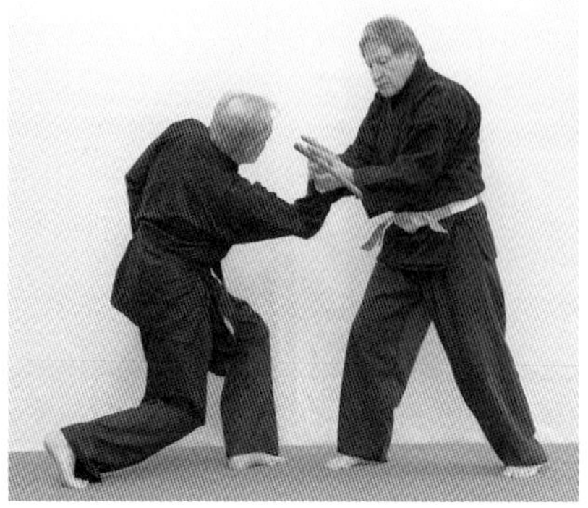

Foto 526

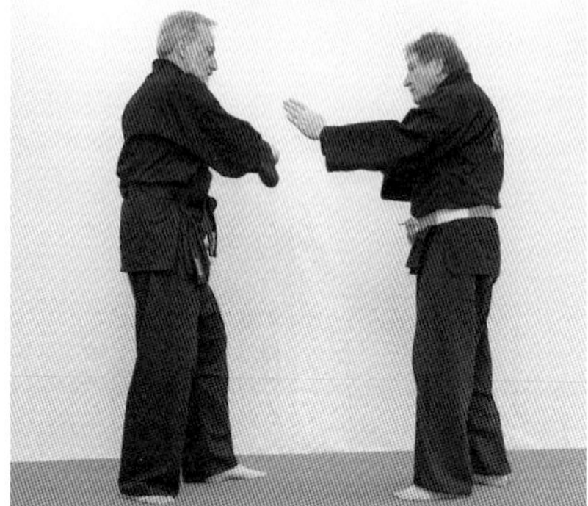

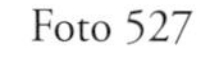

Foto 527

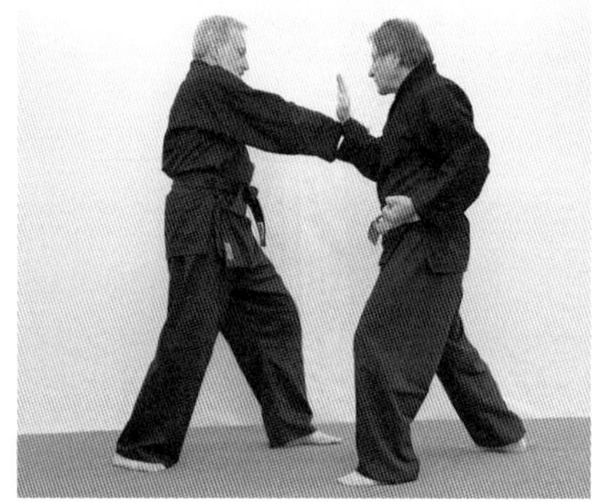

Foto 528

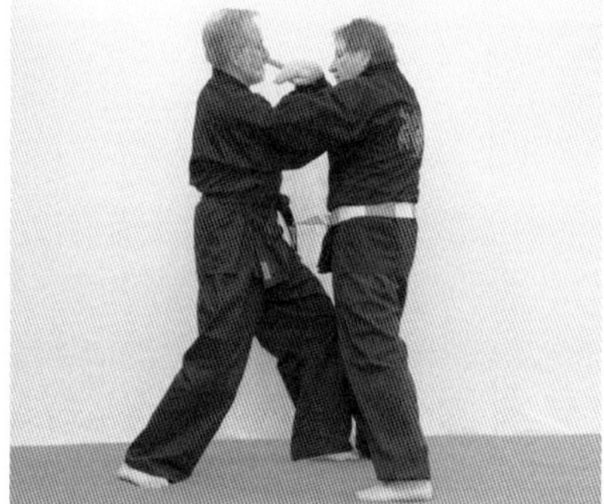

Foto 529

8.3. Fotos 527 bis 530: Messerangriff – seitlich von innen

Foto 527 zeigt die Ausgangssituation. Zuerst bewegt sich der linke Fuß nach vorn. Währenddessen wird der Angriffsarm des Gegners mit dem rechten Unterarm geblockt (Foto 528). Der rechte Fuß folgt nun, indem er auf eine Linie mit dem linken Fuß gestellt wird. Dabei liegt die linke Handwurzel in der Ellenbogenbeuge des gebeugten Arms des Angreifers; die rechte Hand liegt auf dem Handgelenk (Foto 529). Abschließend wird der linke Fuß nach hinten abgesetzt. Mit einer Drehung um 180° nach links wird der Gegner zu Fall gebracht (Foto 530).

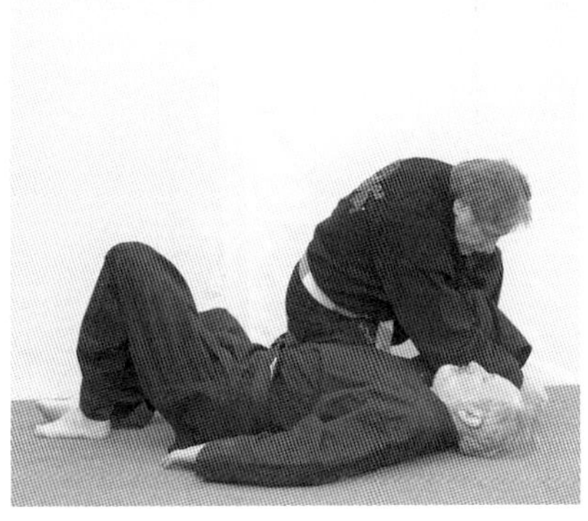
Foto 530

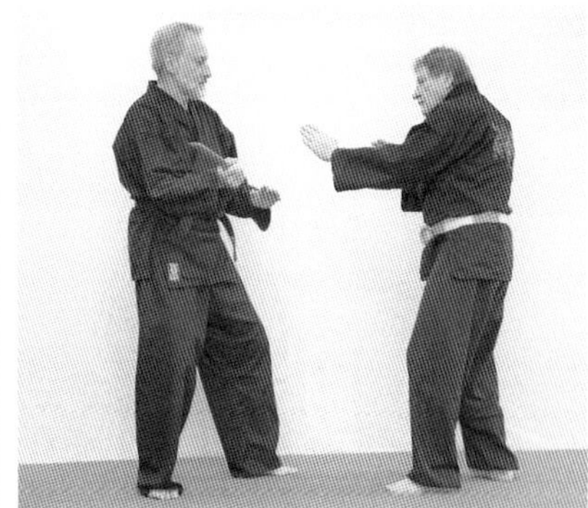
Foto 531

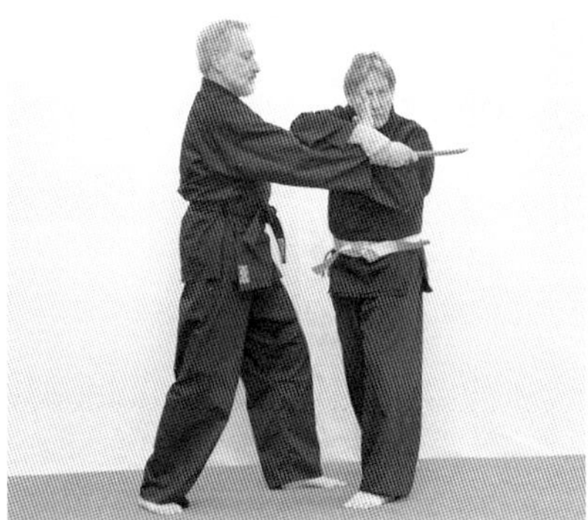
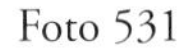
Foto 532

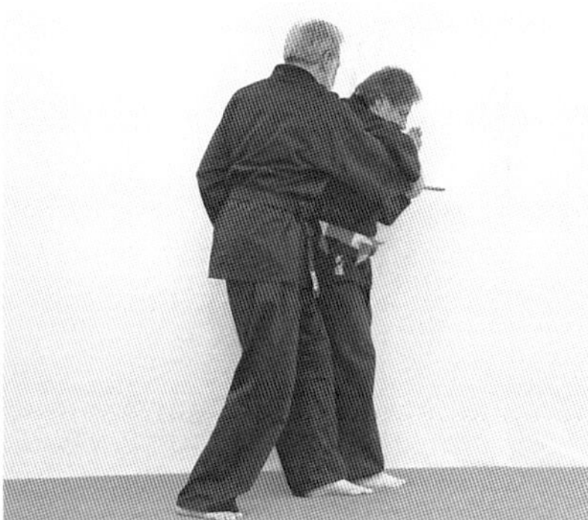
Foto 533

8.4. Fotos 531 bis 534: Messerangriff – seitlich von außen

Foto 531 zeigt die Ausgangssituation. Der rechte Fuß wird nach vorn parallel neben den linken gestellt. Dabei wird der Angriffsarm des Gegners mit dem linken Unterarm geblockt. Gleichzeitig greift die rechte Hand sein Handgelenk (Foto 532). Die nachfolgende Bewegung des Angreifers ausnutzend, wird der linke Fuß nach hinten versetzt, so dass der Gegner mitgezogen wird (Foto 533). Will sich der Angreifer aus der Haltung befreien und zieht in die andere Richtung, sollte dem nachgegeben werden. Der linke Fuß wird wieder zurückgestellt und der Arm des Angreifers gedreht. Daraufhin wird auch der rechte Fuß nach hinten gesetzt und abschließend wird ein Handgelenkhebel ausgeführt (Foto 534 auf Seite 202).

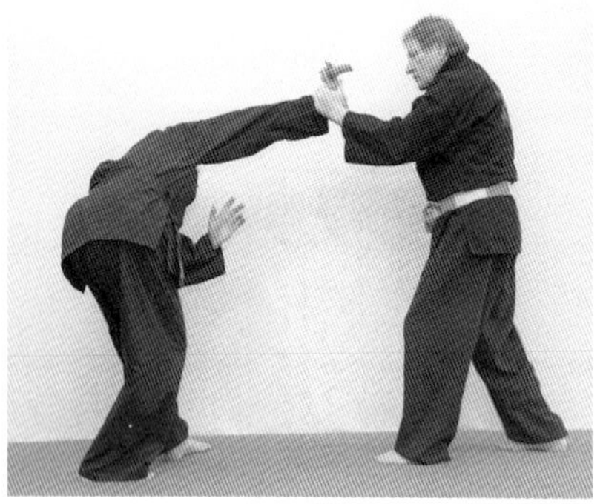
Foto 534

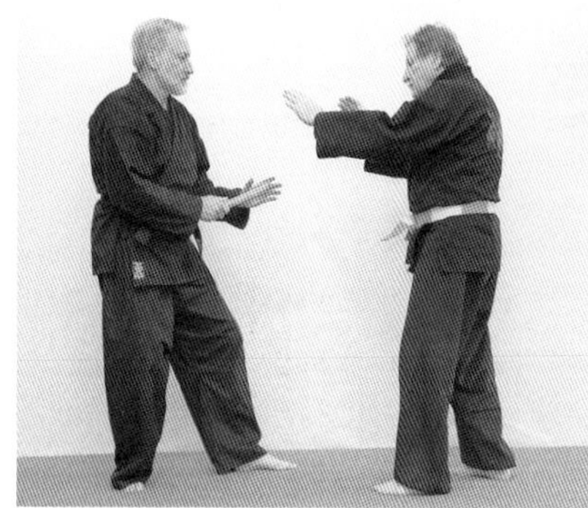
Foto 535

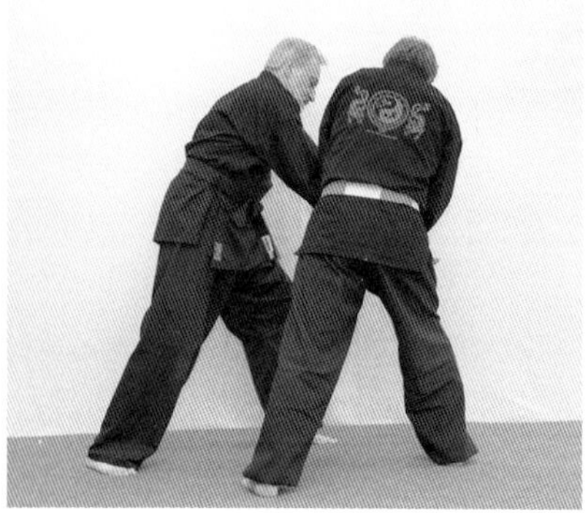
Foto 536

8.5. Fotos 535 bis 539: Messerangriff – Stilettstich

Foto 535 zeigt die Ausgangssituation. Der linke Fuß wird nach vorn gestellt, dabei blockt der linke Unterarm den Angriff des Gegners. Unmittelbar danach wird dessen Angriffshandgelenk mit der linken Hand von oben und mit der rechten Hand von unten umfasst (Foto 536). Nun wird der gegnerische Angriffsarm wie-

Selbstverteidigung ab dem 2. Dan (mit Waffen) – Fortsetzung

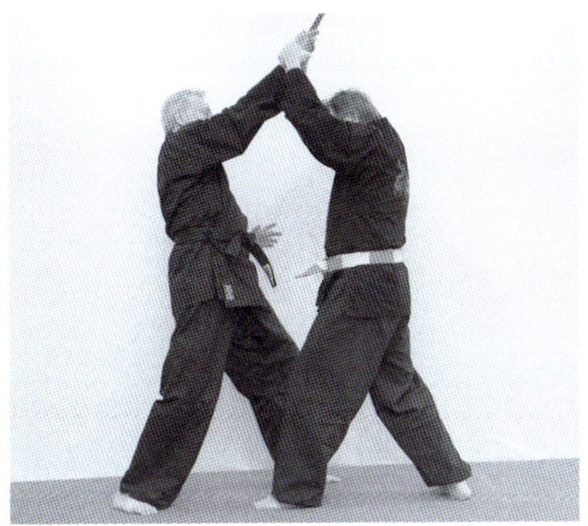

Foto 537

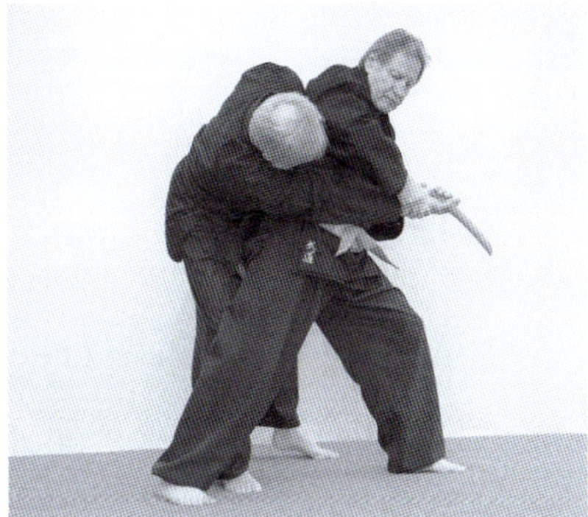

Foto 538

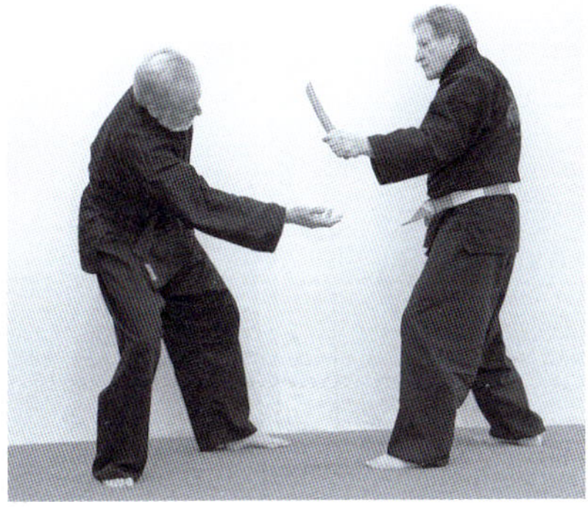

Foto 539

der nach oben geführt. Dabei drehen sich die Füße und wenden sich dem Gegner zu (Foto 537). Anschließend wird der Körper mit einer 180°-Drehung nach außen gerichtet und der rechte Fuß stellt sich in den Gegner hinein. Der Angriffsarm wird somit auf die Hüfte gerichtet und gehebelt (Foto 538). In dieser Stellung kann das Messer abgenommen werden. Zur Sicherheit ist es auch wichtig, einen entsprechenden Abstand zum Angreifer herzustellen (Foto 539).

Selbstverteidigung ab dem 2. Dan (mit Waffen) – Fortsetzung

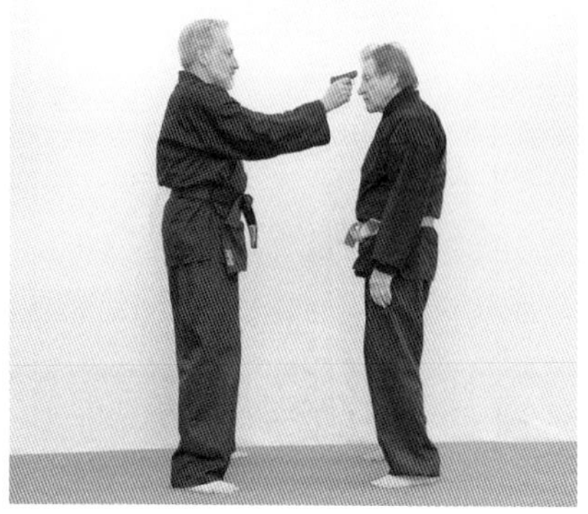

Foto 540

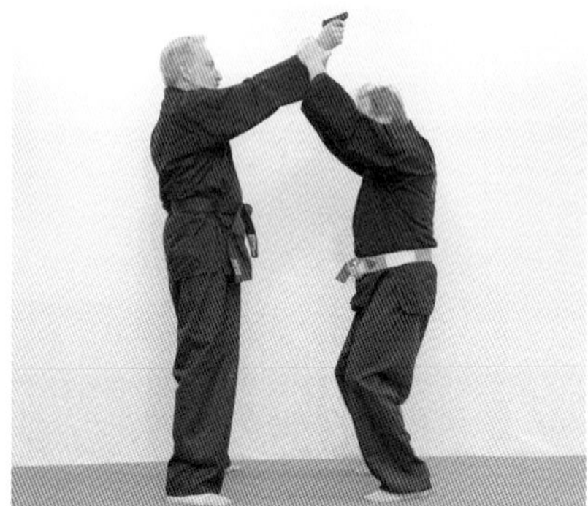

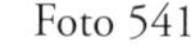

Foto 541

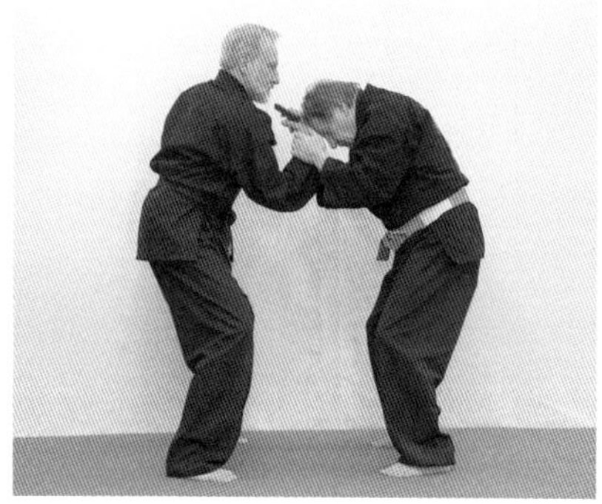

Foto 542

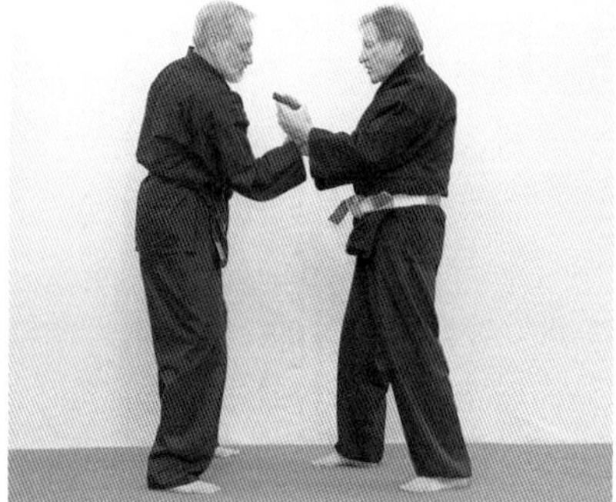

Foto 543

9.1. Fotos 540 bis 543: Angriff mit der Pistole – von vorn

Foto 540 zeigt die Ausgangssituation. Der Körper bewegt sich zuerst nach unten. Gleichzeitig werden beide Hände gehoben und greifen das gegnerische Handgelenk (Foto 541). Daraufhin wird der Handrücken zur Stirn geführt, so dass ein Handgelenkhebel entsteht (Foto 542). Somit kann abschließend die Pistole abgenommen werden (Foto 543).

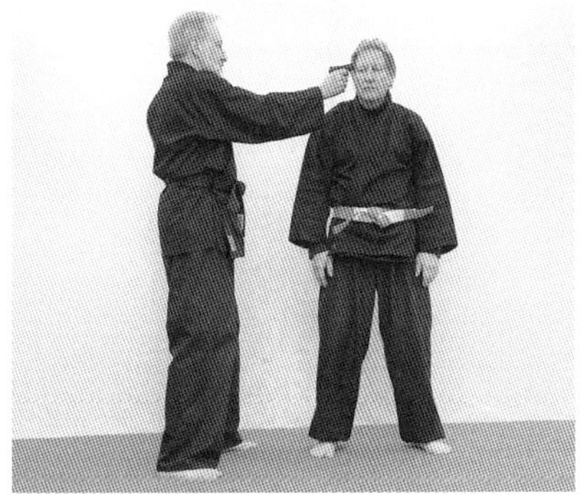

Foto 544

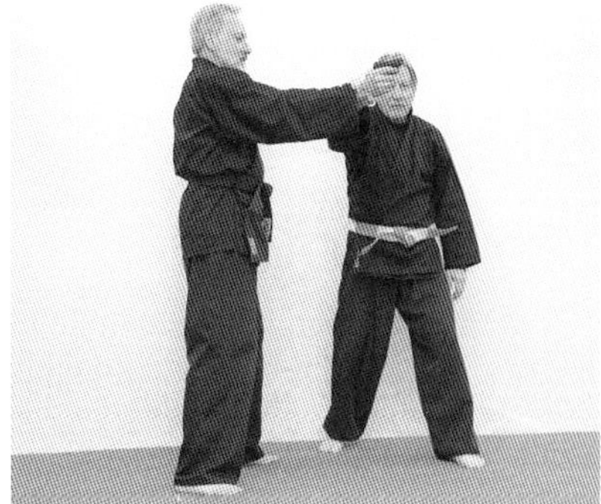

Foto 545

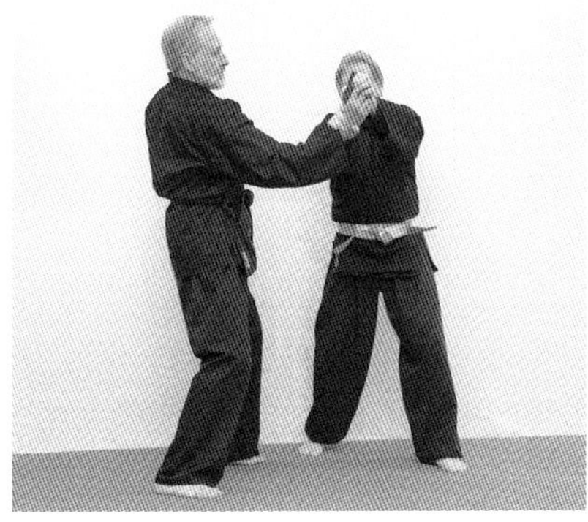

Foto 546

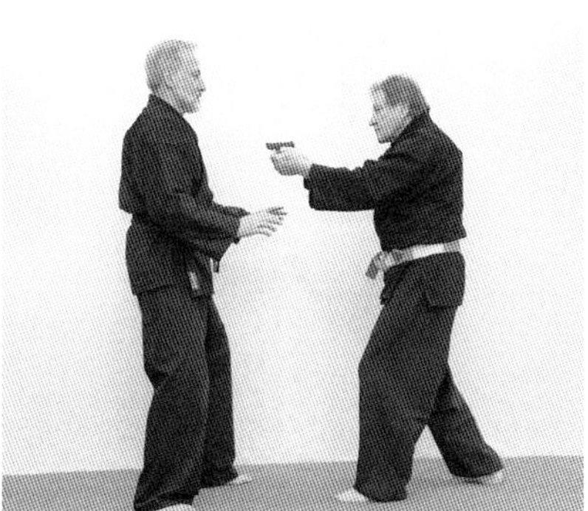

Foto 547

9.2. Fotos 544 bis 547: Angriff mit der Pistole – von der Seite

Foto 544 zeigt die Ausgangssituation. Die Technik beginnt, indem der rechte Fuß einen Schritt zurückweicht. Gleichzeitig umfasst die rechte Hand das Angriffshandgelenk des Gegners (Foto 545). Die Hand drückt die Pistole nach oben, so dass diese dem Angreifer abgenommen werden kann (Foto 546). Es ist wichtig, dass der Gegner trotz der Entwaffnung weiterhin kontrolliert wird (Foto 547).

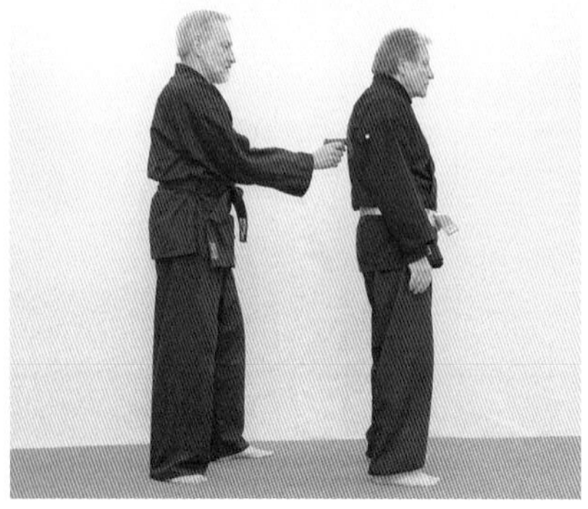

Foto 548

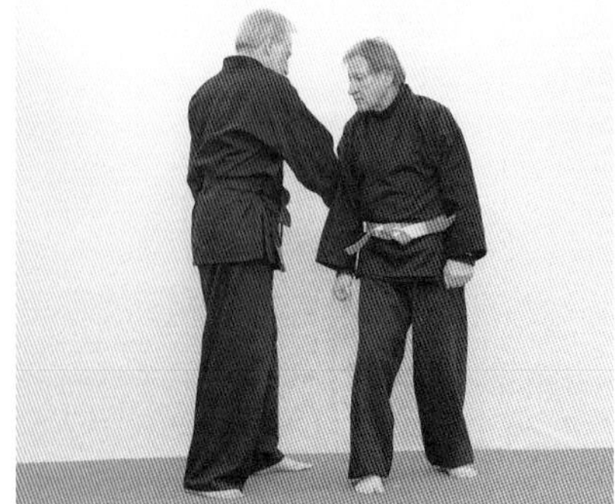

Foto 549

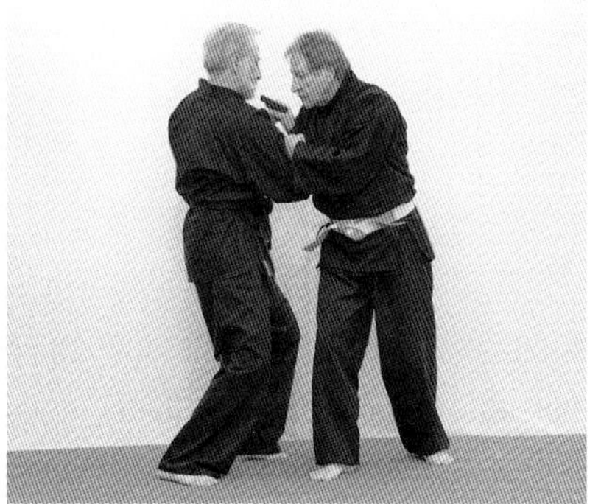

Foto 550

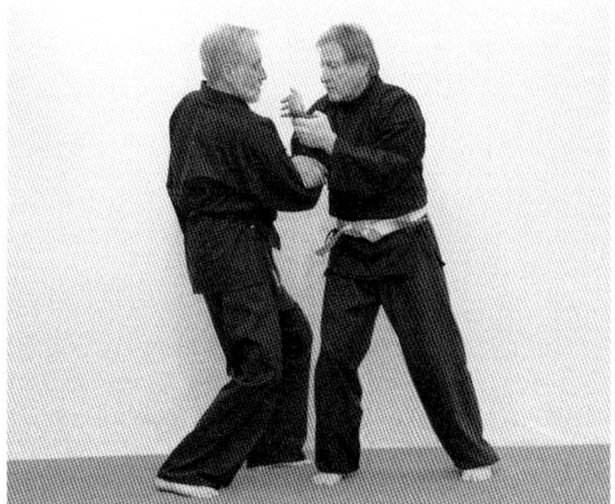

Foto 551

9.3. Fotos 548 bis 554: Angriff mit der Pistole – von hinten

Variante 1: Foto 548 zeigt die Ausgangssituation. Der rechte Fuß geht mit einer 90°-Drehung nach hinten. Dabei wird der Angriffsarm nach hinten gedrückt (Foto 549). Daraufhin wird der rechte Arm in die Armbeuge des Angreifers gelegt. Die linke Hand liegt auf der rechten und mit der Schulter wird der gegnerische Unterarm zum Oberarm gedrückt. Durch den dazwischenliegenden Arm entsteht ein Hebel (Foto 550). Mit dieser Technik kann die Pistole schließlich abgenommen werden (Foto 551).

Selbstverteidigung ab dem 2. Dan (mit Waffen) – Fortsetzung

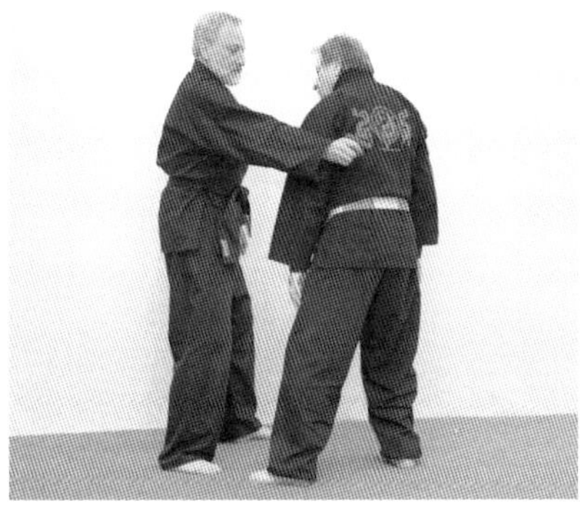

Foto 552

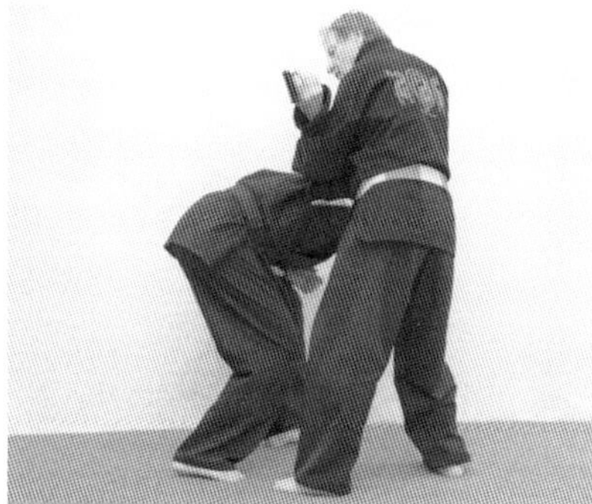

Foto 553

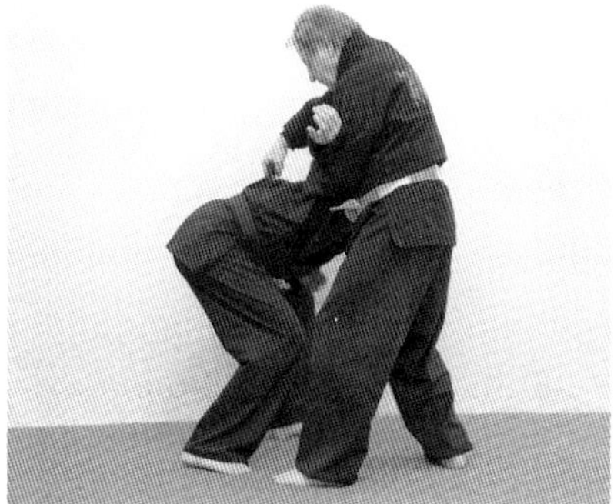

Foto 554

Variante 2: Foto 548 zeigt die Ausgangssituation. Der linke Fuß wird, verbunden mit einer Drehung nach links, versetzt; dabei wird der Angriffsarm mit dem linken Arm zur Seite geschoben (Foto 552). Der Angriffsarm wird mit dem linken Arm weiter nach oben geführt. Währenddessen legt sich die rechte Hand auf den Ellenbogen und die linke Hand legt sich auf die rechte Hand. Dadurch wird ein Ellenbogenhebel ausgeführt (Foto 553). Abschließend sollte die Pistole abgenommen und Gegner unter Kontrolle gebracht werden (Foto 554).

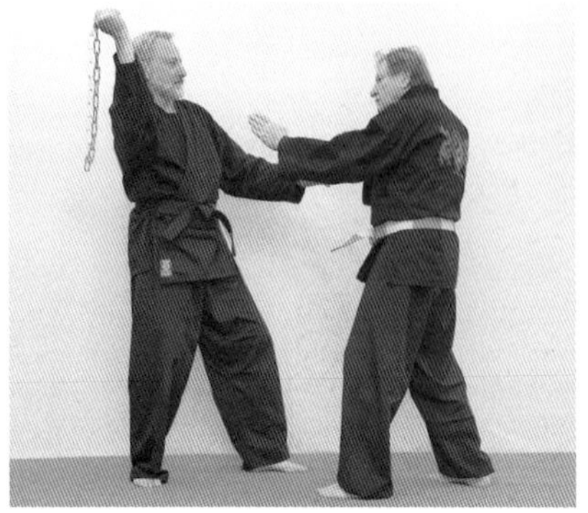

Foto 555

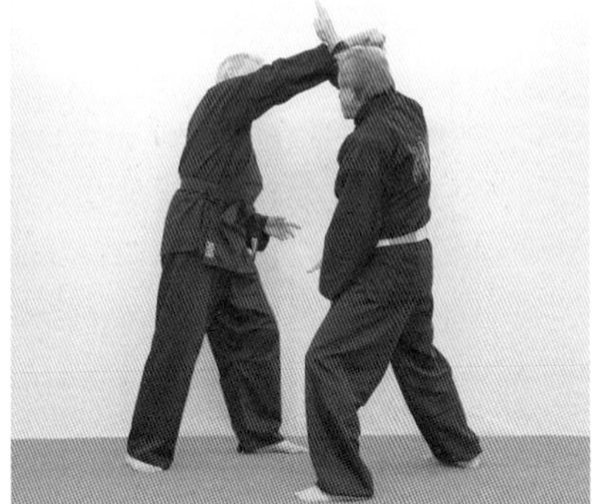

Foto 556

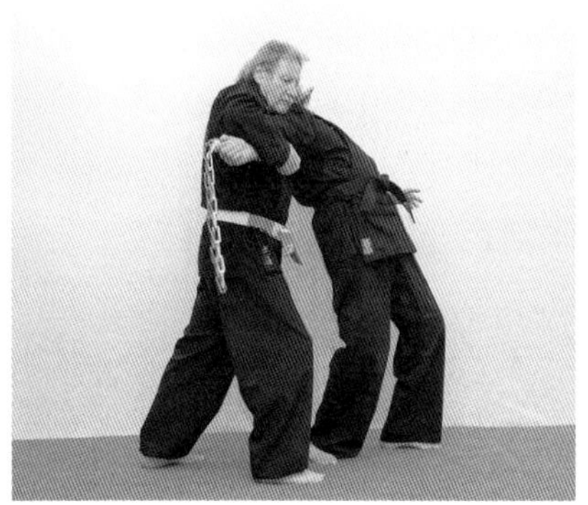

Foto 557

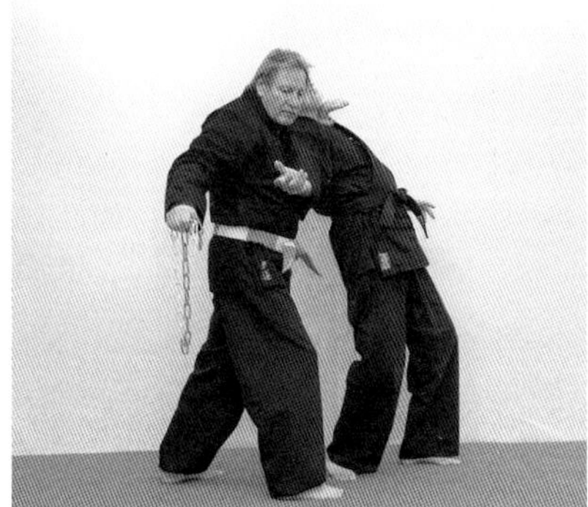

Foto 558

10.1. Fotos 555 bis 558: Angriff mit der Kette – von oben

Foto 555 zeigt die Ausgangssituation. Der linke Fuß weicht nach links aus. Dabei begleitet der rechte Unterarm die Bewegung des Angreifers (Foto 556). Nun geht der rechte Fuß vor, und der Angriffsarm wird eingeklemmt. Daraufhin wird der linke Fuß mit einer 180°-Drehung im Uhrzeigersinn nach hinten abgesetzt. Die Innenhandkante der linken Hand wird um den Kopf herumgeführt und auf den Kehlkopf gedrückt. Gleichzeitig kommt es zu einem Armhebel (Foto 557). Somit kann abschließend die Kette abgenommen werden (Foto 558).

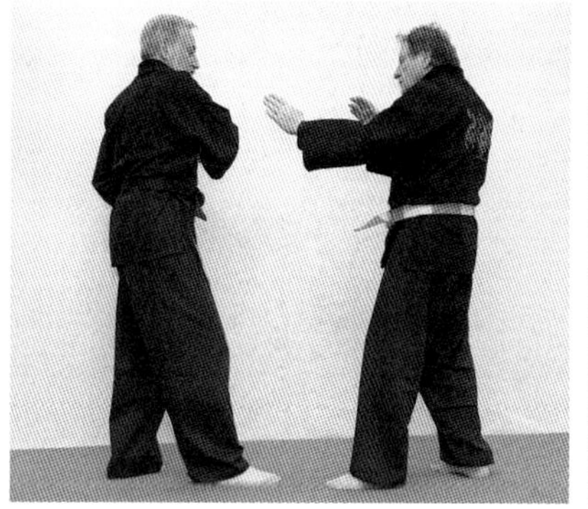
Foto 559

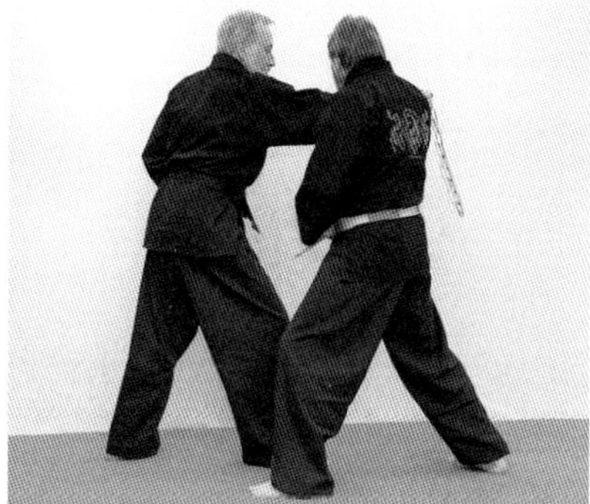
Foto 560

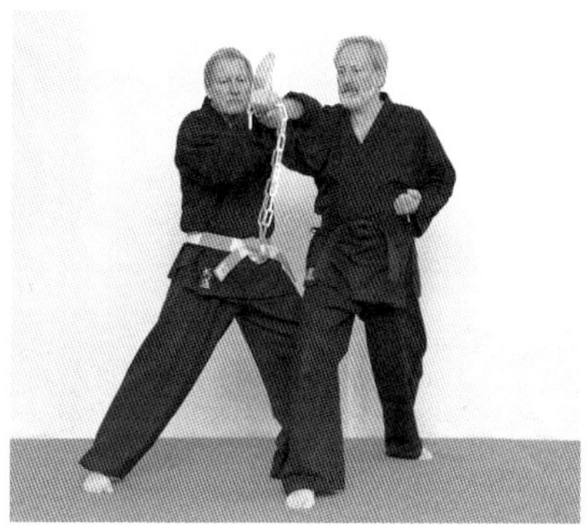
Foto 561

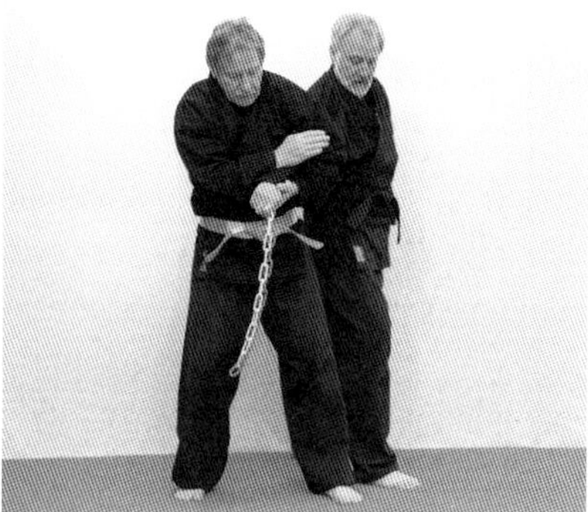
Foto 562

10.2. Fotos 559 bis 564: Angriff mit der Kette – seitlich von innen

Foto 559 zeigt die Ausgangssituation. Der linke Fuß wird nach außen gestellt, während der rechte Unterarm den Angriff des Gegners blockt. Die linke Hand greift das Handgelenk des Angreifers, so dass gleichzeitig die Schwungbewegung des Gegners genutzt werden kann (Foto 560). Das Foto 561 zeigt die Stellung noch einmal von der anderen Seite. Die Bewegung des Gegners ausnutzend, wird der rechte Fuß nach hinten gestellt. Dabei wird der Gegner mit Hilfe des kontrollierten Angriffsarms mitgezogen (Foto 562). Will der Angreifer sich aus der Hal-

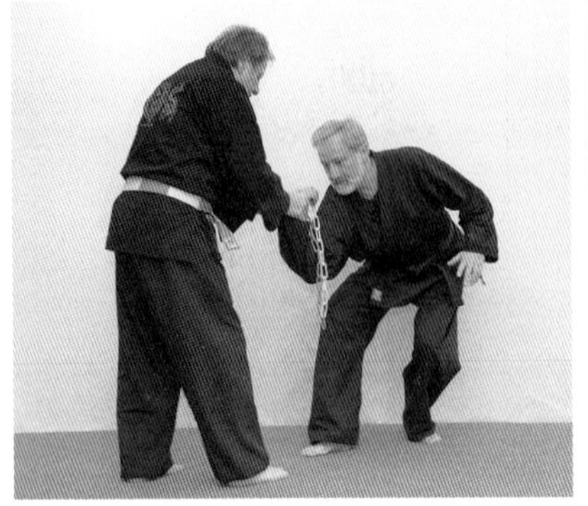
Foto 563

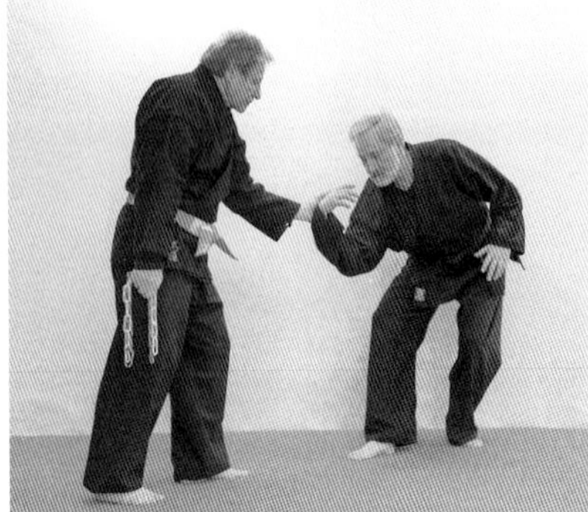
Foto 564

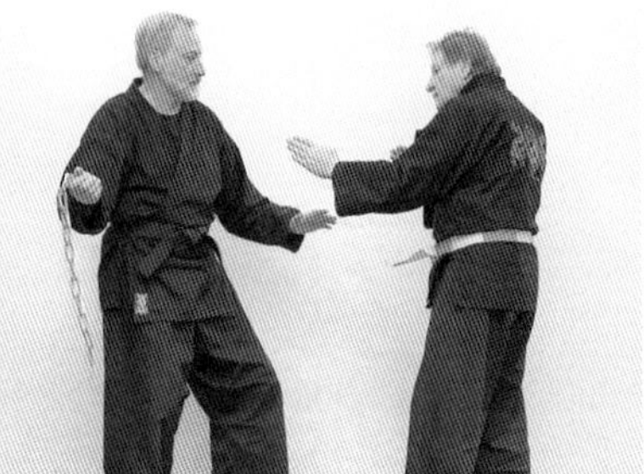
Foto 565

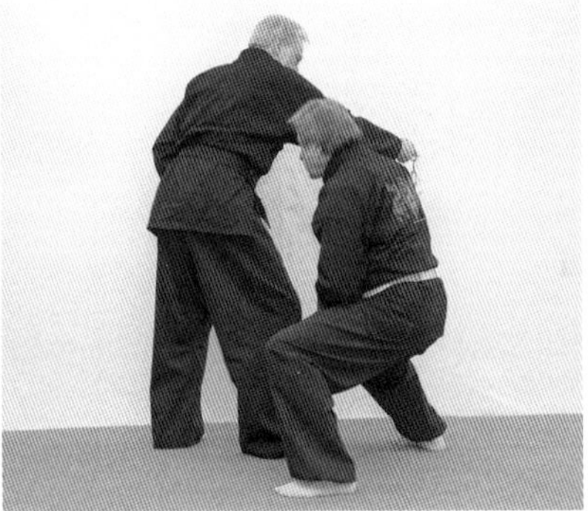
Foto 566

tung befreien und zieht in die andere Richtung, sollte dem nachgegeben werden. Der rechte Fuß wird wieder zurückgesetzt, wodurch sich der Arm des Angreifers verdreht. Wenn nun der linke Fuß nach hinten gestellt wird, kommt es zu einem Handgelenkhebel (Foto 563). Dadurch kann schließlich die Kette abgenommen werden (Foto 564).

10.3. Fotos 565 bis 569: Angriff mit der Kette – seitlich von außen

Foto 565 zeigt die Ausgangsposition. Der linke Fuß wird zur Seite heraus gestellt, so dass ein Ausweichen unter dem Angriffsarm des Gegners möglich ist (Foto 566).

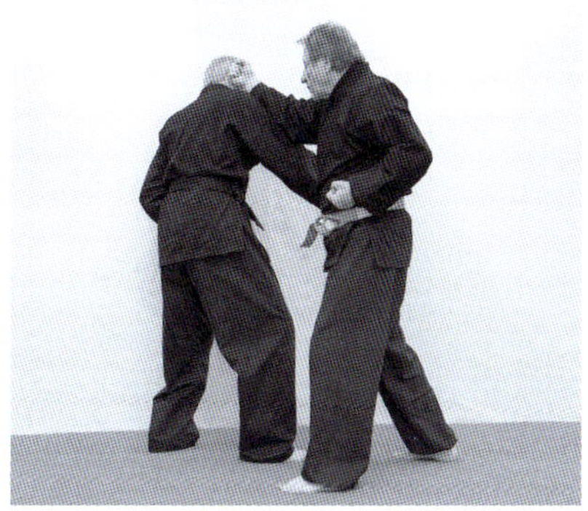

Foto 567

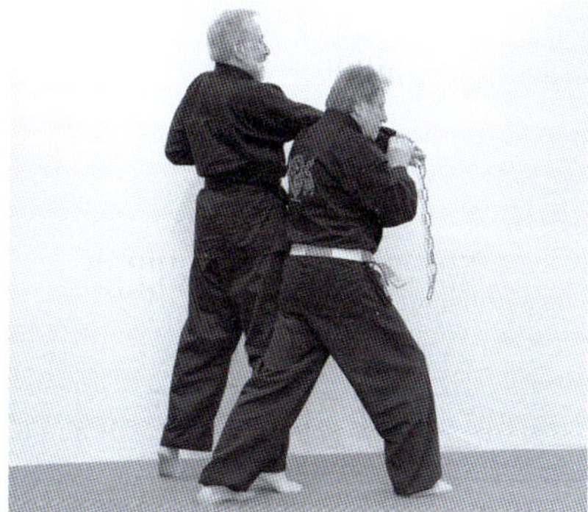

Foto 568

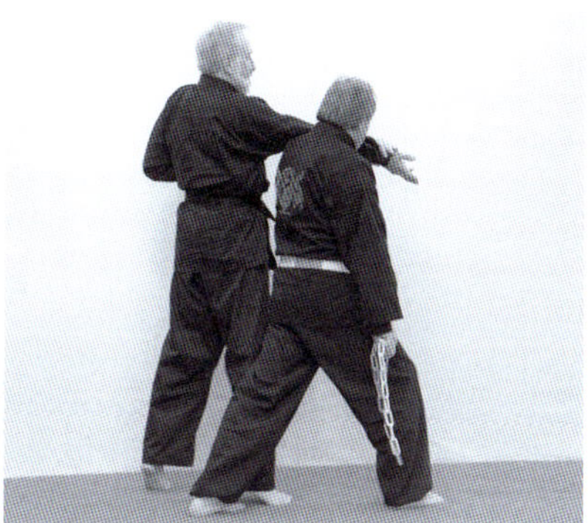

Foto 569

Danach erfolgt ein *Jodan uraken uchi* zum Kopf des Angreifers (Foto 567). Mit einer 180°-Drehung wird der linke Fuß schließlich wieder nach hinten versetzt. Dadurch wird der Angriffsarm auf der Schulter gehebelt (was bis zum Bruch führen kann), wobei sich beide Hände am Handgelenk befinden (Foto 568). Abschließend kann dem Gegner die Kette abgenommen werden (Foto 569).

V

Prüfungsprogramm

Prüfungsbedingungen

Allgemeine Hinweise zu den Kyu- und Danprüfungen

Kyuträger tragen eine weiße Jacke, eine schwarze Hose und einen Kyugürtel; Danträger einen schwarzen Kempo-Gi.

Wartezeit heißt Vorbereitungszeit! Mit anderen Worten: In der Zeit zwischen den verschiedenen Graduierungsprüfungen muss ständig Kempo betrieben werden.

Tabelle 1: Zeittafel und Prüfungsinhalte für Kyu-Grade der Fachschaft Shaolin Kempo innerhalb der Deutschen Wushu Federation e. V. (DWF)

Prüfungsgrad	Gürtelfarbe	Mindestalter	Wartezeit	Ippon Kumite	Kempo Kumite	Schülerform
5. Kyu	gelb	kein	6 Monate	1 - 10	1 - 3	1
4. Kyu	orange	kein	6 Monate	1 - 10	1 - 6	1 - 2
3. Kyu	grün	kein	6 Monate	1 - 10	1 - 10	1 - 3
2. Kyu	blau	kein	6 Monate	1 - 10	1 - 15	1 - 4
1. Kyu	braun	kein	12 Monate	1 - 10	1 - 20	1 - 5

Besondere Hinweise zu den Danprüfungen

Dananwärter können nur von ihrem Verein oder von ihrem Trainer zur Prüfung angemeldet werden.

Voraussetzung für alle Danprüfungen ist die Teilnahme an einem Erste-Hilfe-Lehrgang. Dieser darf nicht länger als zwei Jahre zurückliegen und muss mindestens neun Unterrichtseinheiten umfassen.

Bei den Danprüfungen wird die Kenntnis der gesamten Kyuprüfungsinhalte vorausgesetzt. Daher werden diese bei den Prüfungsinhalten der Dangrade (siehe nachstehende Tabelle) nicht mehr gesondert aufgeführt.

Alles Weitere regelt die Verfahrens- und Prüfungsordnung der Fachschaft Shaolin Kempo innerhalb der Deutschen Wushu Federation e. V. (DWF). Änderungen der Prüfungsbedingungen oder der Techniken bleiben vorbehalten.

Selbstverteidigungstechniken für die Danprüfungen

Tabelle 2: Zeittafel und Prüfungsinhalte für Dangrade der Fachschaft Shaolin Kempo innerhalb der Deutschen Wushu Federation e. V. (DWF)

Prüfungsgrad	Mindestalter	Wartezeit	Kempo Kumite	Meisterformen	Blockformen	SV-Techniken
1. Dan	18 Jahre	1 Jahr	21 - 30	1	1 - 2	1 - 6
2. Dan	20 Jahre	2 Jahre	21 - 30	1 - 2	1 - 4	1 - 7
3. Dan	23 Jahre	3 Jahre	21 - 30	1 - 3	1 - 6	1 - 8
4. Dan	27 Jahre	4 Jahre	21 - 30	1 - 4	1 - 8	1 - 9
5. Dan	32 Jahre	5 Jahre	21 - 30	1 - 5	1 - 10	1 - 10
6. Dan	37 Jahre	5 Jahre	21 - 30	1 - 5	1 - 10	1 - 10
7. Dan	42 Jahre	5 Jahre	21 - 30	1 - 5	1 - 10	1 - 10
8. Dan	48 Jahre	6 Jahre	21 - 30	1 - 5	1 - 10	1 - 10
9. Dan	54 Jahre	6 Jahre	21 - 30	1 - 5	1 - 10	1 - 10
10. Dan	60 Jahre	6 Jahre	21 - 30	1 - 5	1 - 10	1 - 10

Die jeweilige Ausführung der Techniken ist im vierten Kapitel »Selbstverteidigung« (Seite 157-211) zu finden, geordnet nach der folgenden Gliederung, wie sie für die Danprüfungen gilt. Siehe auch Tabelle 2.

1. Würgen (S. 162-170)
    - 1.1. Würgen aus dem Stand
        - 1.1.1. beidhändig von vorn
        - 1.1.2. beidhändig von hinten
        - 1.1.3. mit dem Unterarm von hinten
        - 1.1.4. beidhändig von der Seite
    - 1.2. Beidhändiges Würgen auf dem Boden – Verteidiger in Rückenlage
        - 1.2.1. Angreifer zwischen den Beinen des Verteidigers
        - 1.2.2. Angreifer im Reitersitz
        - 1.2.3. Angreifer von der Seite
2. Körperumklammerung (S. 171-174)
    - 2.1. von hinten über den Armen
    - 2.2. von hinten unter den Armen
    - 2.3. von vorn über den Armen
    - 2.4. von vorn unter den Armen

3. Festhalten am Handgelenk (S. 175-181)
   3.1. einhändiges Greifen des gegenüberliegenden Handgelenks von vorn
   3.2. einhändiges Greifen des diagonal gegenüberliegenden Handgelenks von vorn
   3.3. einhändiges Greifen des gleichseitigen Handgelenks von hinten
   3.4. beidhändiges Greifen der Handgelenke von hinten
   3.5. beidhändiges Greifen der Handgelenke von vorn (Variante 1)
   3.6. beidhändiges Greifen der Handgelenke von vorn (Variante 2)
   3.7. beidhändiges Greifen eines Handgelenks von vorn
4. Festhalten am Kragen (S. 182-185)
   4.1. einhändig von vorn
   4.2. beidhändig von vorn
   4.3. einhändig von hinten
   4.4. beidhändig von hinten
5. Schwitzkasten (S. 186-187)
   5.1. von vorn
   5.2. von der Seite
6. Ziehen an den Haaren (S. 188-190)
   6.1. von vorn
   6.2. von hinten
   6.3. von der Seite
7. Stockangriff (S. 191-196)
   7.1. von oben
   7.2. seitlich von außen
   7.3. Stockstich
   7.4. seitlich von innen
8. Messerangriff (S. 197-203)
   8.1. von oben
   8.2. von unten
   8.3. seitlich von innen
   8.4. seitlich von außen
   8.5. Stilettstich
9. Angriff mit der Pistole (S. 204-207)
   9.1. von vorn
   9.2. von der Seite
   9.3. von hinten

10. Angriff mit der Kette (S. 208-211)
    10.1. von oben
    10.2. seitlich von innen
    10.3. seitlich von außen

Hinweis:
Die Verteidigungstechniken zu den vorgenannten Angriffen können vom Prüfling frei gewählt werden. Die Abwehr des Angriffs sollte aber nicht nur mit Tritt-, Schlag- oder Stoßtechniken, sondern auch mit Hebel- oder Wurftechniken ausgeführt werden.

Roland Czerni und Klaus Konrad: Shaolin Kempo

Chinesisches Karate im Drachenstil

Der 1928 in der Mongolei als Sproß eines uralten Adelsgeschlechts geborene und heute in den Niederlanden lebende Dschero Khan Chen Tao (Adoptivname Gerald Karel Meijers) entwickelte auf Grundlage seiner Erfahrungen mit chinesischen und japanischen Kampfkünsten ein eigenes Kampfkunstsystem, das Shaolin Kempo. Zu seinen Lehrern zählten chinesische Mönche, und er pflegte Kontakte zu japanischen Meister wie Gogen Yamaguchi (Goju Ryu) und Nakano Michiomi (»So Doshin«), Gründer des Shorinji Kempo.

Zum ersten Mal in der Geschichte des Shaolin Kempo werden sämtliche Techniken bis zum 1. Meistergrad dargestellt, einschließlich der Blocktechniken bzw. Blockformen, die erst in jüngerer Vergangenheit Eingang in diesen Stil gefunden haben. Damit ist es ein wichtiges Nachschlagewerk für all jene, die sich auf eine Gürtelprüfung vorbereiten wollen. Die in Wort und Bild dargestellten Techniken sind Bestandteil des Unterrichts- und Prüfungsstoffes für die Graduierungsprüfungen der Fachschaft Shaolin Kempo innerhalb der Wushu Federation Deutschland.

Darüber hinaus bietet das Buch aufgrund der effektiven und praxisnahen Techniken interessante Anregungen für Kampfsportler anderer japanischer und chinesischer Stilrichtungen.

Das Buch ist die vollständig überarbeitete Neuauflage des erstmals 1977 im Falken Verlag erschienenen Werkes (zuletzt aufgelegt 1998).

Roland Czerni, 3. Dan Shaolin Kempo und 6. Dan Shaolin Tempelboxen/Jiu Jitsu, betreibt Shaolin Kempo seit 1973.

Klaus Konrad, 8. Dan Shaolin Kempo und 8. Dan Shaolin Tempelboxen/Jiu Jitsu, praktiziert seit 1969 Kampfkünste.

R. Czerni und K. Konrad
Shaolin Kempo
Chinesisches Karate im Drachenstil
224 Seiten mit 700 Fotografien
Überarbeitete Neuauflage 2011
ISBN 978-3-938305-17-1
22,90 €
Auch als eBook erhältlich!

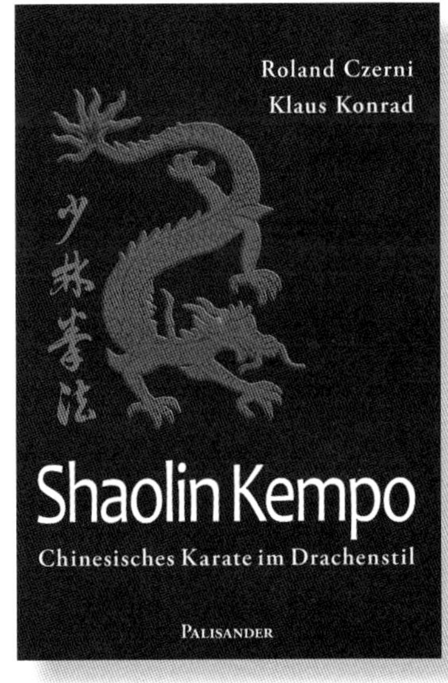

Dàomíng Xióng: Yàn Chí Gōng

Die Wiederentdeckung einer alten Shaolin-Tradition

Im Jahre 1963 beschloss Großmeister Dàomíng Xióng, sein Wissen über das Yàn Chí Gōng schriftlich festzuhalten. Im Jahre 2012 gestattete Li Zhènghuá, Meister Xióngs geistiger Erbe, die Erstveröffentlichung des Manuskripts in deutscher Sprache. Sein Schüler Maik Albrecht übersetzte den Text und kommentierte ihn gemeinsam mit Frank Rudolph.

Das Yàn Chí Gōng ist ein in sich geschlossenes Übungssystem (gōng bzw. qìgōng), das anderthalb Jahrtausende lang nur Eingeweihten im Shaolin-Kloster bekannt war und schließlich fast vollkommen in Vergessenheit geriet. Es zielt darauf ab, eine nachhaltige innere Stärke von Körper und Geist und lebenslange Gesundheit zu entwickeln. Die Übungen werden im Buch auf nachvollziehbare Weise in Text und Bild dargestellt. Die einfacheren Übungen sind für Menschen, die einen Ausgleich zu vorwiegend sitzenden Tätigkeit suchen, bestens geeignet. Darüber hinaus ist das Yàn Chí Gōng ein hocheffektives, über Jahrhunderte erprobtes Trainingssystem für Kampfkünstler, das den Körper als Ganzes trainiert – einschließlich der inneren Organe und des Bindegewebes –, ohne ihn dabei zu verschleißen, wie dies oft im Leistungssport der Fall ist. Der Körper gewinnt durch die Übungen an Ausdauer, Kraft und Geschmeidigkeit.

Neben den eigentlichen Übungen wird auch das dahinterstehende Gedankengebäude des Daoismus tiefgründig erläutert, von der Schöpfungslehre über Medizin bis hin zur Sexualkunde.

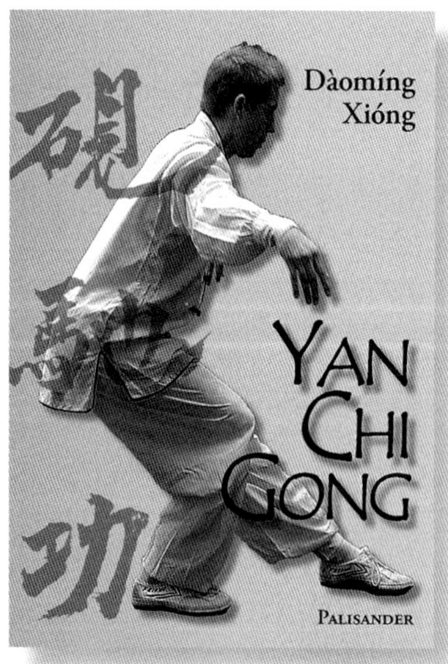

Xióng Dàomíng (ca. 1900-1986) war ein Großmeister der chinesischen Kampfkünste (Wushu). Er war Schüler des letzten Xiákè des alten China, Yáng Zuānkuí. Jener war nicht nur ein außerordentlicher Meister der alten Kampfkünste, sondern darüber hinaus ein universell gebildeter Mann. Zu den wertvollsten Dingen, die er Xióng Dàomíng lehrte, gehören das Trainingssystem und die Philosophie des Yàn Chí Gōng.

Dàomíng Xióng
Yàn Chí Gōng
Eine fast vergessene Shaolin-Tradition
Aus dem Chinesischen übersetzt und kommentiert von Maik Albrecht und Frank Rudolph
256 Seiten, ca. 280 Abbildungen
ISBN 978-3-938305-75-1
19,90 €

Wu – Ein Deutscher bei den Meistern in China

Die Welt der chinesischen Kampfkünste

Geheimnisvolle Mönchskrieger mit scheinbar übernatürlichen Fähigkeiten, die sie in spektakulären Vorführungen zur Schau stellen, und eine Unzahl von Kungfu-Filmen prägten bislang das Bild des Wushu im Ausland. – Dieses Buch räumt mit Klischees auf. Es zeigt, was authentische chinesische Kampfkunst ist: eine Kunst, die jahrhundertelang in Kämpfen auf Leben und Tod erprobt wurde und auf diese Weise zu unvergleichlicher Wirksamkeit gelangte.

Maik Albrecht ist seit zehn Jahren direkter Schüler eines der besten Meister Chinas, Li Zhenghua. Durch diesen erhielt er auch Zugang zu anderen großen Meistern, die heute oft vollkommen zurückgezogen leben. Aus ihrer Sicht ist nur der bereit, echte Kampfkunst zu lernen, der es auf sich nimmt, sich über lange Zeit hinweg durch mühselige Gongfu-Übungen die notwendigen Grundlagen hierfür anzutrainieren.

Den Leser erwartet eine atemberaubende Reise durch die Landschaft der chinesischen Kampfkünste mit vielen interessanten Verweisen auf europäische oder japanische Traditionen. Meister aus Vergangenheit und Gegenwart, die hierzulande völlig unbekannt sind, aber zu den besten der Welt gehören, werden vorgestellt, ebenso einige bekannte und weitgehend unbekannte Stilrichtungen sowie klassische Trainingsprinzipien und -methoden für den Aufbau der inneren Kraft.

Maik Albrecht ist Chinaexperte und Kenner der chinesischen Kampfkünste. 2006 gewann er als einziger Ausländer in der chinesischen Profigruppe eine Goldmedaille bei der Wushu-Weltmeisterschaft in Zhengzhou. Im selben Jahr erhielt er den 4. Meistergrad (Wushu Duan). Albrecht besitzt einen Abschluss in Sinologie von der Universität Wuhan.

Koautor Frank Rudolph studierte Journalistik und praktiziert verschiedene europäische und asiatische Kampfkünste. Mehrere Studienreisen führten ihn nach China.

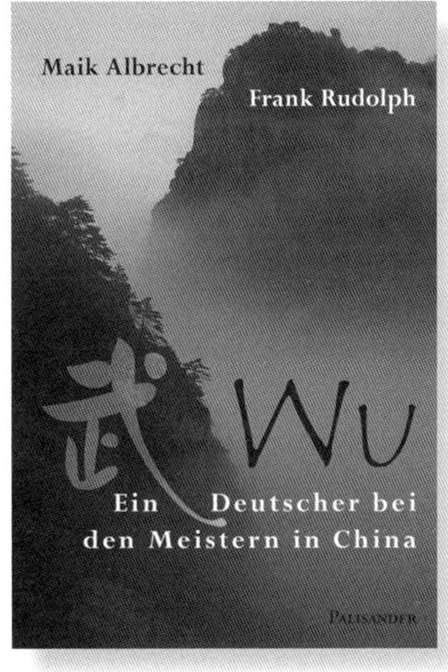

Maik Albrecht und Frank Rudolph
Wu – *Ein Deutscher bei den Meistern in China*
368 Seiten mit 235 Fotos
2. Auflage 2013
ISBN 978-3-938305-12-6
23,80 €

Tai Chi als Gesundheitsübung für Kampfkünstler

Um das Jahr 1200 lebte in einem Tempel in den Wudang-Bergen ein daoistischer Mönch mit Namen Chang San-feng, ein Meister der Kampfkünste, um ein Leben im Einklang mit der Natur zu führen und den Regeln des Dao zu folgen. Der Legende nach beobachtete er eines Tages den spielerisch wirkenden Zweikampf eines Kranichs und einer Schlange. Der Sieger war Chang San-Feng: Nach Beobachtung und Analyse dieses Kampfes entwickelte er den Vorläufer des heutigen Tai Chi.

Das Wissen der »Alten« in ein neues Zeitalter zu überführen, ist das Anliegen dieses Buches. Im Unterschied zu anderen traditionellen Formen werden in der Kranichform des Tai Chi Bewegungen von Füßen und Zehen, Händen und Fingern stärker betont, um die Blutzirkulation, die Funktion des Lymphsystems und letztendlich den Fluss der Lebensenergie in den Meridianen zu fördern.

Die Kranichform des Tai Chi ist für jeden, der nach Verbesserung von Gesundheit und Wohlbefinden durch ein sanftes, leicht erlernbares Bewegungssystem sucht, geeignet. Die jahrzehntelangen Erfahrungen des Autors als Kampfkünstler und Heiler machen dieses Buch auch besonders wertvoll für Praktizierende von Kampfkünsten, die einen Ausgleich zu den harten Techniken ihrer Kunst suchen.

Zusätzlich zur Kranichform des Tai Chi, deren essentiellen Bestandteile ausführlich und nachvollziehbar vorgestellt werden, enthält das Buch auch eine detaillierte Darstellung der über 2000 Jahre alten Qigong-Form »Die sechs heilenden Laute«.

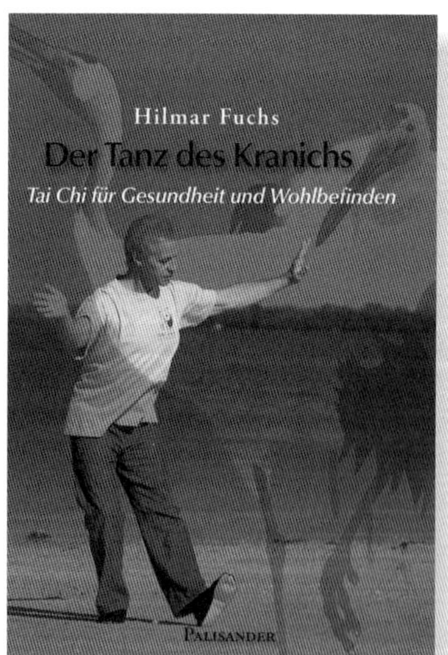

Hilmar Fuchs, Jahrgang 1948, ist Träger des 8. Dan im Karate. Zu seinen wichtigsten Lehrern zählten Dr. Georg Stiebler, Roland Habersetzer, Shigehiro Matsumura, Yasuhiko Noda und George Alexander. Durch letzteren kam er erstmals mit der Kranichform des Tai Chi in Berührung. Er ist als Heilpraktiker mit einer eigenen Praxis für Homöopathie, Isopathie und chinesische Medizin tätig.

Hilmar Fuchs
Der Tanz des Kranichs
Tai Chi für Gesundheit und Wohlbefinden
360 S., 780 Fotos, 26 Zeichnungen
1. Auflage 2015
ISBN 978-3-938305-83-6
€ 19,90

www.palisander-verlag.de

Ein Handbuch der kampfrelevanten Vitalpunkttechniken

Theorie und Praxis einer jahrhundertealten Kunst

Kyusho bezeichnet das Wissen um die vitalen Punkte des menschlichen Körpers. Kyusho-Jitsu ist die Kunst, Angriffe auf diese speziellen Punkte zu richten. Durch die Manipulation dieser Punkte werden energetische bzw. neurologische Vorgänge im menschlichen Körper so beeinflusst, dass dies zu Gleichgewichtsstörungen, Kraftverlust, Schmerz, bis hin zur Ohnmacht oder zum Tod führen kann.

Dieses Werk ist ein echtes Handbuch der traditionellen Vitalpunktmethoden – hier geht es sowohl um die unvergleichlich effektiven Kampftechniken des Kyusho-Jitsu als auch um Wiederbelebung und Heilung nach dem Kampf – das Kuatsu. Für sämtliche kampfrelevanten Vitalpunkte werden die entsprechenden Techniken und ihre Wirkungen detailliert beschrieben.

Das Buch wurde als Nachschlagewerk und Lehrbuch konzipiert. Es soll den Übenden helfen, auch außerhalb des Dojos ihr Wissen über die Vitalpunkttechniken zu vertiefen.

Kyusho-Jitsu ist eine reine *Kampfkunst* und kann wegen seiner gefährlichen Wirkungen nicht als *Kampfsport* eingesetzt werden. Allerdings kann es ohne Probleme ergänzend in jedes Kampfkunstsystem integriert werden.

Damit eignet sich das Werk für Kampfkünstler aller asiatischen Stilrichtungen.

Fritz Oblinger betreibt seit 1968 Karate. Er ist Träger des 7. Dan im Shotokan Karate, des 8. Dan im Stiloffenen Karate und des 5. Dan im Kyusho-Jitsu. Er ist Initiator und Stilrichtungsreferent für Kyusho-Jitsu im Deutschen Karate Verband. Des Weiteren ist er Mitglied in der Europäischen Kyusho Akademie, wo er ebenfalls Stilrichtungsrepräsentant für Shotokan Karate ist.

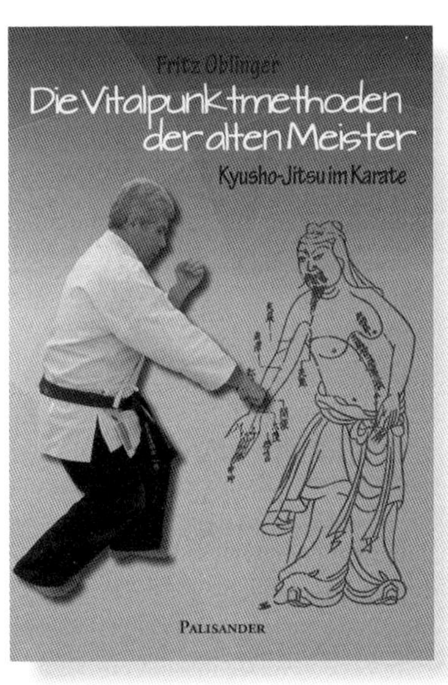

Fritz Oblinger
Die Vitalpunktmethoden der alten Meister
Kyusho-Jitsu im Karate
256 Seiten, 330 Abbildungen
1. Auflage 2016
ISBN 978-3-938305-96-6
21,90 €